民具・民俗・歴史

——常民の知恵と才覚——

岩井宏實　著

慶友社

まえがき

民具研究の軌跡と民具学の草創については、既刊『民具学の基礎』（平成二十二年〈二〇一一〉慶友社）の冒頭において述べたところである。昭和四十九年（一九七四）からの日本常民文化研究所による連年の「民具研究講座」、さらに昭和五十年（一九七五）の日本民具学会の創立と、それを契機に地域民具学会が成立し、全国の民具研究者の民具研究活動が積極的に行なわれ、大いなる成果を挙げられていることは、喜びとするところである。

しかし、いま一寸立ち止まって考えて見ると、民具研究の進化にあって、民具其の物の考察は深まり、綿密に行なわれ、多くの成果が上げられているが、民具学として考えるとするならば、民具がどう常民の伝承文化と拘わっているかなどの考証が必要であろう。さらにはそうした民具が日本の歴史的展開にどう拘わっているかなどの検討も必要となってくるであろう。

かつて澁澤敬三先生は、『民具問答集』巻末の「民具蒐集調査要目」で民具を定義して、

我々の同胞が日常生活の必要から技術的に作りだした身辺卑近の道具

とされており、また、有賀喜左衛門先生は、第一回民具研究講座において、

日本人はどの時代にも常に新しい日本文化をつくり出してきた。何千年このかた、民具の製作にその能力を投入した日本の伝統は、現代の工業の成立にも基礎的に参加していることは

疑いない。

と言われ、さらに、宮本常一先生は、『民具学の提唱』で、

民具研究は単に民具を研究することではなく、民具を通じてあるものを研究することではないかと思う。そのあるものとは文化とか技術とかを明らかにしていくことであり、個々の民具を知ることは手段であった。

とされている。この「或るもの」というのは柳田國男先生が「郷土研究と郷土教育」で、

日本人の生活、殊にこの民族の一団としての過去の経歴であった。

という提言そのものである。

こうした先学の言わんとされていることを推し量っても、もはや今日においては民具研究も民俗学的視点、歴史学的視点を合わせ持ち、常民の生活の知恵と才覚が、歴史世界を築き上げてきたことを明らかにすることに貢献せねばならないであろう。

民具は常民すなわち伝承文化を保持する人々が、生活の必要から考案し、作り上げた物質文化であることはいうまでもない。民具学と極めて近い位置にある民俗学は、民間伝承を素材として常民社会・常民文化の歴史的展開を明らかにする学問である。その常民文化たるものには、当然生活の中からつくり出された道具、すなわち物質文化なるものが大きな位置を占め、その道具の考察・使用が伝承文化を保持・継承させる役割を果たすことが少なくない。

歴史学は、端的に言えば文書資料をはじめ文献形態の資料を史料として、人間社会の生成・変

遷・興亡の来歴を明らかにする学問である。しかし、歴史的社会における庶民の生活も社会構造とのかかわりの中で明らかにされているし、伝承文化についても取り上げられていることはいうまでもない。こうしたことから考えると、三学の協業さらには統合的な研究の視点と、さらにその実践が必要であろう。

なお、付言すると民具学、民俗学においては伝承文化を継承・保持する人々を常民と称しているが、よく考えると公家・武家をはじめ各時代の支配階級でも伝承文化を保持していることが少なくない。したがって、伝承文化を保持するかぎりにおいては、彼らもまた常民である。すなわち、常民は身分・階層・階級によって規定されるものではない。また歴史学の主たる資料とする文書にも、伝承文化の内容をもつ伝承文書とも称すべき資料が多く存在し、民具学・民俗学研究においてもきわめて重要なるものである。

かように考えると、民具学・民俗学・歴史学がそれぞれ独自性をもち、個性ある研究を推進しながらも、総合的に広義の歴史学の構築を意図し、個々の問題についても考察せねばならないであろう。

本書は未熟・未完ではあるが、個々の民具を軸としてそうした考察を試みた些細な小文である。御笑覧頂ければ幸甚である。

かかる稿を公にすることを諒とされた慶友社伊藤ゆりさん、編集の労をおとり頂いた小林基裕さんに心から御礼申し上げる次第である。

民具・民俗・歴史——常民の知恵と才覚　目次

民具・民俗・歴史——常民の知恵と才覚

暮らしの原郷

茅葺き（写真　清野照夫）

村・町

太平洋戦争の敗戦も色濃い状況にあった昭和十九年、私は旧制の奈良県立郡山中学校の一年生で、宮本常一先生に歴史の科目を教わった。授業中においても、また課外に何人か集まった時にも、もはや日本の敗戦は確実であろう、そうしたとき日本の再建は如何になすべきか。それは長年にわたって培ってきた村の共同体と、村人の強固な相互扶助的連帯であると力説された。

先生は郡山中学校教諭在職中の一年余のあいだに、郡山の西方の生駒谷の集落の八割方を歩かれていた。そうした村々の共同体としての営営とした歩みを話され、戦後の生き方を示唆され、深く感銘を受けたものである。村の暮らしについての多くの話の中の一つに、村人の助け合いの意識と、村役の思い遣りのある指導力の話がある。

村役は絶えず村人各々の暮らし向きや、その年々の裕福さや貧窮状況などを把握し、困った村人には村の掛かり物すなわち租税や金銭的負担を一切免除してやり、未開地の開拓や諸々の仕事を与えて実入りすなわち収入を増やさせ、立直させる。そして一人前・一軒前の村人としての資格を与えるのである。これを村人たちは暖かく見守ったというのである。この話は長く私の脳裏に刻み付けられた。

　従来、歴史学においては概して庄屋・組頭などの村役は、封建権力の末端機関で村落において強制力をもつ支配者として捉える向きもあった。しかし、実際にはすべてがそうではなく、村人の暮らしと心意をよく把握して、村全体が安泰に成り立つように配慮した村役が多く存在したことにも目を向け、評価せねばならないだろう。

　大分県の国東半島の村には、庄屋と村長《むらおさ》と大宮司なる三者がいた。庄屋は言うまでもなく村政を司るものであるが、たんに村の支配者というのではなく、常に村人の意を汲み上げ、村人の納得の行く村政を行なうのが通例であった。しかし、庄屋が村人の意を汲まず独断専行してそれが止まらないとき、庄屋に対抗して村人の意を汲み上げて、村政に反映してくれる村長《むらおさ》を立てて、皆寄ってそれに村政を任せるというのである。もちろん、庄屋が村人の意を汲んだ村政を行なってくれるときは、村長を立てずに庄屋にすべてを任せたのであった。

　大宮司は村の氏神祭祀を司どる役である。氏神は村人の祖先神と意識し、村人連帯の精神的紐帯であった。そのため、大宮司は祭祀を厳重に努めるとともに、村人の相談事にも対応し助言する役も果たすものであったという。したがって、庄屋・村長・大宮司の三者並立の仕組みは、村人の意志が村政に反映させるためのものであったと言えよう。

　ところで、村人の意志ことに総意は村寄合によりまとめられ、決定されるのが中世末の自治的村落たる惣村の成立以来発展してきたのである。言うまでもなく江戸時代になって村落の自治的性格が薄れたとも見えるが、なお日本の庶民社会においては、〝話し合いによる政治〟がおこなわれていて、今日でも田舎ではその伝統がうけつがれているのである。対馬ではいまも生活慣習のなかにとけこんで、村生活のもっとも重要な役割を果たしている。宮本常一先生がその著『忘れられた日本人』（『宮本常一著作集』一〇、未来社、一九七二）の冒頭で、「対馬にて」と題してその見聞を克明に記しておられる。

村の話し合いの場は「寄合い」といわれる会合であるが、まず、正月には「初寄合」で全員が集まり、村の一年の方針やら取り決めを相談する。そのほかに臨時に取り決めをしたり、相談事がおこると、この寄合いがもたれるのである。対馬ではことにこの寄合いには力を入れている。はじめに一同が集まって区長から話を聞き、それぞれの地域や組でいろいろと話し合って区長のところへその結論をもっていく。もし折り合いがつかねば、また自分の地域や組にもどって話し合う。とにかく全員納得のいくまで何日でも話し合うという。

区長、総代は聞き役、まとめ役となり、二日も三日も協議が続けられる。村人にとってはこうした寄合いのときは夜も昼もない。昔は腹がへったら家に食べに帰るというのではなく、家のだれかが弁当を持ってきたのだそうで、それを食べながら話を続け、結論が出るまで続いたそうである。ときには雑談めいた話が出たり、自分の経験談が出たり、途中で年寄に相談しに帰ったり、喩え話が出たりもするが、いずれも理屈をいうのではなく、一つの事柄について自分の知っているかぎり、関係のある事柄をあげていく。それでしぜんに話がまとまったという。実に気の長い話であるが、とにかく無理はしなかった。だが、どんな難題でも三日でたいていの話は片付いたという。

そして、話のなかでも反対意見が出れば出たで、しばらくそのままにしておき、賛成意見が出るとまた出たままにしておき、話のなかでも冷却時間をおき、最後に最高責任者に決をとらせる。これによって、互いに気まずい思いをすることもなく、また寄合に権威がもたれたのであった。だから結論が出ると、それを全員が忠実に守らなければならない。事実、対馬ではそれが実行されていたという。

今日からみれば、村の取り決めに三日もかかるといえば、時間が不経済で無駄なようにも思えるが、生半可に妥協したり、一部の者が腹芸などをして事を早急に決めて、あとから不平不満が出たり、実行されないよりははるかにすぐれている。今日の議会でも実行してほしい民主的な慣習である。

また、日本の村々の構成からみると、郷士あるいは地主層、本百姓、水呑などと身分の序列があり、村役人は郷士や地主層がなり、支配形態からみるとそこに厳然とした秩序があった。対馬においても区長や総代は多く郷士層の出であったが、ひとたび寄合いになると、意見や発言に差別はなかった。みな平等に自由に発言の機会が与えられ、またその意見に軽重の差がなかった。たいていの村寄合いにはこうした慣習が見られたのである。

このような徹底した村寄合いの風がなくなったところでも、なお正月の初寄合いはかならずおこなわれ、そこで一年間の村や組の運営や重要事項を取り決める風はなお各地に根強く残り、機能している。またこれは村だけでなく町にも伝承されている。

古い歴史をもつ奈良では、中世に南都七郷・東大寺七郷などが形成され、その門前郷の郷民たちは社寺に従属しながらも、しだいに力をもち共同体意識が高まり、その結集の場として郷内各所の祠堂や境内が利用され、そこに会所が誕生したのであった。近世になって奈良町が成立すると、その町会所は一面では上からの行政の場であったが、実質的には町民自治の場としての機能をもつようになった。

そして、町会所には多くの神仏を祀り、その神仏の信仰を中心として、町の共同が強められていったのである。町の秩序を守り、町の運営を円滑にするためには衆議一決ということがきわめて重要であった。そのため年に何回か寄合いがもたれたのであったが、そうした寄合いは会所でおこなわれた。会所に祀る神仏の御前で、神仏に誓っての衆議取纏めということにまた大きな意味があった。こうした会所が奈良町四十二町にそれぞれ存在し、機能して今日に至るのである。

こうした寄合いを奈良町では「参会《さんかい》」といい、年頭におこなわれる参会、すなわち初寄合はことに重要で、このとき町内の規則を定め、それぞれ署名連印してその遵守を誓ったのであった。この参会には、町内で祝いごとのあった家からは、祝いに酒を出したり、金子を出したりするのが普通であった。共同体の生活において、個人の喜びごとは、とりもなおさず町全体の喜びと理解されたのであった。

一家の代表者たる戸主の代替り、すなわち「表替《おもてがわり》」と称する相続のさいの祝儀のほか、子供が生まれたとき、養子を貰ったとき、婿取りをしたとき、嫁取りをしたときなどそれぞれ、初寄《はつより》のさいに祝儀を出したのである。こうして個人の喜びを町内全体で分かち合い、親睦を深め、連帯を強めたのであった。

また、奈良町にはいろいろの信仰を中心とする諸集団があるが、藤原氏の氏神である鹿島・香取・枚岡の祭神を春日御蓋山麓に勧請された春日大社を信仰する春日講はそのもっとも代表的な講で、町の講組結合の中核になっており、しかもその諸活動が町の自治に大きな役割を果たしていたのである。この春日講の営みはまた会所でおこなわれる。ときに参会といっしょになっている町もある。春日講ばかりでなく涅槃講も会所で営まれた。

釈尊の忌日に法会を営む講集団である涅槃講は中世から存在し、町民のあいだで草堂において営まれていて、それが近世になると会所において営まれるようになった。このほか町々においては、それぞれに会所において講を営んだり、祭祀をおこなってきたのであった。こうして、町会所はまったく町民の自治・信仰の場であった。ということは共同生活の場であった。

そのためそれ相応の道具も備えられていたのである。会所に祀る神仏の掛軸はもちろんのこと、その祭具、共同飲食のための炊事用具から食器類、ことに町内名家一人分宛町内戸数分の膳椀、さらには宴会の合い間や、日常ちょっとした合い間に楽しむ双六盤・碁盤・将棋盤などの遊戯具まで備えていた。これらはいずれも町民の共同出資で、軒懸《のきがか》りなどによって備えられたものであり、共有財産の一つであった。

したがって、会所は正式の寄合いだけでなく、老人や成人でも仕事の合間に、ちょっと心を癒すための場としても用いられ、今日でいう保養施設あるいはコミュニティーセンター的役割も果たしていたのであった。

なお、会所ではまた町内で読み・書き・勘定に秀でた者が、子供たちを集めて教えることもおこなわれた。会所には薬師・地蔵・大日如来・毘沙門天・弁財天などの仏が祀られているので、まさに寺子屋であった。近世の子弟教育でいうところの「寺子屋」を寺で住職が教えるものと、短絡的にまた狭義に解することも一考を要することを示唆するものである。

ところで、村や町における寄合の機能は強く重く、そこでの決め事は全員一致制であり、今日民主的というところの多数決より重みのあるものであり、ここにかかわってくるのが「村八分」であり、この言葉には実に深い意味があり、基底に常民生活の伝統があった。

もともと、村の生活というものは強力な協同体制が必要であった。農業生産そのものがユイ・テマガエなど協同労働・交換労働を必要としたし、日常生活全般がそうであった。またこの共同体の団結こそ、封建体制の圧迫に耐え得る唯一の道であった。そこでその村落共同体の結合を強固にするため、また強固なればこそ、かえってその秩序を乱さないために、いろいろの制約をつくるのは当然であった。

この制約すなわち掟や、それを違背した場合の制裁は、村人全員が寄り合って作った慣習であり、今日のように突発的にその場限りに加える側が一方的に決めたのではなかった。そして、窃盗、暴行、失火などの刑事的犯罪、村規約の違背、共同作業の怠慢、村人全員で決定した事項にたいする違反などを対象とした。そのさいの制裁執行も、村の生活共同における多数の意向にしたがわぬものを抑制するのが主要目的であった。今日のように利害をめぐる意見の対立からするということはなく、また、厳しさのなかにもある種の趣があったのである。

この制裁の名称には、村ハジキ、村バネ、村ハズシ、村ハブキ、組ハブキ、同行バネ、郷バナシ、仲間ハズシなど、ところによってきわめて多くの呼び名があるが、「村八分」という言葉が標準的な名称になっているのは、やはりその制裁の仕方からきているのであり、「十分」にせずわざわざ「八分」にしているところに大きな意味があった。一般に共同体としての村の主な交際には「交際十種」といい、冠、婚、葬、追善、出産、建築、旅行、火事、水害、病気とされている。そのうち、いくら村ハズシの制裁を加えても、火事と葬式だけはこれを除外して助けるというところから、二分だけはずして八分にしているのである。

それは、芭蕉の連句集に「ゆひで屋根ふく村ぞ秋なる」という句があるが、家を建てるのは一生に一度あるかなしであり、地均しから石突き、柱組みから壁塗りまで、みな村人が共同で労力を提供し、屋根葺きも茅《かや》ならば三十年に一度は葺きかえねばならず、この茅も一軒ではとうてい調えることはむずかしかったから、二十軒、三十軒あるいは村中で茅頼母子講とか普請講をつくって、毎年各家が茅を貯え、毎年各家から出し合い、それで屋根の痛んだ家を順番に、一年に一軒か二軒ずつ葺いていったのである。こうして多くの労働を共同し、交換することで円滑に運ばれ、そのもっとも大きな結晶が家であった。この家が火事で焼失するということは、とりもなおさず、共同体全体の重要な財産が消失することであった。

また、人が死ぬということも、共同体の重要な労働力が減少することであった。したがって、葬式の場合も、村全体か大きな村では各垣内《かいと》あるいは各組で強固な葬式組を組織し、葬式全般を取り仕切るのが、村生活の一つの慣習であった。このさい家人や親戚以上に重要な役割をはたした。死を告げに行く知らせの使いを立てること、葬式の諸道具を整えること、炊事の手伝いを出すこと、墓の穴掘り役を出すこと、遠方から弔いに来た親戚や知人に宿を提供することなど、すべて葬式組の仕事であった。

こうして、かつての「村八分」は村落共同体の伝統をふまえ、村落の自主性から、その秩序保持のための必要やむを得ぬ措置の一つであった。したがって、今日的意識感覚での村ハズシとは根本的にその理由も方法も異なっていたのである。

住まいの心象風景

竈（中林啓治氏図）

家屋

食べる・着る・住まう、この三者が人間の暮らしの基本である。その根元たる諸問題をほかならぬ縄文時代の竪穴住居、ならびにその生活領域からの出土遺物に見ることができる。

竪穴住居の中央にはおしなべて炉が設けられている。それは日常の食料を煮炊きするための必須の設備であるし、同時に寒気を覚えるとき暖を取るための欠かせぬものであった。この炉は現代にまで継承されてきた。一般に「囲炉裏」と呼ばれ、屋内の床か土間を一部切り開いた正方形または長方形の火焚場で、土地によってはイロリ・イリ・ユルリ・ユルなどと呼び方はちがうが、もともと「居る」という語に囲炉裏の字をあてはめたもので、家の中心の居場所を示した言葉である。

このイロリで真赤に燃えさかる火。炉辺に腰をおろし、里芋の串差しや鮎の塩焼きに舌鼓をうちながら、四方山話に華をさかせる情景。思うからにそこはかとなく郷愁を感じさせる。かつての人は、このひとときを楽しむために、また実利的な面でもよくなるために、さまざまな工夫をし、知恵をはたらかせた。

イロリは暖をとり、明りをとるとともに、煮炊きするという重要な設備であった。そのとき火の強弱を調整するばかりでなく、火の上におく鍋や釜の高低でもって、煮物のできぐあいを調整する方法も考えた。ここに生み出されたのが、「自在鉤」という便利なものであった。

有名な高山市の日下部家をはじめ、山村の大きな民家にはいまもイロリが生きており、大きなエビスあるいは大黒、見事な自在鉤がつるされ、その威容を示している。こうしたものは、もはや美術品とさえいえよう。しかしいわゆる工芸品とちがう点は、たんに造形的な美をもつだけでなく、その造形物の根底に、常民の信仰・精神が脈々と流れていることである。血のかよった遺産である。

なお、自在鉤を吊すほかに、灰の中に五徳を据えて鍋や釜あるいは鉄瓶を載せる場合もある。五徳は鉄製の円形鉄輪に三脚をつけたものである。ところによって三脚であるところから三徳の名もある。大小さまざまあり、大形のものは輪を灰に埋め、三脚を上にして使うこともある。

こうしたイロリの火はすなわち家の火であり、聖なる火であった。したがってイロリの火を永く保つことは、同時に家の永続を意味していた。衰えた家、活気のない家のことを「火の消えたような家」という言葉のあるのも、そのためであろう。木曽のあたりへ行くと、何代ものあいだ一刻もイロリの火を絶やさないできたという伝承をもつ家があった。河内や大和でも山間部ではそのような家があった。もとよりこの火を管理するのは主婦の重要な役目であったという。

このような火は実に神聖なものと意識され、また火を支配し管理する神の存在を信じた。三宝荒神の信仰もここから生まれた。どこの家にもイロリのそばにはこの神が祀られた。そして、イロリの上に吊された自在鉤も、また五徳・三徳などというカナワ（鉄輪）なども、火の神の宿るものとして神聖視する風もあり、近畿にはカナワを「荒神さん」と呼ぶところもある。

ところで、縄文時代以降弥生時代・古墳時代の竪穴住居が、当時はもちろん後世の生活技術ならびに生活様式について、重要ないくつかの問題を考えるに、示唆を与えられることが大きい。すでに縄文時代後期末から晩期にかけて、平織に先行する編布（アンギン）が存在していて、宮城県一迫町山王遺跡、北海道斜里町朱円遺跡から、少量ながら編布と土器底面に編布の圧痕が検出されていて、それらは越後アンギンと同じ編み方であるという。

また、縄文時代の主要食料でもあったと考えられるトチやドングリ等野生堅果類の採集運搬には、編布よりもさらに編目の粗い、いうなればスダレ状の編み袋とでもいうものが必要であったろう。それの存在を知らしめる資料として、スダレ状圧痕とでも称される遺物が、すでに北海道・東北地方・北陸地方から、岐阜・熊本・鹿児島にもその類例が見られるという。

そうすると、こうした編物はどうして作ったのであろうか。ここで想起されるのはまず俵編み・菰編みの用具である。

それは二股の枝木を二つ割りにしたものを左右の脚とし、その上部にあけた枘穴《ほぞ》に、俵巾・菰巾が納まる長さの桁木を横に差し込んだのが俵編台・菰編台である。桁木には経糸となる細縄を掛ける目盛が刻んであり、そこに経糸の細縄を一本ずつ掛け、その経糸の両端に菰槌を結び付け、桁の目盛のところに前と後に振り分けて掛け、そこに緯糸となる藁を当て、一本の経糸ごとに菰槌の前後を掛け変えることを繰り返すのである。

この構造、仕組みはたんに俵編み・菰編みだけでなく脛巾《はばき》編みも同様である。脛巾はおもに狩猟・樵・炭焼などの山地での仕事や雪中での雪除けや防寒のために、足の脛《すね》に巻くもので、一般に蒲《がま》や藺草《いぐさ》を細紐や糸で編んだものである。これは巾が脛《すね》の長さなので俵編み台・菰編み台に比べてきわめて小型である。そのため菰槌が丸木を適当の長さに切って、細縄を巻きやすくするため中央部を細く削ったもので、一般に槌の子と呼ばれるものであるが、脛巾編みはいたって小型であるので、小石をもってしている。これは今日も雪深いところに伝えられていて、島根県飯石郡の頓原町あたりでは、桁木の長さを長辺とする長方形の箱に脚を取り付け、下の箱に槌石の小石を多量に入れた脛巾編みがある。

こうした伝世資料と考え合わせると、縄文時代にすでに存在したと考えられる編布と、編布よりもさらに粗い網目のスダレ状編み製などは、脛巾編みと同じ方法であったろうと考えさせられる。ここで想起させられるのが竪穴住居の中から発見された多量の自然石である。それは北海道から関東・中部地方そして四国の一部にかけての二十遺跡から出土しており、それぞれ緻密に調査されており、中には百個以上も出土した住居址もあり、それはほとんどが偶数である、そうしたことからも、縄文時代にすでに後世の脛巾編みと同様の方法で、編布・スダレ状編み袋が住居

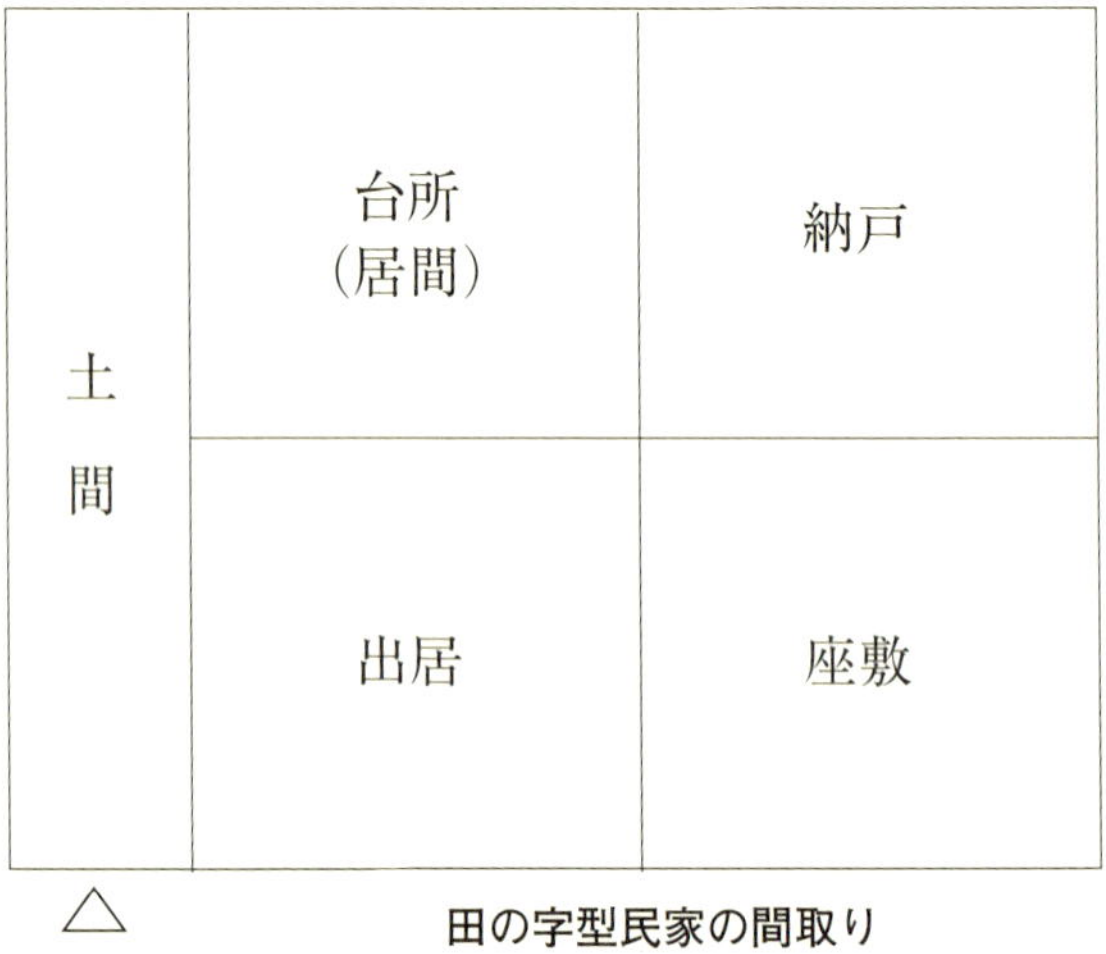

田の字型民家の間取り
田の字型四つ目式民家

内で作られていたと推察されるのである。

　こうした問題については、渡辺誠氏の「スダレ状圧痕の研究」（『物質文化―考古学民俗学研究』一九七六年、物質文化研究会）・「編み物用錘具としての自然石の研究」（『名古屋大学文学部研究論集』一九八一年、名古屋大学文学部）に教えられるところ大であった。

　ところで、竪穴住居というと円型もしくは方型に地面を掘り込んで床面をつくり、上部に屋根をかけた家屋で、床面には中央に炉が設けられ、そこで起居し仕事をしたと考えがちであるが、編布・編み袋などを編むための錘石は床面の半分か、一隅に固まって存在している。そうしたことから考えると、無原則的に土間で起居したり仕事をしていたのではなく、起居就寝区画と労働空間を厳密に区別していたものと考えられる。すると日本の住居の基本形式の初原を縄文時代の竪穴住居に求められるであろう。

まず木造構造住宅が生まれた初めは、土間を二分して半分を労働空間の土間、半分を起居空間として筵あるいは莫蓙を敷いた、いうなれば一間式であった。起居空間の方は後に床が張られることになり、その上に敷物を敷いたのであった。次に起居空間は二分され二間式となり、されにそれが二分されて四間となり、いわゆる「田の字型四つ目式」となり、それが日本の民家の基本型となった。こうした展開を考えるとまさに竪穴住居は今日の住居の原点であることを改めて認識させられるところである。

カド・ニワ

わが国における家屋の始原は、縄文時代の竪穴住居に求められるが、その後社会の発展にともなって、地上に柱を立てて小屋組をした方形の木造家屋へと発展し、農家・漁家・商家などそれぞれの生業に適応した家屋を形成した。しかし、それらを通じて基本になっているのは農家である。たとえば商家の間取は、家屋の中の片側に細長いニワが通っており、片方に店の間・茶の間・座敷などが並ぶ。それは都市の敷地割に制約されて、間口が狭く、奥行の長い屋敷取りになったからである。したがって、地方の農村に近い町家をみると、農家と同じ形式の家屋・間取りが見られる。そうしたことから農家の間取を見ると、もっとも基本的なものとして「田の字型四つ目式」と称される間取を挙げることができるであろう。

「笑うカドには福来《きた》る」というが、そのカドは家の門というのではなく、母屋の前の庭をいうのであり、そこは正月様が降臨し、福の神が来臨する祝祭的空間である。今日、正月の神が降臨する依代として立てる松をカド松といい、「門」の字をあてるようになり、その門松も母屋の入口の両柱にとりつけられることが多いため、カドというのは門そのもののように意識されるようになっている。しかし、本来の門松は母屋の入口の前のカドに大きな松を立てて、根元に砂を円錐形に盛ったもので、その様は『洛中洛外図』などによく見られるところである。それが交通量の増加により通行の邪魔になるところから、しだいにカド松が簡素化され、まさにカド口に付けるように退化したところから、門の両柱に付ける形になり、そこから「門松」とされるようになったところから、本来のカドの意味が忘却されてしまった。

本来カドというのは家の前のもっとも広い空間を指したのであった。愛知県では家の前の空き地と屋敷畑とを合わせてカドと呼んでいる。また、屋敷の前面の大切な田畑をカドタと呼ぶ土地も所々にある。南面する農家にあっては母屋の南縁から道路にいたるまでの広い空間で、北面する農家では母屋の南面に広場がもたれ、そこは収穫した稲穂を乾燥させる重要な空間であった。この稲穂の乾燥をカドボシというのも、カドというのは稲穂の生成、いうなれば穀霊の繁昌に欠かせぬ空間であるといえる。よく知られる奈良の「法蓮造り」の民家は、道路に

カドと門松

たいして南面しているが、それらはいずれも家屋の前に三間（約五、五メートル）ないし五間（約九メートル）、ときにはそれ以上の空間をもっている。そこをカドという。

農家のこうしたカドは、脱穀調整をはじめとする農作業の大切な作業場であったのであるが、そこはまた重要な祝祭空間であった。門松も本来は母屋の入口から少しはなれたところ、すなわちカドに立てて砂盛りをしたのであった。奈良市の平城地区では、大晦日に正月神を迎える準備として、浄土宗の家は山から赤砂を、真宗の家は川から白砂を採ってきて、表通りから各戸のモンヤ（門屋）の前まで、鱗状に弧を描いて道いっぱいに砂を撒き、モンヤから中はカド一面に砂を撒く。またモンヤと納屋・蔵・風呂・便所など付属の建物を結ぶ通路には、人の歩く幅だけ砂を撒く。こうした道をスナミチ（砂道）といい、これを「砂道つくり」という。この習俗は奈良県北部から京都府南部にかけて分布し、今日においてもおこなわれている。清浄な砂によって再生の空間をつくりあげるもので、このカドが神の降臨を願って祭る場、すなわち重要な祭祀空間であることを物語っている。

陰暦四月八日、いわゆる卯月八日に長い竿の先にツツジなど季節の花を挿して、天空の彼方から神を迎え農耕開始の神祭りをする。この花を「天道花《てんとうばな》」と呼び、各地にその風がみられるが、その花を立てるのもカドである。五月五日を端午の節供とし、男児の節供をするようになったのは江戸時代も末期のことであるが、このとき鯉幟を立てるのもカドである。この鯉幟は、もともと卯月八日の天道花がもとになっていて、やはり神降臨の依代である。

陰暦八月十五日は「芋名月《いものめいげつ》」で、萩・薄・茅の穂を立てて芋や団子を供えて祭るが、この穂を立てるのもカドである。江戸時代の江戸・大坂・京の町でも同様のことをおこなっていたが、やはりカドに穂を立てていた。

近畿を中心として西日本の農村では、宮座という神事組織が厳然と遺っていて、宮座で神事祭祀を営んでいるところがずいぶん多くみられるが、そのさい神霊降臨のために立てるオハケあるいはお仮屋《かりや》も、頭屋のカドに立てたり設置されたりする。また祭場の表示たる高張提灯その他もカドに立てるのがふつうである。

正月に家々を祝福に訪れる万歳・獅子舞・猿廻しなどの門付等も、もともと一種の神の訪れという形をとったものであるが、これらの芸能の演じられるのもカドで、そのため「門付芸」の名で呼ばれるのである。

ところが、昭和三十年代後半以降の高度経済成長、それにつらなる列島改造論政策により、生活様式・生活構造が大きく変化した。それは農業経営のシステムも大きく変えた。作業に機械動力が大幅に取り入れられ、脱穀調整の作業場も従来のように広いスペースを必要としなくなった。それと相俟って住宅の建て替え、増改築が流行した。その結果、祝祭空間としてのカドは大幅に縮小されたり、まったく消滅する状況を迎えた。奈良市の法蓮造りもいまやカドはほとんど見られなくなった。新築にさいしても従来のカドも取り込んで、以前より大きい家に造作したのである。またカドがわずかに残っても、それは観賞用の庭園となったり、盆栽の置き場のように

内門

なってしまうのであった。

　これにはまた、イエ意識の衰退も大きく影響している。従来、家にはナンド（納戸）という部屋があって、そこは家長夫婦の寝室にあてられ、家長が隠居し、主婦が主婦権を譲渡すると、その部屋は新しい家長と主婦に譲るものであった。だがちかごろは隠居してもナンドから移らず、終生そこに住み、新家長が別にカドなどに一棟建てて住む。また新家長の子供もいっしょにそこに移り、子供部屋も造られるようになった。さらにまったく別の地に新居を建てて、まったく別居して本家と離れてしまうことも多くなった。こうして本来の祝祭空間としてのカドの意義と機能を消失してしまう。しかし、いまもう一度カド本来の意義を再認識する必要がある。

　ニワは漢字の「庭」の字をあてるところから、農家の場合であると母屋の前にある広い作業場や裏の空間を考え、いわゆるカドと混同しがちである。また、一般に屋敷の中で草木を植えたり、山・池をつくって目を楽しませるところと理解しがちである。ところが、本来は家屋の中の土間のことであった。都市でも伝統的な町家では、土間すなわちニワがあり、「通りニワ」という呼称もある。通りニワという言い方は、表の戸または障子を開けて跨ぐと、土足のままで通れて、裏に抜けることができるところから生まれたのであるが、ここも一つの重要な空間であった。

この通りニワをもつ町家は全国的なものであるが、基本的には京都の町家に発し、幅の狭い住居の一方を炊事場を兼ねた土間とし、他方に部屋を竪並びとする形式で、京都市左京区鞍馬本町の町家では、ニワに入口の方から順に御釜様・斗釜《とがま》・六台《ろくだい》と呼ぶクド（竈）が並ぶ。こうした形式は畿内では農家にもおよんだ。農家のニワは町家よりもはるかに広いスペースをとり、さらに多くの用途がある。戸口から入ったところには藁打ち石《わら》があり、そこで藁を打ち、縄綯いをしたり草履をつくったり、各種の藁仕事をした。したがって、ニワは夜なべや雨の日の屋内の仕事場であった。そしてニワをはさんでデイ（出居）の反対側にはカラス（碓）部屋があって、

円陣クド

大釜に祀る三宝荒神

そこに碓《からうす》（唐臼）が据えられていて、夜なべや雨の日に米搗きなどをしたのであった。その奥には町家と同じようにクドがありナガシ（流し）がある。そして味噌・醤油などの調味料や、漬物類を貯える容器が備えられていた。関西ではクドの大釜に三宝荒神を祀り、ナガシのところにはエビスを祀り、吉兆などの縁起物を飾る。ニワもまさにカドと同じ意味と機能をもったのである。

だからニワは常に清浄を保つことを旨とし、掃き掃除はまずニワからはじめた。そうしたニワの結界が、表口と裏口の敷居であった。その敷居の内は、カドや道と同じく土足で歩けるというものの、明らかに家の内であった。だからこの結界たる敷居は神聖なものとされた。表の敷居は主人の頭、裏の敷居は主婦の頭であるとするところが多い。そのため奈良や京都では家に入るときも決して敷居を踏んではいけない。静かに跨いで入るものだとされた。子供たちが敷居に腰をかけたり、尻をおろしたりでもすると、「主人の頭に尻をのせるのと同じだ、そんなことをすると尻が腐る」と戒められたものである。

また京都をはじめ近畿地方では、旅行や遠足から帰ったときなども、水筒に残った水や湯茶などは、かならず家に入る前に、戸口の外で捨てるものだとされた。旅行中に山野をさまよっている餓鬼たちが、喉を乾かして湯茶を欲しがってついてくるので、餓鬼が家の中に入らぬように供養してやって、戸口に撒くのだという。それは家の中に異質のものを入れないということで、家の中は神と人が同居する聖なる空間で、敷居は聖なる結界であることを物語っている。「一歩敷居を跨げば七人の敵がいる」などというのも、敷居から外は異界であることを物語る。

通りニワ

ところが、大正の初期に日本でリヤカーが考案された。はじめは自転車の後部につけて、小荷物を運ぶのに使うためにできたのである。リヤカーの名前も自転車の後ろにつける車の意でできたのであった。だが、これに長い木製の柄をつけて、独立した小運搬用の手車として重宝し、やがて大八車にとってかわり、昭和になってからは農家の運搬車として普及した。するると北面する農家では、裏側す

座敷・床の間

なわち家の南側にカドをとっているので、田から運んできた収穫物その他を運ぶのに、通りニワを通らねばならない。通りニワというのはそうした意味でも必要であったのであるが、大八車の時代は、戸口で荷をおろしてカドまで人力で運んだのであるが、リヤカーの時代になると、大八車時代には考えられなかったが、リヤカーのままカドまで運ぶことを考えた。そこで表口と裏口の敷居を取り外しできるような方法をとることが流行した。リヤカーが通れるように、敷居を一部切断して取り外すのであるが、これにたいして「敷居を切ったり傷をつけることはよくない、フジイル（不時入る）」すなわち凶事がおこるといって忌んだり、戒めるむきもあった。

また、戦後において戸や扉の改造がすすんで、溝のある敷居を取り替えることがはやった。そうしたときも、下の敷居だけ溝をなくしては不揃いになってよくない。仕替えるときはかならず上下共にすべきであるといい、どこの大工も下の敷居だけ溝をなくする仕事を頼まれることを嫌ったという。これなども敷居は上下一対のものであり、聖なるものであるという意識がなお根底にあったことを物語っている。

ところが、戦後の高度経済成長と列島改造によって、農村がしだいに都市化し、農家の新築が盛んになったが、そのさい新しく建てられた家はニワがまったくなくなり、広くとも一坪ぐらいのタタキがあるだけで都市型の住宅に変貌し、近郊農村にいたっては八割以上もニワがなくなった。それにともなってクドがなくなり、三宝荒神を祀る場も消失し、大黒柱・ハナカン柱の尊厳も忘れ去られてしまいつつある。カドとニワの退化・消失は、神と人のいっしょに住む聖なる空間としての家から、人だけの住む機能第一主義の家へと大きく変貌させた。

囲炉裏・竈《かまど》

〝火〟は人間の暮らしの根本。この火の管理場所として、日本では古くから炉と竈、すなわちイロリとクドがある。もとより両者別個に存在したものではなく、両者一体であった。だが強いて言えばイロリ（囲炉裏）の方が先行する。その原型はすでに縄文時代の竪穴住居の土間に設けられた炉に求めることができる。

この原始社会の竪穴住居から、古代社会の形成とともに構造家屋が形成されると、屋内の床が土間を一部切り開けた方形または長方形の火焚場が設けられるようになり、いま言うところの囲炉裏ができるのであった。土地によってはイロリ・イリ・ユル

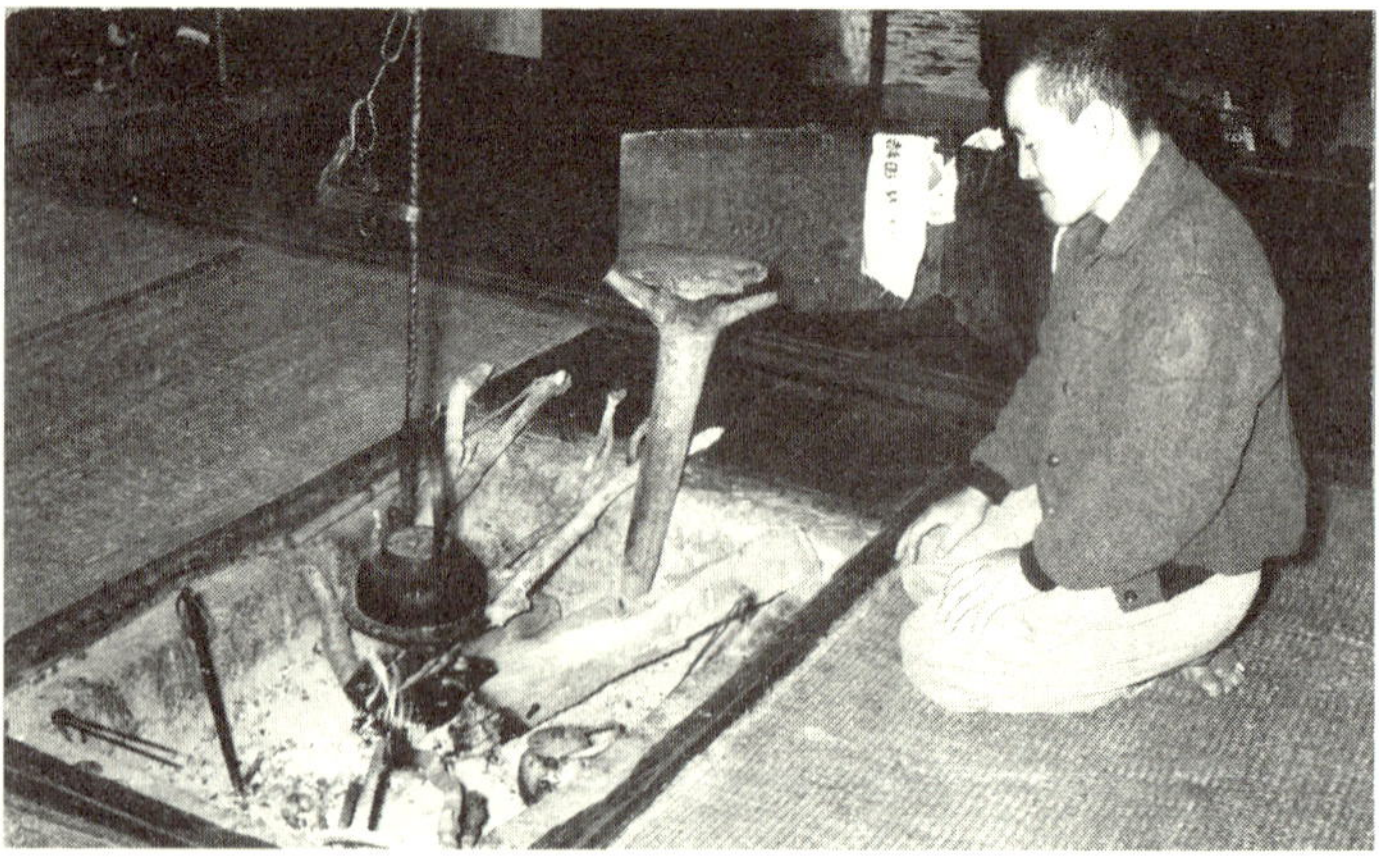

囲炉裏を中心とする居間

リ・ユルなどと呼び方がちがうが、もともと「居る」という語に囲炉裏の字をあてたのも、「居る」という語を根本におき、家の中心の居場所を示した言葉であった。

こうしたイロリの四辺には家族の座が定められていて、それは厳然と位置づけられていた。その名称は地方によって少しずつちがいはあるが、炉端の土間からいちばん遠い側で、土間からみて正面にあたる正座が家長の座で、その座をヨコザ（横座）・ウワザ（上座）という。そこはたいてい神棚を背にして坐ることになり、その場所からはいながらにして、日常、家族が起居し作業するニワをひと目で見わたすことができ、全員の動向を掌握することができる。したがって、この座は絶対に侵すことのできない座で、「ヨコザにすわるは、ネコ、ばか、坊主」という諺があるように、家長以外にそこに坐れるのはせいぜい檀那寺の僧侶で、それ以外は猫か馬鹿ぐらいだというのである。

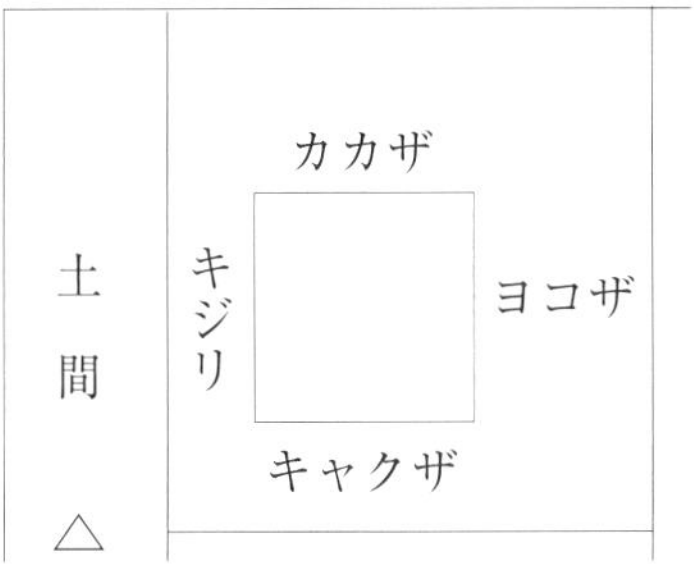

イロリの座

ヨコザの隣で戸口から遠い方、すなわち台所に近い側の座をカカザ「嬶座」といい、主婦の座とされる。その座は食事どきに主婦が杓子をもって、家族に食事を分配するのにもっとも都合のよい場所である。このカカザの対面、すなわちヨコザの隣で、戸口に近い側がキャクザ（客座）である。そしてヨコ座の対面で、土間に近い側がキジリ（木尻）とよばれる末端で、平素、家長夫婦以外の家族の座るところである。したがって、ヨコザ、カカザは

自在鉤

家長と主婦の座として侵すべからざる座であるが、家長夫婦が隠居して息子夫婦に家長・主婦権を譲った場合、そのときからヨコザ・カカザには座らないとされてきた。こうして厳然とした定位置の座をもつイロリは同時にそう気のはらない客、すなわちケの生活の中における客が迎え入れられる接客の場でもあった。

こうして、家族の秩序は日常炉辺の生活に明らかに表現されており、一つの家族がイロリを中心に集まったところを目にするだけで、その家の構成員の続柄や、家庭における各々の役割がみなわかったのであった。

だが一面、そこは家族の楽しい場でもあった。採光の悪かった昔の家屋は暗くて、イロリに焚かれる火の明りは、人々をして炉辺に誘い込んだ。日々身辺の出来事や世間話、昔話や折々の旬に因んだ諺や譬話など語り合いがおこなわれ、庶民生活の伝承は多くここを場として継承され、言葉の文芸も口遊びも、主としてここを場として発生した。

生きてゆくための生活経験を古老から聞かされ、暮らしの知恵を授かり、また意見の交換がおこなわれ、知らず知らずに若者や子供が教育されていったのも、この炉辺であった。〝一家団欒〟という言葉も、こうした情景から生まれたのであろう。

かつての人は、こうした一時を楽しむために、また実利的な面でもよくなるために、さまざまな工夫を凝らし、知恵を働かせた。イロリは暖をとり、明りをとるほかに、煮炊きもするという重要な設備であった。そのとき火の強弱を調整するばかりではなく、上におく鍋や釜の高低でもって、煮物の出来具合を調整する方法も考えた。ここに生み出されたのが、〝自在鉤〟である。はじめ鍋・釜は、梁からさげた縄の端に、鉤形になった木の枝をくくりつけ、それに掛けたのであったが、この鉤を棒につけて竹の筒の中を通し、調節用のテコ木をつけて、それでとめながら上下させるように工夫した。それが自在鉤のもっとも簡単なもので、鉤を思いのままに上下させ、思いのところにとめられるアイデアはすばらしい。

ひとたび作り出されると、より便利なように、さらに美しいものにと、少しずつ知恵がはたらかされ、さまざまの形のものがつくられ、手が加えられていった。イロリの大きさ、部屋の大きさ、天井の高さに応じた規模のもの。胴も鉤も木製のもの。竹筒の中を通さずに二本の棒を平行させて、止め金で調整するもの。すべて鉄製のもの。胴を使わずに横木に鎖をつけ、鎖の一方を横木に上から通して、鉤にかけた鍋の重さをもって、鎖の長さを調節するもの。鎖のかわりに荒縄、苧縄を用いたものなど、その種類は千差万別。それぞれ見事に工夫されている。

テコになる横木もまた素晴らしい。扇子形のもの。打出の小槌。鯛や鯉。オコゼなどの魚形の

梁に付けて自在鉤を吊すエビス・ダイコク

ものなど縁起物が多い。扇子や小槌はわが家に福をもたらしてくれるようにという、庶民の願いが込められている。魚にしても鯉が口に玉をくわえていて、その玉がコロコロと動くようになったもの、鯉が大きな波をたてたり、水沫をあげている威勢のよいものがあり、その彫刻も造形的にも見応えのするものが多い。

　山奥の自在鉤にはオコゼの横木もある。オコゼは海魚の一種で、山の神の供え物にするところが全国的にあり、オコゼは醜い恰好をしていて、山の神も醜い女の神なので、これを供えると自分よりまだ醜いのがいるといって喜ばれるからだという。また魚を横木の彫りものにするのは、魚は火に因んでの用心を意味した一種の呪具でもあった。

　飛騨の山国などになると、この自在鉤を梁に取り付けるにも工夫が凝らされ、もう一つの大きな鉤を梁に取り付け、それに自在鉤をかけている。一本造りの大きなもので、中には経一尺ぐらいの太さの魚形の鉤がある。太い梁に大きくドカッととっついている。イロリの火のススで黒光りがし、炎に照らされてにぶい光沢を放つ姿は、また格別に美しい。一般の形のをエビスといい、上部が山形になって、あたかも大黒さんの帽子の恰好をしたのを、ダイコクと呼んでいる。エビス（恵美須）・ダイコク（大黒）はともに中世以来台所の守護神、福の神として広く民間に信仰された。ここにも素朴な民間の信仰がひそんでいる。世に知られる高山市の日下部家をはじめ、山村の大きな民家にはいまもイロリが生きており、大きなエビスあるいはダイコク、見事な自在鉤が吊され、その威容を示している。

竈は古墳時代の中期から現われた。竪穴住居の一隅に土製の竈と甑を据えて米を炊き、須恵器の大甕に酒や水を貯蔵するようになる。この頃には乳製品をつくる技術も伝わったようである。この竈の使用が熱効率を一段と高め、生活を大きく向上させたのであった。この竈のまわりには、炊事のための貯蔵や収納を含む厨房空間が生まれたのであった。

ところで、竈は西日本からはじまり、五世紀後半には今日の群馬県の地方に伝わり、五十年ほどのあいだに急速に東日本に広まったといわれる。そして十一世紀頃までには、竪穴住居内にほとんど作り付けの竈をもつようになっていたといわれる。この竈は長胴甕と大型甑がセットで、大麦や雑穀類などの畑作物を蒸して調理するのに威力を発揮した。

古墳時代の中・後期から中世にかけては、炉と竈が平行して調理に使われていたようで、その時代は簡単な移動式竈が使われていたが、構造家屋の台所の土間に大形の竈が据えられそれが一般化するのは中世末期から近世にかけての時代からであった。

西日本では五つあるいは七つの焚き口を連ねた半月状の大きな円陣竈も出現した。その片端の一口はことに大きく、巨大な大釜が据えられ、正月の餅搗きなどにはこの釜で湯が沸かされる。こうした多くの焚き口に向かって中央に腰掛けると、すべての焚き口を見渡すことができるから、同時にいくつもの煮炊きができるので、きわめて合理的な竈であった。なお、江戸では焚き口二個が一般的で、土間に据えるものだけでなく、床上に据える置竈もあり、江戸時代には既製品が町家で普及した。

日常の煮炊きに竈を用いるのはほぼ愛知県から西で、北陸や中部山岳地帯や関東以北では、囲炉裏が主で、西日本では主として竈が主である。そして、古くは竈を据えるところを竈屋・釜屋といって別棟や下屋に設ける形式も多くある。沖縄では竈の原形の一つと考えられる三つ石に鍋を載せる形式が近年まであった。

こうした竈は家の象徴とされ、結婚して新しく家庭をもつことを「竈をもつ」、家を栄えさせることを「竈を起こす」、

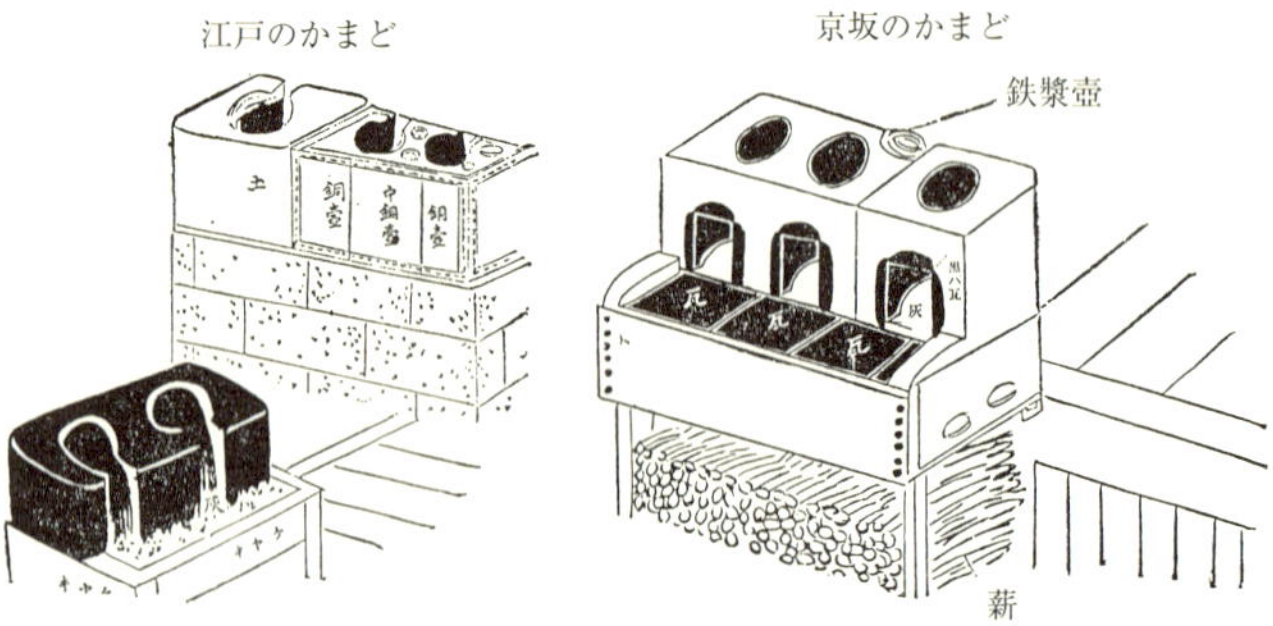

江戸・京坂竈の図（『守貞謾稿』）

家を滅ぼすことを「竈を破る」、「竈を引っくり返す」、分家することを「竈を分ける」という。

　また、竈は聖なる家の火所として、竈を中心に竈神が祀られる。一般には荒神様というが、オカマサマ・ドックサン・カマオトコ・ヒヌカンなどの呼称もある。竈の近くに神棚を設けて神札や幣束を納めて祀るのが一般的であるが、東北の陸前地方では家の新築にさいして、木製や土製の大きな竈神の面を大工や左官につくってもらい、竈の前に掛ける。近畿地方では三宝荒神を竈神として、竈の大釜の上に荒神松を立てて祀り、朝晩灯明をあげて拝む。また、正月には正月様・仏様と同じく御鏡餅を折敷《おしき》や三宝に載せて供える。また所によっては火伏の神である秋葉神社や愛宕神社の御札を竈屋の柱に貼って火の用心とする。なお、沖縄では三つの石を海から拾ってきて、竈神の御神体として竈に祀る風がある。

神棚・仏壇

神棚と仏壇は家屋に祀られる二つの聖所である。

神棚は一般に屋内の高処に棚を設けて神を祀る場所をいう。通常は台所・居間など、家族の集う部屋の間仕切りに設けられる。多くは囲炉裏の家長の座すなわちヨコザの背後の鴨居の上に板棚を吊し、白木の祠殿を奉安する。囲炉裏の切ってない居間にあっても、家長はその神棚を背に戴いて座ることになる。すなわち家長は神霊の威を背に座すのである。このことは田舎であれ町家であれ変わりはない。なお、ところによっては接客用の座敷・出居などに設けられるが、このほうが様式的には新しい。京都の洛北から口丹波《くちたんば》にかけては、神床とて棚の代りに床の間に机を置いて小祠を祀る例も見られる。

神棚には神殿を模した屋形が置かれ、伊勢大神宮の大麻を中心に、その左右に氏神その他信仰する神々の神札などを祀り、松や榊を立て、灯明を点じ、神酒・神饌を献じる。神札のほかに信仰する神の神像、ときに恵比須・大黒を祀る場合もある。こうした神棚は常に清浄が保たれ、朝夕灯明を点じ、これを家長または男子の任務とする処もある。ときに主婦に限られている地方もある。また、灯明は付け木からとった火でなければならないとする所もあり、灯明を吹き消すのを忌む所もある。町場の二階造屋では棚の上の天井に「雲」と書いた白紙を貼る所があるし、喪中には神棚前に白紙を張って覆うこともある。

こうした神棚がいつから各戸に設けられるにいたったかは明確ではないが、中世以来のことであろうと考えられる。以前は屋内に祭場を設けることは、正月の年棚と盆の盆棚など、臨時に営まれる場合のみであった。ところが、中世以来伊勢の御師によって、伊勢皇大神宮の大麻を広く民家に配布される風が広まり、各戸でその大麻を奉斎するようになった。それに伴って氏神・鎮守その他の神社も神札を配布するようになり、これらを合わせて人間の起居空間から離れた高い澄んだ空間に神棚を設け、萬《よろず》の神々併せ祀るようになり、ここに神棚ができたのであった。

居間のヨコザの背後の棚に祀られた神棚

なお、こうした屋内の神棚に神々を奉安するのは、神社神道による神棚のほかに、恵比須棚、荒神棚や稲荷や大黒など特殊な信仰による縁起棚もあり、職業・地域によって一様ではなかった。

したがって、本来は神棚は常設ではなく、年棚・盆棚にみられるように、臨時に神を迎えるために設けられる祭壇であったらしい。要するに日本の神信仰では、神は常在するものではなく、人が祀るときにはじめて他界から現世に示現するものと信じていたのであった。

神棚と並ぶ家庭祭祀の祭壇である仏壇は、神棚の下方に設けられたり、出居・座敷の床脇あるいは家長夫婦の寝所の正面に設けられる。真宗門徒の家では特別に仏間をつくり、その中央に安置する風もある。一般に厨子型の祠殿であるが、宗旨により家によってその規模の大小、構造の精粗がある。内部に

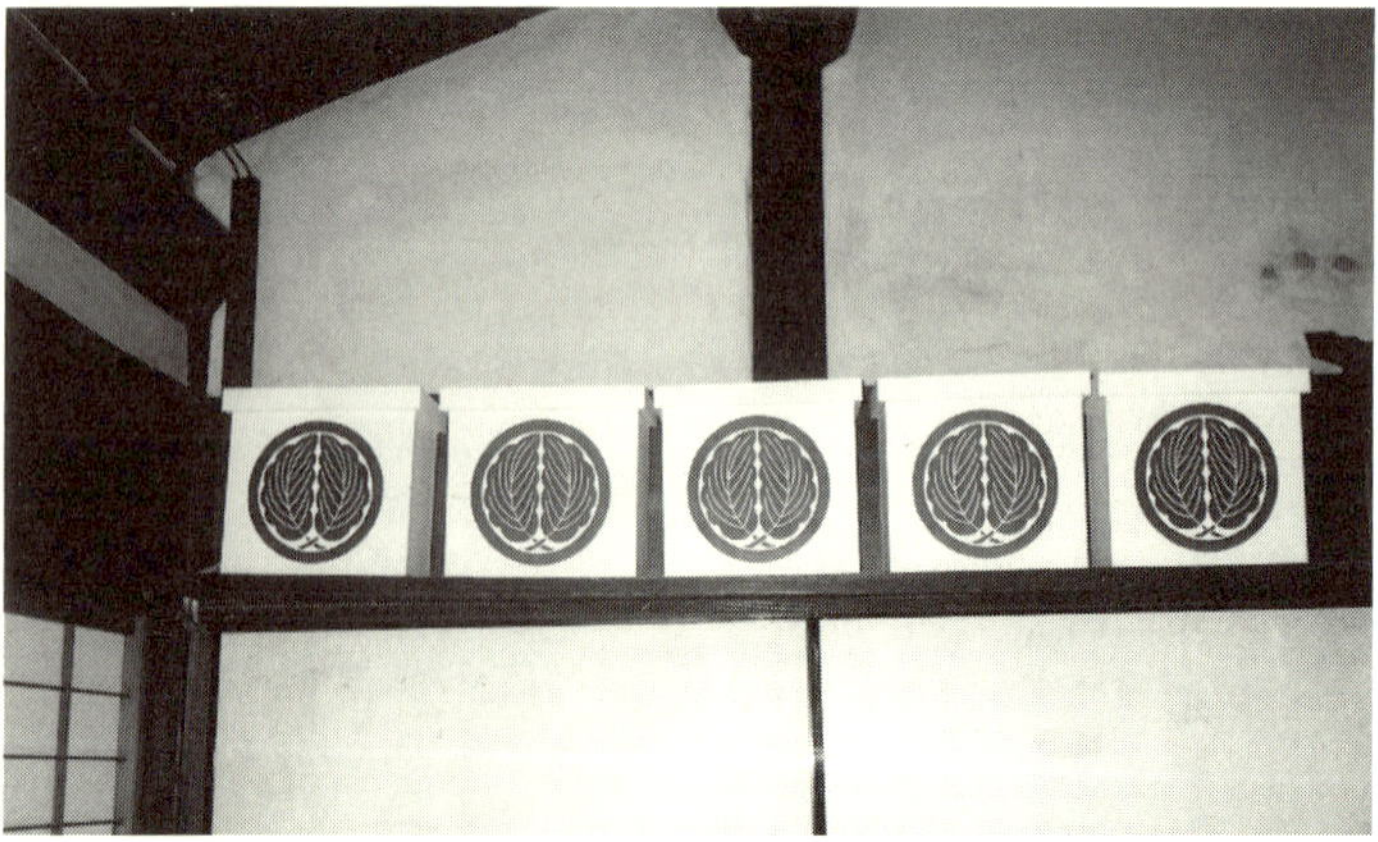

神棚の隣に設けられた提灯箱の棚

壇を設け、中央上段に本尊持仏あるいは宗祖の影像を祀るが、図像・名号などの画幅を掲げる。そして中段以下に先祖の位牌を置き、香花・灯明・茶飯を献じ、現世来世の利益安穏と祖先の冥福を祈る。

ところで、十四世紀の山城の『琳阿弥邸指図』には持仏堂はあるが神棚はない。また十六世紀の山城上久世庄の農家では、仏や仏の厨子がみられるが神棚はない。したがって、仏壇の成立は神棚の成立よりも遙かに古いことがうかがえる。そして仏壇成立の様式的経路を辿ると、造寺造仏の功徳行をおこなった古代の篤信者の個人祈願に発し、屋敷地内の持仏堂設置から、居住家屋内の一隅に設けられた祭檀、さらに仏間の祭檀になった。

なお、仏壇のさらなる根源を探ると、その発生は古代インドまで溯って考えねばならない。インドや中国においては、用材によって石壇・土壇・木壇の別があり、また形状によって方壇・八角壇・円壇があり、寺の本堂の壇を須弥壇と呼んだ。また山壁を掘ってそれに仏像を安置した遺跡が多くある。

また、中国では龕《がん》といって、石室内にさらに窪みをつけてそれに仏像を安置するものがあり、山西省雲岡（大同）・河南省竜門の石窟中の龕が有名である。だが、このような固定的な龕が後には単独に石材または木材で作られ、これに扉をつけるようになり、やがて壁面が離れて独立した移動可能な形となり、須弥壇の上などに飾るようになった。

わが国ではこれを厨子といい、その最古のものとして、法隆寺金堂の玉虫厨子が著名である。

この場合は木材を用い、屋形正面に扉をつけ漆および箔などをおき、大小多様である。こうした龕や厨子が今日見るところの仏檀を生む要因でもあったらしい。そして、わが国で仏壇が祀られるようになったのは、『日本書紀』巻第二十九の天武天皇十四年（六八五）三月の条に

　壬甲、詔、諸国毎家、作佛舎、乃置佛像及経、以礼拜供養、

とある。すなわち、詔して諸国に、家毎に仏舎を作り、仏像及び経を置いて礼拝供養せよと令せられたにはじまるといえる。

　こうして一般民家にも仏壇を安置するようになるのであるが、時代を経て慶長十八年（一六一三）には切支丹の広まりを押さえ込むために、全国の寺院に「宗門取締規則」なるものが出され、その第十三条に、「……持仏堂、且像、備物に至まで、能々見届可申、且又毎年盆廻之儀、其宗門之仏檀吟味をして、相廻可申事」とされ、仏壇を安置せぬと、切支丹と見做されかねないことからも、各家が挙《こぞ》って仏檀を安置したようであった。

　こうした仏檀の今日見る形状は、一般には高さ一間・巾三尺で、正面には観音開きの扉がついていて、用材は黒檀・紫檀・花櫚《かりん》・桑等概して堅木が多い。なお、幕末に起こった復古神道の影響で、廃仏毀釈の影響を強く受けた藩においては、「隠し仏檀」の防衛策をとったところもあった。それは表は神棚を設け、その背後に仏檀を隠匿して祀る方式であった。それほど祖先崇拝の念は強かったのである。

　そして、日常の献飯・供花・献灯・合掌礼拝は当然のことながら、盆・彼岸・年忌法要の供養

日には、仏檀の前に供養棚を設けたり、灯籠などに火を点じ、朝夜にわたって念仏・唱名《しょうみょう》・読経に勤めるのが一般の慣わしである。

仏壇

お盆の御供

屋根・天井

大和棟（高塀造）

日本の民家は、日本列島の東北から西南へそれぞれ風土と生活態様によってきわめて多彩で、それなりに特色をもっている。その様式をよく映じるのが屋根型であり、屋根型を見ることによって、常民の暮らしの知恵を知ることができる。屋根型の代表的なものとしては入母屋造・切妻造・寄棟造などが挙げられるが、いまここでは切妻造屋根から地域的特性と歴史性を垣間見たい。

このうち切妻造は中部地方から近畿地方に広く分布するが、とくに大和平野の切妻造はその切妻屋根に特色がある。この切妻造はその特色から高塀造と称され、とくに大和に顕著に存在するところから、一般に「大和棟」と呼ばれている。大和の集落の屋敷割は、道路に面して母屋が棟を連ね、裏に納屋をはじめ付属建物を配し、さらに菜園まで取り込み、その四面に塀を回らせた屋敷が多い。こうして各家が母屋を並べて建つことになったところから、屋根を切妻にしたのであった。切妻の錣葺《しころぶき》は『信貴山縁起』などにも描かれているから、すでに平安時代末期にはいまいう高塀造の原型ができていたと思われる。

高塀造は大和平野の特色ある切妻屋根で、母屋の床張りの部分、すなわち居室の部分と、その前の表から裏まで通るトオリニワ（通り庭）の部分が急勾配の茅屋根になっていて、この本屋根の両妻が棟よりも高い土塀となっていて、数列の本瓦を並べる。これは防火上の安全のための工夫である。こうした両妻の塀が主棟より高くなっているのが「高塀」の所以である。

この高塀の部分の外側は勾配のゆるい瓦葺の落棟になっていて、そこには竈が据えられ、その竈屋に連なって表側に碓《からうす》部屋などが設けられ、そうした落棟の中央に櫓の煙出しがある。この高塀造の居室部分と通り庭の界に立つ主要な柱が「大黒柱」で、それに向かい合って通り庭と竈屋と碓部屋の界に立つのが「ハナカミバシラ（花神柱）」で、このハナカミバシラが主棟と落棟の界にあって、高塀の主棟を支えている。そのためかハナカミバシラのほうが大黒柱よりも太い場合が多い。だからこの大黒柱とハナカミ柱は共に大切にされ、絶えず磨きがかけられる。

なお、こうした高塀には段を三つほどにして美しくしたものもあり、素壁のものもある。白壁にしたのは発達したかたちである。この高塀の上に載せられた小屋根を「うだち」といい、卯建、卯立・梲とも書く。この卯建が立派であることが、家格や富も示す象徴となり、「卯建が上がる」とか「卯建が上がらない」という言葉が生まれた。すなわち、梲・卯建は大和棟民家の妻壁を棟より一段高くしたところをいう。この梲・卯建はもともと富裕な家でなければ上げられなかったところから、立身する、立身できないの喩え言葉として用いられたのであった。

こうした高塀造の大和棟の民家には「クジヤブキ」の呼び名が広くある。クジヤ葺は「公事屋葺」である。それには歴史がある。高塀造を母屋とする屋敷構えは、中世の名主層らの後裔たる近世の村役人層をはじめ地主層たちが構えたのであった。「国中《くんなか》」と称する大和平野は江戸時代中期以来、棉作や菜種作りの盛況によって潤った。そうしたところから家の構えも立派になり、高塀造が一般化したのであった。この江戸時代の地主層の出自たる中世名主層は、公事を負担する公民的存在たる上層農民で、「公事家」と称された。こうしたところから高塀造の家をクジヤ葺、すなわち公事屋葺と称されたのであった。

なお、高塀には鬼瓦は上げられないが、鳩などをとまらせる風もあった。それは美観を添えるというよりは除災の呪術であったという。こうした高塀造でも瓦が容易に入手できるようになると、茅葺がしだいに瓦葺となった。その場合は屋根の傾斜が緩くなり、近代になるとこの形式が一般的となった。

ところで、大和棟民家ではハナカミ柱から通りニワ・床張りの居間空間の上、あるいは大黒柱から居間空間の上には天井が張られる。その天井を「大和天井《やまとてんじょう》」と呼ぶ。『随筆・独寝』上の二十にも「大和天井といふもの、家によりてあり」とあるが、真竹を並べた上に藁を敷き、その上に壁土を塗った天井であるが、凝った仕様では真竹を細縄で簾様に編んで並べた。この真竹の天井は、竈の煙で燻されて紫がかった茶色になり光沢を放つ。この大和天井の竹は煙が天井の裏まで廻って、縄の編目を残して満遍無く良い色に染まり、味わいがある。俗に煤竹と言うが、家を建て替えるときこの古い天井の竹を売ると、その代金で新しい家が建つという言い慣わしもあったという。それは茶道表千家流の茶筅、茶杓に最適であったからだという。

大和棟の屋根裏

ここで序《つい》でに喫茶の風について付会すると、茶を飲む風は中国湖南省西部で始まったといわれるが、日本への伝来は詳らかではない。もっとも古い記録は平安時代の『日本後紀』弘仁六年（八一五）四月二十二日の条で、嵯峨天皇が近江国に行幸した際、崇福寺の僧永忠（唐への留学僧）が茶を煎じて天皇に献じたというのである。したがってこの時代は煎茶であった。

喫茶が大きく変化し抹茶が日

本に伝わるのは鎌倉時代で、宋への留学僧でもあった臨済宗の開祖栄西であった。栄西は晩年『喫茶養生記』を著し、医薬としての喫茶の効用を説いたが、そこからさらに禅宗の儀礼の中に喫茶の作法が組み込まれ、さらに禅宗以外の各寺院にも喫茶の風が広まった。そして南北朝時代に入ると茶の生産が全国に広まり、寺社の門前や観光地に「一服一銭」と称する茶屋が現われ、さまざまな場面に喫茶が見られるようになった。

さらに室町時代末期にいたって、〝わび〟という新しい美意識にもとづく喫茶の形が、奈良の称名寺に入った珠光によってはじめられ、それが本願寺に仕えた連歌師武野紹鴎《たけのじょうおう》によって深められた。そうした〝わび茶〟を大成したのが千利休であった。千利休は堺の有力な問屋に生まれ、十代の頃から茶を紹鴎に学び、のち織田信長の茶頭となり、信長亡き後は豊臣秀吉に重用され、珠光・紹鴎の〝わび茶〟を極限まで推し進め、のちの茶道の基礎を築いたのであった。

こうした〝わび茶〟としての抹茶を点《た》てるには茶筅が必要で、茶筅はすでに宋代に発達したが、これがわが国に伝来し、室町時代の初頭には販売・贈答され、『遊学往来』には「兎足紫竹茶筅」が見え、紫竹の茶筅が好まれ、兎足が茶筅の異称となったのである。そして戦国時代には奈良茶筅が名品とされた。それは大和国西北境の鷹山（生駒市高山）産である。この地は地侍鷹山氏が室町時代に台頭し興福寺衆徒に起用され、戦国時代にも活躍し、この頃から茶筅作りがはじまった。だが豊臣秀吉の旧勢力一掃策によって鷹山氏も没落、地名の鷹山も高山と改まるが、茶筅業は保護されて利休時代以降はほぼ独占的製産を誇ることになった。ここでは表千家・裏千家をはじめ各流儀の茶筅を製作するが、とくに表千家では煤竹の茶筅・茶杓を原則とするところから、大和天井の煤竹は恰好の材料となるのであった。今日なお高山では三百余年続く谷村丹後家をはじめとする茶筅師が、茶筅製作に技を誇っている。

こうした大和棟の棟木と屋根裏は、きわめて聖なる空間と意識されていた。その一例を奈良県天理市嘉幡の森嶋家についてみたい。森嶋氏は中世において国民として成長し、大和武士として活躍した十市氏の一族で、対馬守定祐がここに住みついてより、この地方の土豪として戦国の争乱に活躍し、豊臣秀吉の天下統一後は十三ヵ村を支配する組合頭を勤め、江戸時代にも苗字帯刀を許され、しばしば大庄屋を勤めた由緒ある家柄である。

嘉幡集落の中心に位置する森嶋氏の屋敷は、北と西は濠がめぐらされている。この濠のきわは石垣・土塁で積み重ねられ、その内側は竹藪によって囲まれている。濠にかけられた橋を渡って進むと長屋門にいたる。この間の右側塀の内側は隠居所になっている。長屋門を入って右側に屋敷があり、門から真正面に主屋の戸口がある。隠居所・長屋門・屋敷・主屋はいずれも平行して配され、主屋の西に土蔵があり、主屋と土蔵の間は繋ぎの部屋で連ねられている。長屋の南・東は一連の米倉で囲まれていたが、いまはわずかに東南の隅に一部残っているにすぎない。さらにその南側は当家の畑であるが、昔はそこに庵寺があって森嶋庵と称した。

主屋は大和棟すなわち高塀造りで、急勾配の萱葺の屋根で、その両端の高塀には一列に平瓦を並べ、その継ぎ目を丸瓦で押さえ、頂点にはハトブスマをのせ、高塀が主棟より高い純高塀である。左勝手であるため、左方には煙出しの小屋根をのせた勾配のゆるい落棟になっている。大妻には他の民家に見られるような装飾はなく、いたって単純であるが、中央の棟持柱の壁より、すなわち南方に出窓がついている。この中には半鐘が吊されている。

この主屋の建てられたのは宝永三年（一七〇六）である。このことは棟札によって明らかである。ところで棟札は一般に上部・下部とも同幅同長の短冊型で、稀に上部が山形であったり、時代の新しいもので下部が狭くなり山形の鋭角化した形のものがあり、板で作られているのが普通である。ところがこの棟札は紙に書かれ、それを縦一尺一寸、横一寸六分、深さ一寸三分の蓋付の木箱に納め、されにそれを藁ヅトに入れて棟木の中央に吊している。その内容についても一般の棟札と異なって願文形式をとっており、

丙宝永三歳　和州山辺郡加幡村住人
戊七月吉祥日　信心施主家主喜右衛門殿方
（梵　字）□（梵　字）
子孫ニ至迄伝之者也
（梵字）　一切皆善一切宿皆賢諸仏皆威徳
羅漢皆断漏以斯成実言願我当所吉祥
御棟札

（梵字）　南無堅牢地神□□眷属
　　　　　南無五帝竜王□□眷属
　　地鎮棟札　吉祥院欽

と、施主喜右衛門より子々孫々は無事安穏に伝えられるよう、地神・水神に願をかけ、吉祥院で祈祷してもらったのである。

このような形式・内容の棟札は少なく、ことに棟札を藁ヅトに入れて吊してあるのは珍しい。民俗行事において、藁ヅトは霊魂を象徴するといわれる餅や団子を入れてしばしば用いられており、霊魂を包むものあるいは霊魂の容れものとしての意味をもっていることが多い。こうした習俗を考えあわすと、一大事業である家の新築にあたり、その成功と、子々孫々まで無事に継承されることを切に念じた施主の魂と、さらにそれを加護せんとする神仏の霊魂を家とともに永く宿ってもらうために、こうした藁ヅトが用いられたのではなかろうかと推測されるのである。

畳

畳はまさにタタミで、本来は常に敷いたものではなく、ふだんは板床で、神事をはじめハレの日や特別の来客のさいに、薄縁《うすべり》や筵などのような敷物を敷いたのであったが、平安時代から厚板状の藁床に藺筵《いむしろ》を被せた厚床畳ができた。だがそれももっぱら貴人の座具で、その大きさは大人がそれぞれ膳を前に置いて二人向かい合って座り、飲食するに適した大きさであり、また大人一人が寝る大きさであった。今日も団体旅行や修学旅行のさいの部屋割りを、部屋の畳数に宿泊人数を合わすのもそのためである。なお、病人を戸板に乗せて運ぶのも、戸板は畳の大きさと同等なので、いまいうところの担架に適していたのである。

鎌倉時代になると、地方豪族の館などで部屋の周辺に沿って、「追いまわし」に敷く例も絵巻などに見え、室町時代に書院造の成立とともに畳は敷き詰めるのもとなるが、民間で厚床の畳を床一面に敷き詰めるということは近世になってからであるが、それも豪農・地主層の間でのことであった。都市においてもその状況は同じであった。この畳は二対一の矩形であるが、関西では京間（長辺六尺三寸）、関東では田舎間・江戸間（長辺五尺八寸）で、厚さは共に一寸六分が規格とされた。

ところで、畳表の原料となる藺草《いぐさ》は、多年生草木で灯心草《とうしんぐさ》ともいって燈心になるが、茎は円柱形で分枝せず、本来の太さに差が少なく、真直に一、五メートルぐらいまで生長する。主に瀬戸内海沿岸西部から九州地方の湿田で栽培され、広島の福山地方のものが最上で、「備後表《びんごおもて》」の名で知られる。備後地方では天文・弘治年間（一五三二〜五八）に、野生の藺草を水田で栽培して、丈の長い藺草を選んで引通表《ひきとおしおもて》を織ったのがはじまりと伝えられている。

備後地方では、「備後の寒田植え」といい、稲作の終わった水田に藺草を植え付け、翌年七月中頃になって茎が成熟し、弾力ある堅さになると、梅雨明けを待って土用に刈取りにかかる。その後、色艶や香りを保つ処理をし、天日で乾燥させて貯蔵される。

こうした藺草を畳表に織り込むのであるが、それは藺草を緯に、麻芯を経にして織り込む。そうした畳表には引通表・飛込表・中継表の三種類がある。引通表は一本の藺草が織り幅の両端まで達する長い藺を使って織り上げるもので、飛込表は一本の藺草が織り幅よりも短い藺を使って織り上げたもので、藺草の先が両端まで届かずに、中央で重なりあっているだけなので、端のほうの耐久力が劣る。中継表は二本の藺草の根元を両端に向けて差し通し、中央部で継ぎ合わせ、先端を表面からはみ出させた状態に織り上げたものである。

こうした畳は本来ハレの日の敷物であり、それゆえ清浄な場とされたのであった。だから桃の節供の雛飾りも、かつては畳の上に直に並べて飾ったし、お茶の作法で畳に直に茶碗や菓子器や茶道具をおくのも当然のことで、礼にはずれたことではないし、また書物をひらいたり字を書くのも、それが清浄な場であったからである。

茶道では当然のことであるが、一般にも「畳の縁《へり》をふんではいけない」と諭されているのは、「畳割り」という言葉があるように、畳は一枚が単位でそれが一つの座であったから、その清浄なる座の結界を踏むことは、ニワの敷居を踏むのと同じような意識・感覚をもったためであった。だからふだん外から帰ってきて床上に上がるときには、かならず足の裏を拭く習慣があり、上框《あがりかまち》にはいつでも足が洗えるように、足洗い用の盥や桶が置かれたものであった。したがって畳はたえずきれいにしておくために、毎日乾拭《からぶき》きがおこなわれ、これが掃除の中でもっとも苦行であった。

畳は清浄なものであったため、着物も畳の上をひきずって歩いてもあたりまえであった。『守貞漫稿』（喜田川守貞著、嘉永六年〈一八五三〉刊）も江戸では極貧の家以外、女は裾をひくと書いている。この畳の清浄とマッチさせることに「美」があった。今日婦人の礼装になっている「裾模様」は、畳と一体になって美を生み出すことから出たデザインであった。畳は居住空間の中で、一つの大きな美的空間を生み出す装置ともなっていた。ここに「畳の美学」があったのである。

昔の着物はみな丈が長く畳の上では裾をひきずっていて、外へ出るときには地面にひきずらないように、裾を持ち上げて歩いた。今日色街の芸妓の着付けと立居振舞《たちいふるまい》にその情景をみることができるのである。ふつう足袋は白いものをはくが、これももとは裾の中に隠れているもので、本来下着の一部であった。それがいまや表面にあらわれて、独立した一つの衣裳となっているが、白色を用いるのもそのためであった。今日、和服の丈が短くなったのではなく、昔のままの長い丈で、わざわざ端折《はしょ》って帯にはさむのも、和服のもとの姿をとどめているものである。引き裾の着付けから、帯と紐で吊る端折りの着付けになったのは、まず文明開化で洋館に住みだした上流階級からであり、東京の中流以上の家庭では明治の三十年代に一般的となった。

ところで、裾模様と畳の一体化する空間というのは、人間の座位の高さまでである。すなわち畳に座って目の高さから畳までの空間である。ここにはじめて、清浄な畳に裾模様が映えてみられるのである。このことは部屋の明かりをとる灯火具にもみられる。各種灯台・行灯《あんどん》はみなこの空間を照射する高さなのである。床の間の掛軸も生花《いけばな》も、座った姿勢での目の高さに中心がおかれるのである。したがって、日本人は畳に座るという姿勢が根本になっている。いまも電車に乗ると、座席に正座して座っている老婆を見かけることがある。これも日本人の座りの習性のあらわれである。

なおここでさらに敷衍して述べると、今日のマンションに代表されるような住宅、すなわち西洋風近代住宅はきわめて合理的・機能的に設計されているが、不思議なことに、およそ西洋風居住空間に似つかわしくない下駄箱が常置されていることである。西洋においては履物を脱いで上がるということはなく、土足のままであるが、日本にあっては家の中で靴を脱ぐという習慣はかたくなに守られている。靴中心の時代になっても「下駄箱」という和服・下駄履き時代の名称がそのまま生きている。近年若者の間で編上靴がしだいに履かれるようになったが、日本においては軍隊など一部を除いては短靴が中心で、ながらく編上靴ははやらなかった。それも家の中では靴を脱ぐべきものであるという習慣のしからしめるところであった。

サンダルの普及も日本的特性によるものである。サンダルは古く古代エジプトの上流階級の間ではじまった履物で、古代ギリシャ・ローマがその黄金時代であったが、中世以降のヨーロッパでは衰え、靴にとってかわられた。日本においてはながらく下駄・草履を用いていたため、それがサンダルの用を兼ねていたのであるが、靴の普及にともなって、昭和七年（一九三二）から木のサンダルが制作され、昭和二十五年（一九五〇）ごろからビニール製のサンダルが現われ、ひろく愛好されるようになった。これは団地アパートの発生と軌を一にするのである。すなわち下駄・草履から靴への大きな転換、足袋から靴下の常用化への転換にともなって、西洋風住宅においては脱ぎやすい普段履きとして有効であったのである。

なおまた、日本人は西洋住宅においても畳の部屋を捨て切れず、この現象は住宅だけでなく、飲食店や料亭においても見られる。近頃は大きな鉄筋のビルの中にそうした店があるが、そこには椅子席のほかにかならずといってもよいほど畳敷きの一角がある。やはり畳に座らなければ落ち着かないのである。日本人はこうして畳を捨て去ることはできなかったが、畳の美学はなくなってしまった。それが和洋混交の住宅であった。

箒・熊手・箕

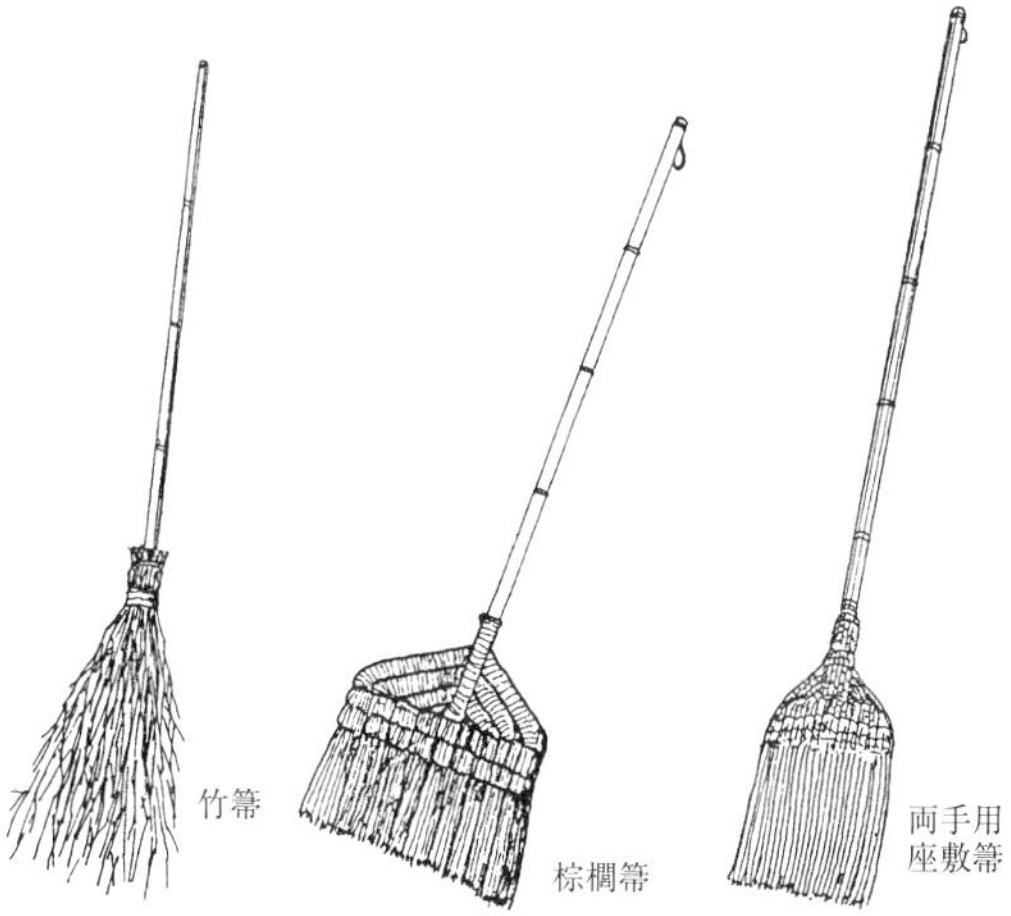

箒各種（中林啓治氏図）

箒は室内や庭先などを掃き清める用具で、古くはハハキといった。それは羽掃《ははき》の義で、羽箒《はぼうき》が根元である。わが国における箒に関する最古の記述である『古語拾遺』（大同二年〈八〇七〉）では、「彦波瀲尊《ひこなぎさのみこと》誕生の日、海浜に宮を造られ、掃守連の遠祖天忍人命が、箒を作り蟹を掃かれた」というのである。それはそれとして、奈良時代にはもっぱら竹の枝や木の枝を束ねた箒が用いられていたようである。『止倉院文書』の「造法華寺金堂所解」には、

「六十三文買竹箒卅四把直廿九把別二文五把別一文。卅四文買目利箒　廿把別二文四把別一

文。」

というような記録がみえる。ここでいう目利箒というのは、原野に多く生える豆科の多年生草木である「めど萩」の茎を束ねたもので、正倉院御物の中にある「子日目利《ねのひめとき》の箒《ほうき》」がそれである。

ところで、今日暮らしの中で使う箒には、室内を掃く「座敷箒」、土間で使う「土間箒」、庭や家周りで使う「庭箒」があり、それぞれに使い分ける。座敷箒にはホウキモロコシ（イネ科）を材料としたものとシュロの皮を材料にしたものが多い。どちらも職人や農家の副業として専門的に作られたもので、竹の柄の長い両手で使う長箒と、竹の柄の短い片手で使う手箒がある。両手用の長箒は肩から穂先までほぼ同じ形が一般的で、片手用の手箒は末広状に穂先の広がった形が多い。

土間箒にはホウキグサや笹などを束ねた手箒や、座敷箒の使い古しが使われ、庭箒には竹箒が使われる。竹箒は竹の枝を束ねて穂先とし、長い丸竹の柄をつけた箒で、両手で持ち、おもに庭や屋敷周りの枯れ葉や塵を掃き集める。穂先には孟宗竹の枝、柄には細めの真竹の丸竹が用いられ、古くはカズラで括ったが、近年は針金で括ったものが多くなった。

なお、ホウキグサ・ササ・アカモロコシ・カヤ・ソテツ葉・稲藁や柴木などを束ねた箒もあり、それらは草箒と呼ばれ、自製が多かった。特殊なものでは養蚕の毛蚕の掃き立てなどに使う羽根箒、繭から糸を引き出すときなどに使う稲藁のミゴ（稲の穂の芯）でつくった箒などもある。

落ち葉や刈り草、ゴミなどを掻き集めるのに使う用具に熊手がある。竹製でサラエ・サライ・コマザラエ・コクバカキ・オチバカキなど多くの呼び名がある。熱を加えて先端を内側に曲げた割竹を指先を広げるように並べ、元のほうの中央に長い柄を挟んで横棒を当て、カズラや藁縄、針金などで括り固定する。基本的な形は同じだが、割竹の本数や太さ、間隔は地方により、また用途によってさまざまである。

落ち葉は堆肥の元になるため、それを掻き集める熊手は、とくに農家にとって重要な用具であったし、脱穀作業のさいでる藁屑などを集めるなど多用された。また、籾干しや雑魚干しなど鉄製の杷《さらえ》を熊手と呼ぶところもあり、草削や股鍬などを熊手というところもある。

さて、日本人のゆかしい霊魂観とカミ意識は、日常生活用具の中にも籠められている。箒は逆さに立てるとその形が神の依代であるオハケによく似た形をしているところから、そこに神霊が宿り霊力をもつものだと信じられた。日本人は稲霊をはじめ穀霊と人間の霊魂を一体と信じたので、穀霊を掃き寄せる箒は、人間の霊魂を掻き集めるものだと考えたのであった。だからこの箒を産屋に祀ったり、箒で、妊婦の腹を撫でて人間の新たな霊魂を現世に送る作法がおこなわれるところもある。こうして箒に宿る箒神をお産の神として尊ぶ風は各地にあり、東北地方では「山の神と杓子神と箒神が集まらないと子は生まれぬ」と言う所がある。

また、よく箒を跨いではいけないと戒めるが、それはたんに不作法だということではなく、神霊の籠もった呪具を粗末にすることになるからである。なお長居の客が来て、早く帰ってほしいときには箒を逆さにして立てると客が帰るという。これも箒は神の依代で呪具であるから、これを立てることによって、いまここでは神祭りをするのですよ。だから神祭りに無用の人は帰って下さいというのであり、それがまた効果があるというのも、箒の霊力・呪力であろうか。

熊手も箒と同じように福を掻き集める縁起物とされ、関東で盛大な十一月の酉の市などでは、熊手の爪に桧扇・お福面・夷・大黒・大福帳・千両箱などの縁起物をつけて売られ、関西では西宮の十日戎をはじめ各地の初戎には熊手に大きな恵比須面を付けて縁起物として出される。それは関東の酉の市の熊手と同じように、一年間家で祀られるのである。

能の「高砂」で尉《じょう》と姥《うば》が手にする熊手と箒も霊魂の宿る呪具、すなわち神霊の依代《よりしろ》としての意味をもつのであった。奈良ことに「国中《くんなか》」では「おまえ百まで、わしゃ九十九まで」と共白髪にあやかって「尉と姥」図絵馬を氏神に奉納する風がある。根元に竹笹をあしらった、緑鮮やかな松の木を真ん中にして、尉と姥が向き合って微笑んでいる。いわゆる「高砂」の場面である。それは住吉の松の精と、高砂の松の精が夫婦であるという説話を素材とし、天下泰平を祝福する能で、謡曲の名ともなり、婚礼の席でよく謡われる。そうしたことから、良縁を得て夫婦になると長寿を全うできるようにというのである。また、縁談がまとまり結納を納めるさい、奈良では特産である一刀彫りの熊手を持った翁（尉）と箒を手にする嫗（姥）の人形を添える風がある。

脱穀した穀物を選別したり、掬って運んだりするなどきわめて多用される用具に箕がある。とくに農家にとってはなくてはならない農具の一つある。その素材により、皮箕・竹箕・藤箕・桜箕・板箕などさまざまある。皮箕はサワグルミ・ヒノキ・ヤマザクラなどの樹皮を折り曲げ、弾力性のある枝木や篠竹を縁にして縫い綴じた箕で、中部山岳地帯から東北地方の山間部で多く使用されている。竹箕は帯状につくった竹籤を網代に編んだ箕で、網代箕ともいい、近畿から中国・四国地方を中心にみられる。藤箕は細い竹籤を緯にし、ヤマフジの薄ヘギを経に入れて編んだもので、全国的にもっとも多く使われてきた。桜箕は細い竹籤を緯にし、ヤマザクラの皮を経にいれて編んだ箕で、九州一帯や関東地方の一部にみられる。東北地方ではイタヤカエデ・サルナシなどの細木を割った籤で編んだ箕が使われる。板箕は側・底ともにスギ・ヒノキの薄板でつくった箕で、広島県・山口県の中国山地から日本海沿岸にかけて使われる。

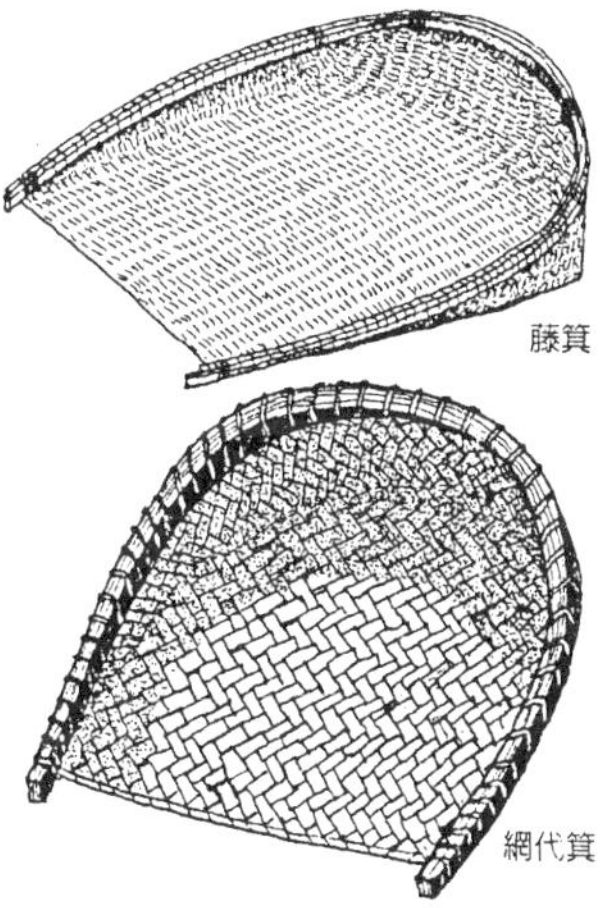

箕（中林啓治氏図）

　こうした箕は穀物を掬ったり運んだりするほかに、穀物の選別にも便利である。選別する穀物を入れ、両手で持って上下に煽るように動かすと風が起こり、それによって軽いゴミや藁屑などは箕の外に飛び出したり前方に寄り、重い実が後方に集まる。時折箕の床を張るように力を加えて、前方に集まった藁屑などを先の方から外にはじき飛ばす。こうした穀物の選別に使う箕をほかの箕と区別して「穀箕」というところもある。

なお、穀箕のほかに製粉に使う粉箕、繭の選別に使う繭箕、製茶に使う茶箕などがある。また、太い竹籤で粗く編んだ土砂や堆肥も運ぶのに使う小形の箕もあり、それらは手箕、砂利箕・肥箕と呼ばれ、これらには左右の縁に握り穴をあけたものが多い。

箕もまた穀類を掬う用具であるから、穀物に宿る穀霊、さらには穀霊と一体と考える人間の霊魂をも掬う聖なる具であると意識してきた。田植仕舞のサナブリ（早苗振り）には苗を箕に入れて荒神などに供えるし、稲の刈上げのカマオサメ（鎌納め）には鎌を箕に入れて荒神などに供える。また、正月や十五夜の供物を入れる容器として箕が用いられる。さらに、親が厄年に生まれた子供は、一度橋の袂に捨てて長寿の人に拾って貰う「捨子」の習俗があるが、そのさい箕に入れて捨て、また箕に入れたまま拾って貰うのである。すなわち穀霊と人間の霊魂を一体と意識した常民の観念をもっともよく表象する習俗である。

箕は「魂呼ばい」の呪具としても用いられる。日本人は人間が死を迎えるときは、霊魂が肉体の滅亡前に先に肉体から出て行くものと考えていた。そのため霊魂を呼び戻すと肉体は再び生き返ると信じたのであった。そのため現世を離れて天空の他界に赴く霊魂を呼ばうのである。人間の名は霊魂に付けられたものなので、死者の長男あるいはもっとも身寄の者が、天空に近い屋根の上に登って、死者の名を呼ぶのである。死者の名を呼ぶことは他ならぬ死者の霊魂を呼ぶことである。そのためその作法を「魂呼ばい」というのである。そのさい箕を持って掬い上げる所作をするのである。穀物の霊魂と人間の霊魂を一体に意識していたため、箕を用いることには大きな意味があったのである。

なお、こうした魂呼ばいのことはすでに『日本書紀』の仁徳紀に見え、平安時代中期の日記『小右記《しょうゆうき》』に藤原道長が娘嬉子の死にさいして、陰陽師に屋根の上で娘の衣服を用いて魂呼ばいをさせたことが記されている。魂呼ばいに死に臨む者の衣服を振る風は、箕を用いることとともに民間でもおこなわれた。それは衣服は人間の身体を包むものなので、それはほかならぬその人の霊魂を包むものだからである。序では付会すると、死者の形身に死者が生前好んでいた衣服を贈るのも、死者の霊魂を伝える作法である。

枕

住宅の近代化はまず寝食分離をうながし、厨房機器の発達とあいまって、リビング・キッチンが急速に発達した。このリビング・キッチンの発達は、日本の居住空間を合理化することに一つの大きな意味があったが、一方、ある一定の広さを要求する空間が住生活の中に徐々に浸透してきた。それは寝の空間である。その具体的あらわれはベッドの普及である。

ベッドは日本においても古く古代宮廷文化のなかにとり入れられていたが、正倉院に遺る聖武天皇の「御床」という木製のベッドのように、今日の縁台に似たものであった。そののち長らくベッドは一般人の生活とは縁遠いものとして普及はしなかった。ようやく大正時代の文化住宅において、ベッドと椅子がとり入れられたが、それは居住空間の狭小性のために定着せず、やっと戦後にいたって寝食分離による寝室の独立性の強調とともに、夫婦の寝室は夫婦生活のための私室という観念が強固になり、新婚家庭をはじめとする核家族のなかに定着してきた。

そして、デパートの家具売場には、さまざまな型のベッドがおかれ、豪華なものもよく売れるという。そして〝寝室の美学〟という言葉さえ生まれた。そのベッドはホテルのベッドのように簡単なものではなく、ベッドの枕元に棚や抽出をとりつけたものもある。その棚には寝ながらにして物をのせることができるし、抽出には貴重品や秘蔵の小物を入れておくことができ、いたって便利であり機能的である。それがまた一つの装飾となり、豪華さを表出している。こうした型のものは西洋には見られず、日本独特のものである。実はまたそこに日本人の伝統的な生活意識の一班がかいま見られるのである。それは枕にたいする日本人の意識感覚である。

ところで、わが国では枕に抽出をつけて物を入れる知恵は早くからあった。それが枕を敷蒲団の上におく風が生まれて、低い柔らかい枕が好まれるようになって、見ることができなくなったが、それ以前には枕を蒲団の外において寝る時代があって、高い固い枕が好まれ、その枕は今日のベッドの棚・抽出と同じ効用をもって工夫が凝らされていた。

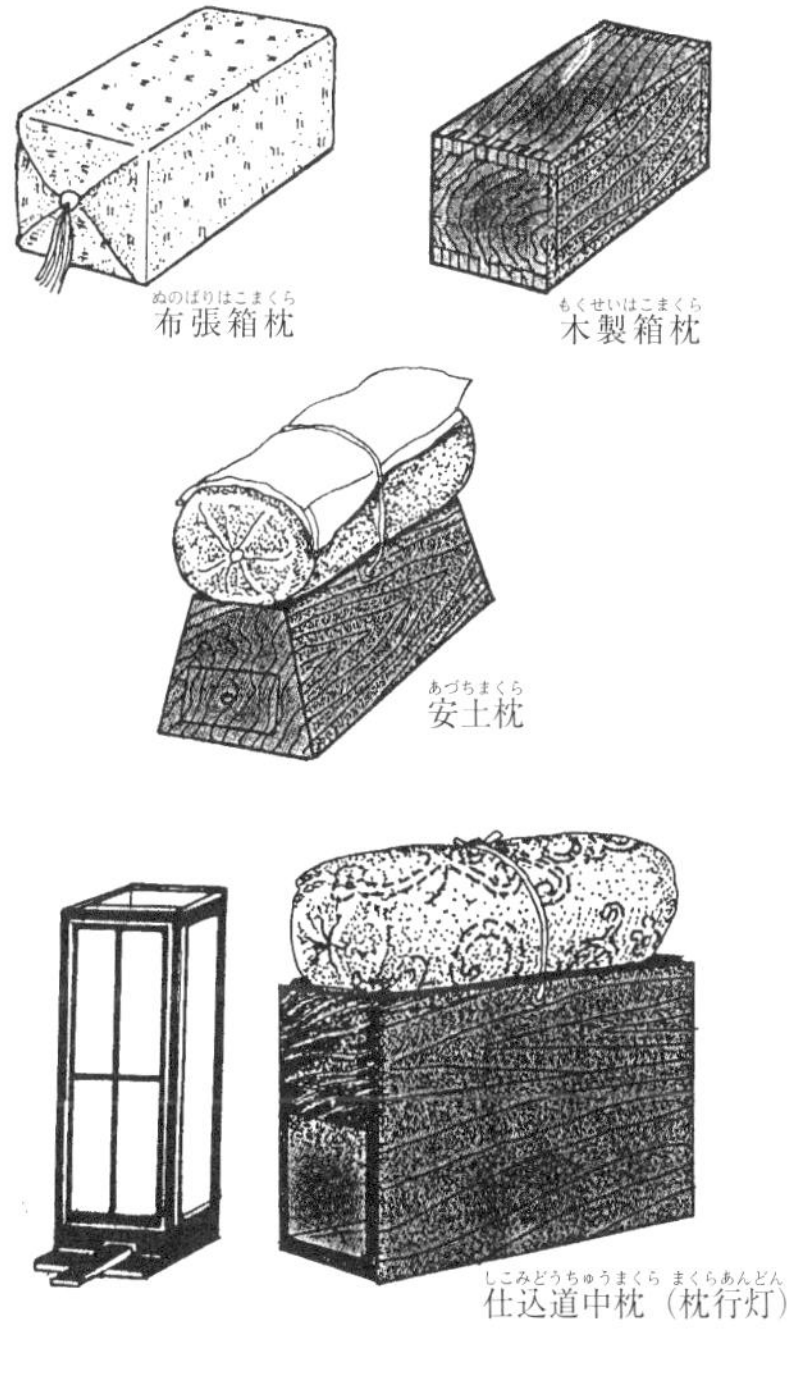

枕（中林啓治氏図）

枕は、古くは荐を材料とした菅枕・菰枕とあったが、一般には黄楊や朴などの長方形の木枕や、中に布屑や

稗その他のものをつめた布の裂枕が多く用いられた。前者は箱枕となり、後者は括枕となった。箱枕は同じ大きさのものが揃えられ、五つずつ重ねて箱に入れる風もあった。この箱を枕箪笥といい、古くからの家にはみな備えられていた。枕の底になる部分に黒漆、おもてに蒔絵をほどこしたものもあり、上流階層のあいだでも広く用いられた。

後世、箱枕と称されたものは、こうした箱枕の上に小型の括枕をのせた、いわゆる安土枕（安土《あずち》枕）で、この形のものは江戸時代から明治にいたるまで一般に広く用いられた。これがさらに工夫がこらされて、底を船底のように反《そ》らせた船底枕ができ、女性は髪形の関係でこの船底枕を愛用した。船底枕は寝ながらにして枕をずらせたり、頭の向きを変えたりするのに便利であったし、揺り動かすことができ、眠りにつくのに快適だったともいう。

こうした安土枕には、多く横に抽出がつけられた。一段だけでなく二段三段と多くの抽出のついたものもある。ここには金を入れたり秘蔵の小物を納めたりした。まったく今日のベッドの抽出と同じ利用法であった。したがって、枕は個人の金庫も兼ねていた。寝るときも頭の下にあるのでもっともよく管理されたのである。人の睡眠中に金品を探し盗むこと、その盗人を「枕探し」というのもここからきた言葉である。また、夜中の火事や火急のとき、なにも取り出せずにとび出すときでも、枕だけは抱えて出た。明治以降の枕にたいする感覚から、慌て者や何も持ち出せなかった人を、「枕抱いて逃げた」と嘲ける風があるが、箱枕・安土枕の時代には枕を抱いて逃げることが最善であった。今日のベッドの抽出よりその点さらに有効であった。

したがって、枕は旅にも携帯した。この携帯枕は安土枕と同じような形であるが、下の箱が抽出式のもののほかに、蓋付きの箱になったものもあり、この上に括枕をとりつけるようになったのも多い。下の箱にはいろいろのものが入るように工夫されていて、こうした枕を「仕込道中枕」といい、行灯を仕込んだものもある。夜中の不意に備えて懐中電灯を枕辺におくのと同じである。手の込んだ仕込枕は小物入れの抽出と枕行灯の両方仕込んだものもあって、枕は身辺座右の必携のものであった。漁師も共同で舟に乗って沖に出るとき、銘銘が私物を入れて持って行く木製の小箱を「枕箱」と呼び、夜はそれを枕にして寝るほどで、枕はいつも身辺におくものとされた。

こうした習俗はまた、たんに便利であるというだけでなく、枕はその人にとってもっとも重要なものと意識されたからである。枕はその使用主に吉凶を予兆する夢と深く関係があるものとして、大切に取り扱われ、枕を踏んだり、蹴ったり、投げたりすることは厳に慎むべきこととされた。また一般に、死者があるとその枕を北向きに変えるし、津軽の鯵ヶ沢あたりの漁村では、沖で遭難した舟の乗組員の遺体が見つからなかったときは、その人が生前使っていた枕を形代として葬式をし、墓に埋めたのであった。枕というのは、こうして使用者と一心同体のものであり、そこにその人の霊が宿るものと意識した。そのためもっとも重要なものを枕に仕込んだのであった。

なお、「枕神が夢枕に立つ」という言葉がある。古来、日本人は夢見を気にする性分がある。ことに元旦から二日にかけて見る夢を「初夢」といい、その夢で一年の運勢を占う風があり、縁起の良い初夢を見るための作法として、寺社で授与されたり、縁起物として売り歩かれた「宝船」の絵を、枕の下に敷いて寝る風があった。この宝船の絵ははじめ稲の穂や米俵を積んだ船から、宝珠や鶴亀、七福神など芽出度尽くしを満載したものであった。また、帆に「獏」という字の書いたのが多い。獏というのは、頭は獅子、鼻は象、目は犀、胴は熊、尾は牛、足は虎に似て、毛は黒と白と斑と、すべての猛獣を総合した動物で、夢を食うとか悪病を食う動物だと故事にいわれたところから、年頭にあたって悪夢を食ってもらう厄除けにするのである。この「宝船」の絵はほかならぬ元旦の夜、枕の下に敷いて寝るのである。その枕はその人の眠るあいだ、その人の霊魂が宿るものであるとの考えが根底にあるのである。枕はまさに聖なるその人そのものである。

今日こうした日本人の根本的な心性は忘れさられているが、ベッドに棚・抽出をつけて枕元を豪華にする意識の根底には、これら日本的なものが存在するものと解せるのである。

風呂

風呂が個人の家屋に付属して常設されるようになるのは近世に入ってからで、広く普及するのは地域によって異なるが、多くは近代になってからである。風呂ということになると、古くは蒸風呂であった。岩壁に横穴を掘ったり、竈状の室《むろ》を築き、火を焚いて底に敷いた石を焼き、それに水をかけて蒸気を出し、密閉して中に入ったのである。風呂という言葉もこの室《むろ》からきたといわれている。

瀬戸内海沿岸地方には、今も「石室《いわむろ》」・「岩風呂」と呼ばれる蒸風呂が残っている。周防大島の石風呂、豊後の石風呂がよく知られ、山口県がもっとも多く三百ヵ所にのぼり、広島県がこれに次ぎ、九州では大分県に二十ヵ所が確認され、ほかに熊本・鹿児島・福岡・各県にも何カ所か存在している。さらには四国地方や京都府・三重県にも分布はおよぶ。

それらの多くは岩壁にできた横穴の石室で、その入口で海草や薪などを焚いて、石室の中が熱くなったのを見計って、石室の中に海水を撒く。すると石室の中に蒸気がみなぎり、そこへ大勢の人が入って入口を塞ぐ。そして汗だくになると外に出て水をかぶるのである。京都の八瀬の窯

奈良・法華寺の蒸風呂

風呂も同じ原理である。ここでは石室の代わりに石を積み上げて、表面を土で塗りかためて窯にし、その中で松葉や薪を焚いて、燃えつきたところへ水で濡らした筵をかぶせ、そこへ人間が入り、湯気で蒸されるのである。

　これが進歩すると、湯を沸かして蒸気をたて、それを密閉した室に導くようになる。そうして室内で汗をかいた体を、外に備えられた陸湯《おかゆ》で流した。陸湯は湯槽で直接沸かしたものでなく、釜から樋をひいたり、桶で汲み入れたものである。この湯を体にかけるわけで、今でいう上り湯・かかり湯のようなものであるし、また行水をするようなものである。

　こうした蒸風呂から湯屋になっていく過程の一つの形式としてみられるのが、佐渡のオロゲ、近江八幡の飛込風呂である。これは膝ぐらいまでしか湯を入れず、その中に屈《かが》んで上から蓋をする。いわば半蒸半浴形式である。これがしだいに浴槽に湯を満たすようになり、江戸時代中期以降はそうした湯屋が一般化するのである。

　ところで、湯を沸かせるとどうしても鉄釜が最も有効的であると考えられる。しかし鉄はきわめて貴重なものなので、湯槽として鉄釜が普及するまでは、土器の湯槽が使われた。菱屋平七は

『筑後紀行』で、四国の善通寺の宿で、素焼土器の風呂に入ったことを記しているし、十返舎一九の『金毘羅参詣続膝栗毛』に、喜多八と弥次が土風呂にとまどって珍問答をくりひろげる情景を描いている。こうした土風呂は香川県三豊郡豊中町岡本というところで、昭和十年（一九三五）ごろまで作られていたのである。この土風呂も実は半蒸半浴形式で、湯槽の上に茅で編んだ円錐形の笠のような蓋があって、これをかぶせるのである。

ところが、鋳物の技術が発達してくると、釜の下半分を鋳物にし、その上に土の焼物をつぎたしたものがあらわれ、また下半分を鋳物にして、上に木の結桶をつぎたしたものもあらわれた。さらに釜全部が鋳物製になり、西日本各地に広まった。そして火を焚く装置から五右衛門風呂・長州風呂・鉄砲風呂などの呼び名ができた。五右衛門風呂の名は、石川五右衛門が釜ゆでの刑に処せられたときに用いられたという俗説に基づくもので、槽の底に平釜をとりつけ、竈に据えつけて、下で薪を焚いて沸かす据風呂である。長州風呂は全部鋳鉄からなる釜の周囲を漆喰で塗って据付にし、底に木板を敷いた風呂である。鉄砲風呂は、鉄製または銅製の筒を桶の中に装置して火を焚く据風呂である。

十返舎一九の『東海道中膝栗毛』のなかで小田原宿に泊まった弥次・喜多が、風呂に入ろうとすると丸い板が浮いていたので途方にくれて、板を取り出して湯槽に入ったところ、底か鉄だったので熱くあわててとび出し、そばにあった便所の下駄をはいて入ったという話があるが、これはいわゆる五右衛門風呂で、底が鉄釜なので、熱さをさけるためにゲス板を敷く形式であった。

ゲス板を浮かしておいてそれを踏み沈めて入る形式と、釜の底に二つまたは三つのツメがついていて、それにはめ込む形式とがあった。

　こうした風呂が一般農家に設けられる場合、多くは屋外や勝手口のそばに据えられ、洗い場には簀の子を敷き、その下には炊事場の流し水も溜まるようになっており、またそばに小便所も設けられ、小便も同じ水溜に流れこむようになっていた。これらの水は畑の穀物や野菜にやる肥料にしたのであった。だが、実際に各家に風呂を設けるということはたいへんなことだったので、何軒か寄って共同で風呂を作って日を決めて共同で、あるいは順番に入るという「もやい風呂」「もらい風呂」の習俗もあった。

　この「もやい風呂」のシステムが大がかりになり、商売として都市に成立したのが「銭湯」である。銭を払って入る湯だから銭湯と呼ばれたのである。それは、一説に平安時代に京都で始まったともいわれるが、一般的に銭湯の始まったのは江戸の町からだとされている。徳川家康が江戸に幕府を開いてからというものは、都市建設の土木建築工事が盛んに行われ、多くの諸職人が集まり、居住人口も増えたのであるが、汗や埃にまみれた体を洗う設備はほとんどなかった。そこで銭湯という商売が生まれたのであった。

　銭湯ははじめ二階建で、一階が入浴する風呂場で、二階が髪結い場になっていて、風呂上がりのあと整髪したのであるが、そこで酒が出されたり、食べ物が出されたりして、しだいに遊び場になっていった。銭湯には湯女とよばれた浴客の垢を掻く女がいて、この湯女がまた男の浴客の酒の相手をしたりして多いにはやった。ときには一軒の銭湯に二十〜三十人もの湯女がいたという。また、江戸時代の銭湯は男女混浴であった。そのため男は褌、女は湯巻をつけて入ったのである。そのとき、女は身だしなみとして、湯巻の裾が開かないように端に四ヵ所、鉛を入れたことが井原西鶴の作品などに書かれている。

「湯文字」というのは女言葉である。したがって、湯巻は入浴のためのものであり、ふだん用いる腰巻とは本来別のものであったが、明治時代になってから腰巻と湯文字を混同してしまったのである。浴衣というのも、湯上がりの濡れた体をふく湯帷子からきているのである。風呂敷もその名は入浴のさいに用いられたからである。

この風呂敷という名称は、江戸時代の天和・貞享（一六八一〜八八）の文献にみえるのがはじめてであるが、それまでも平包・平裹《ひらづつみ》という名称で、古く平安時代から重宝がられていた。四天王寺の『扇面古写経』の下絵に、衣類を平裹に包んで頭上運搬している図がある。平裹が「風呂敷」と呼ばれるようになったのは、銭湯の流行からであった。入浴のとき足を拭うために方形の布を敷いたり、濡れ物や風呂道具を包んだり、湯上がりの身じまいをするために、四角の布を用いた。ここから、この方形の布すなわち平裹を風呂敷と名づけて区別したのであった。元禄時代（一六八八〜一七〇四）にはまだ平裹と風呂敷という言葉は併用されていたが、寛保年間（一七四一〜四四）にはもっぱら包み布をみな風呂敷と呼ぶようになり、浴室で用いるものを特に湯風呂敷と名付けて区別したのであった。

こうした男女混浴は風紀を乱すものであるということから取り締まられ、江戸時代の中頃から江戸の町では男女別々になり、いわゆる男湯と女湯に分かれたのである。しかし、地方の銭湯や温泉ではずっと男女混浴が続き、明治時代になってしだいに改められるようになった。そして、ちょん髷を結わなくなってからは、銭湯も二階の髪結い場が取り払われて、天井の高い一階建ての形式になったのである。また、湯釜・湯槽その他に改良が行われ、特に湯のさめるのを防ぐために、湯槽の前部を板戸で深く覆っていた柘榴口を取り去り、屋上に湯気抜きを作り、湯槽と洗場を平らになるようにし、洗場を広くするようになった。東京では明治十年頃に神田連雀町の銭湯の亭主鶴沢文左衛門が改良したのが始まりで、その後しだいに今日にみられるような銭湯形式に変わっていったのである。

便所

便所のことを日本では古くから厠《かわや》とか雪隠《せっちん》という言葉で呼ばれていた。厠は小屋からきている。原始・古代には水の流れる川の上に簡単な小屋掛けをし、糞尿を下に落として流したのであった。すなわち川の上に屋を構えたところから「小屋」といわれたのであった。『古事記』の神武天皇の条に、

其美人為㆓大便㆒之時、化㆓丹塗矢㆒、自㆘其為㆓大便㆒之清㆖流下、

とあり、後世、本居宣長は『古事記伝』で、

古《いにしえ》厠《かわや》は、溝流《みぞ》の上に造て、たまりたる屎《くそ》は、やがて其水に流失《ながれうす》る如く構《かまへ》たる故に、河屋《かわ》

とは云なり

と注釈している。

ここで思い浮かべるのは、日本人のよく使う「水に流す」という諺である、かつての人はすべて汚れを水に流し去ったもので、屎尿もその例外ではなかった。現代においてもなお山間などではこうした便所が残っていた。日本アルプスの白馬岳から唐松に通ずる尾根の途中にある鑓温泉

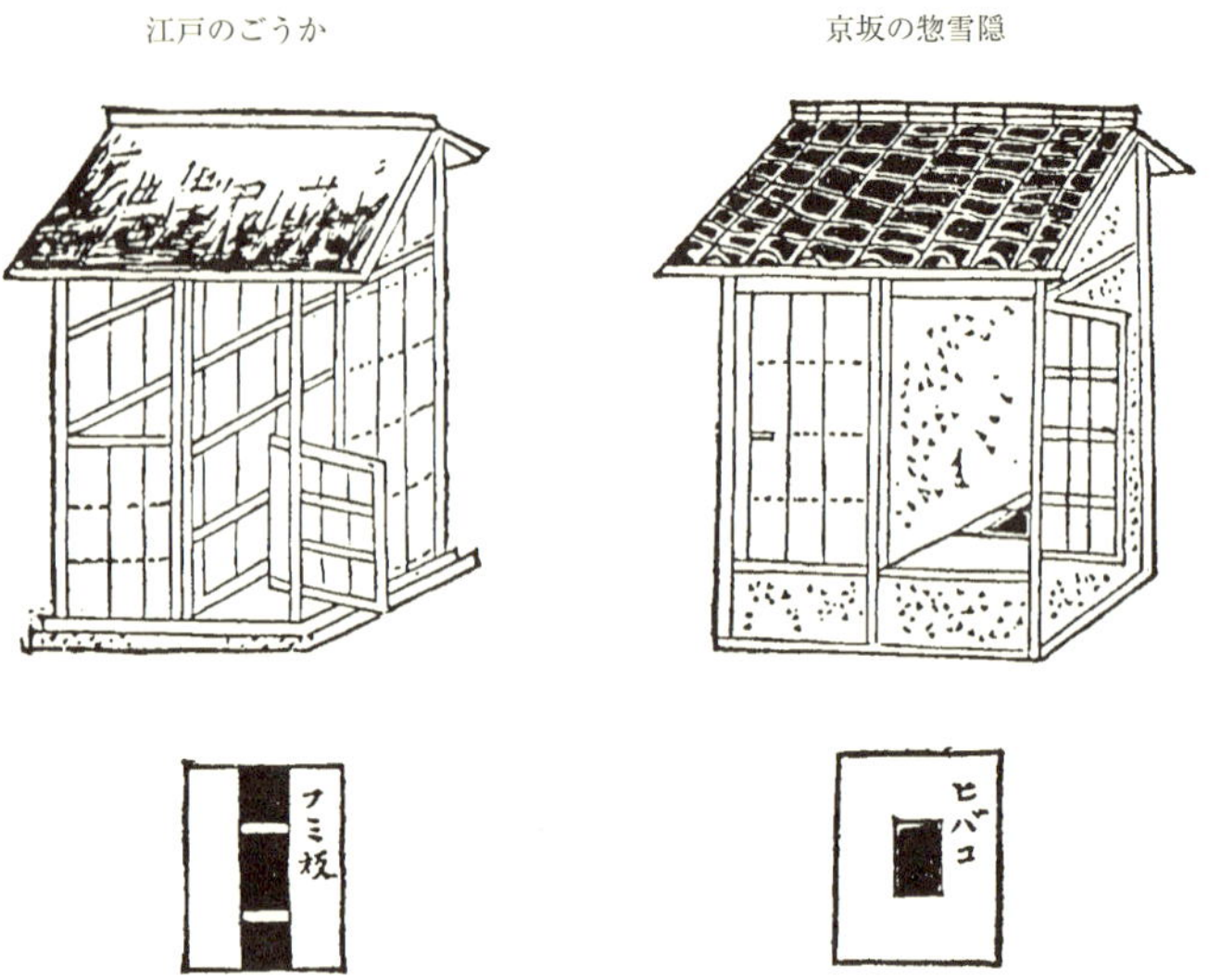

江戸・京坂の便所（『守貞謾稿』所載）

では、温泉の湯が雪渓に流れ込む川の上に小屋掛けして便所がつくられていた。

奈良時代以降、貴族や上流社会では下に壺や箱をおいて用をたし、それを一々捨てて洗った。この壺や箱をマルといい、洗う下女をハコマルと呼んだ。いまの移動便器にオマルといわれるものがあるが、その語源はここにあった。民間では穴や桶に屎尿を溜めて肥料にしたという。

平安時代になると貴族においては、寝殿造の住宅に居住したが、その主屋である寝殿を中心に東西に対屋と称する副屋があって、その間は渡殿《わたりどの》と称する廊下によって連結されていて、北の渡殿に風呂たる湯殿と、便所たる樋殿があった。そのことについて『師記《そへき》』の承暦四年（一〇八〇）五月十一日の条に、「北渡殿に御湯殿並びに御樋殿をする」とある。この御樋殿も周囲を御簾で仕切って、中に畳一帖敷いて清筥《しのはこ》と称する四角の筥を置いただけのものであった。庶民は便所たるものをもたず、『餓鬼草紙』の「伺便餓鬼」の場面では、老若男女が街頭で排便していて、人の目には見えない餓鬼か群がっている情景を描いている。すなわち、庶民は路上排便であった。

戦国時代の上流武家の便所はたいへん広くとり、立派なものでは畳敷きになっていて、武田信玄などは広い便所の中から命令を下していたとさえいわれている。書院造の便所も畳敷きになっていて、仁和寺や二条城・桂離宮の便所はことに有名である。茶室建築では砂を敷きつめて足場にし、玉石を数個おいた砂雪隠が設けられた。雪隠というのは、雪竇の明堂禅師が雪隠寺に持浄の職を司ったところから生まれた名であり、禅宗では便所のことを閑所《かんじょ》とも後架《こうか》ともいわれた。後架の方は主として小便所の方をさしたらしい。

この雪隠・後架という言葉は江戸時代を通じて、江戸や京都で広く使われ、主として江戸では後架、京都では雪隠であった。便所にはいわゆるシングルとダブルがあって、一棟一つのを一足立、一棟に二つのを二足立といったし、長屋では各戸に作らず、一、二作って数戸で兼用するのが常であった。この共同便所を京都では惣雪隠、江戸では惣後架と呼んだ。

田舎ではたいてい別棟に小屋をつくっている。多くは母屋の脇につくったので、そこからカワヤ（側屋）というのだという説もある。また、風呂の下水がそこへ流れるようになっているのもあり、沖縄では便所をフール（風呂）というのはそうしたところからである。秋田では小便俵といって、俵の真中を切って灰と切藁を詰めて土間の片隅において用をたし、春になるとそれを肥料として積み出した。新潟の農家の厠は大きくて危険なので、分別縄という縄を梁から下げておいた。また、トイレットペーパーを使うようになったのは新しいことで、かつては籌木《ちゅうぎ》・尻薙《しりなぎ》・捨木《すてぎ》などといって、竹の篦《へら》・藁・木の葉・葛の葉を使ったものであった。

こうした便所は汚いところという観念が支配的であるが、雪隠とか後架という語にあらわれているように、言葉の上からいってもトイレットという外来語よりも、はるかに高尚な味わいをもっている。そして、原始的な形態は明らかに今日の水洗式であったたし。中世禅家や武家のそれも趣があった。ことに禅宗においては便所に行くのも修行の一つとされていた。民間においてはさらに便所を聖なる場と考えられていた。便所は現世と他界の通路であるので、そこは祭場として常に花を手向けておくものだと意識され、新嫁は新しい生命すなわち霊魂を他界から無事迎えられるよう、常に便所を奇麗にするものだとされた。

子供が産まれて二日目あるいは七日目など所によって日は異なるが、生児の雪隠参りの風習がある。産婆が抱いて雪隠に連れて行き、便所神に一生の安泰を祈るのである。なおまた子供が便所や野壺に落ちた場合、助けられると名換えする風習もあった。便所に落ちた場合は一旦他界に帰って、助けられると再生して新たな霊魂になるというのである。そこで名前はその人間の霊魂に付けられたものなので、再生すると新たな霊魂になるので新たな名前をつけるのである。

便所はそうした便所神の宿る聖なる所なので、金沢では便所を新しくつくるときは、甕の下に夫婦人形を埋めて厠神とし、仙台では厠の隅に棚をつくり閑所神《かんじょがみ》を祀る。飛驒では厠の隅の柱に厠神を祀って花を供え、毎月十六日には灯明をあげる。広島地方では正月に雪隠様に祝餅を供える習俗がある。これら厠神は人の一生、ことに出産から成人に達するまでのものにとって大きなかかわりがあって、妊婦が便所をいつも奇麗にして便所神を祀れば、奇麗なよい子が産まれるという。

子供の歯が抜けた場合、下の歯であればそれを便所の屋根にほうり上げ、上の歯は便所の雨垂れに埋めると早く強い歯が生えるという伝承は各地にある。石垣島あたりでは厠神をカムタカ（荒神）として敬い、病人の衰弱がひどいときは厠神に線香・花・米・酒を供えて祈願し、魂付けをする習俗が伝承されており、上方では正月様をまつるとき、便所にも注連縄を張り、お祭りする風習がある。まさに便所は聖なるところである。

晴れの表象

喜多川歌麿『絵本駿河舞』

祝膳

正月を迎えて祭る年神は、穀霊たる農耕神であり、同時に祖霊たる祖先神でもある。一年のネンは稔（ネン）であるし、トシも稲（トシ）である。日本人は穀物の生命（イナダマ）と人間の生命（タマ）を渾然一体に観念していた。したがって、正月は祖先を祭るときでもあった。その祭の本義は神に食事を捧げて饗応し慰め、そのあとお下りをいただいて神人共食することである。

年神の祭壇は大きく分けて、拝み松形式と年棚《としだな》形式の二形式がある。拝み松形式は農村型で、床の間などに種籾俵を据え、それを台座としてそれに大きな松を立てたもので、年棚形式は都市型で、居間・台所の天井に吊るした回転式の棚で、恵方を向いて拝むように毎年回転させてまつるのである。こうしてまつる年神への供え物を入れる容器で代表的なものに年桶《としおけ》がある。

年桶というのは円形の曲物製の桶で、米、餅、干柿、栗、昆布など、供え物を入れる。曲物は桧や杉などの薄板を曲げて、桜の皮で綴じ合わせて側板とし、それに底板をはめ込んだ容器で、綰物《わげもの》とも呼ばれる。

ところで、曲物ははじめから側板に底板をはめ込んで固定したものでなかった。板の上に幅の狭い側板を載せただけのものであった。そうした例は弥生時代から奈良時代の出土遺物に見られるところである。関東、北陸地方に神饌容器として用いられる「神の膳」、京都の上加茂神社の葵祭の庭積《にわつみ》神饌の「葉盤《ひらで》」もそうした形状である。板の上に盛る食物が外にこぼれぬための結果として側板が用いられたのであった。

日常の食事にしても飯は強飯《こわいい》であったし、木の実も粉体にして練ったものが多く、ほかに根菜や魚類も垂れ流れるものでなかったため、そうしたもので充分であった。そこから側板が底板に固定されるようになるが、その当初はやはり側板の口径よりも大きな板の上に側板を載せて固定したものであった、つぎに底板が側板によく納まるようにしたカキイレゾコ仕様になり、さらにイレゾコ仕様になって、いま見るような曲物になったのである。こうした曲物は本来は鉈一丁で製作できたので、刳物、挽物よりも広く民間に普及して重宝されたのであった。

歳徳膳《としとくぜん》と称して、折敷《おしき》や三方に鏡餅、栗、干柿、柑子、海老、昆布などを盛って年神に供える風がある。この方が一般的でもある。古風では家族の数だけ調えて供え、雑煮を祝う前に家長から男女年齢順にいただいて新年の果報を祈るが、これは歳徳膳をいただいて魂を再生させるのである。そのためこの膳をイタダキ膳、餅をイタダキ餅という。この餅こそが年玉すなわち年霊、年魂である。この膳の折敷、三方ともに曲物《まげもの》の一仕様である。折敷は桧の薄板を方形に曲げて側板とし、それに底板をつけた浅い盆形の容器で、日本最初の食膳といってもよい。大きさによってそれぞれ呼び名があり、八寸四方のものを大角、五寸四方のものを中角、三寸四方のものを小角といい、足をつけたものを足付折敷あるいは足打《あしうち》といい、その高いものを高折敷と呼び、足のないものを平折敷と呼ぶ。足打は貴人用とし、平折敷は机や台の上に載せて用いたが、高坏や衝重《ついがさね》という折敷に台をつけたものができてからはそのまま下に置くようになり、略式のものと考えられるようになった。

なお、折敷の隅はふつうう丸く曲げているのであるが、四隅の角《かど》を切った形のものを隅切と呼ぶ。折敷は本来食膳であったが、指物膳が現われてからは神事における神饌を盛ることはもちろん、布をはじめいろいろの献物を載せるのにも用いられた。婚礼の結納品を載せるのに用いられるのもその一様式である。今日、鏡餅をはじめとする供物を載せるのに一般には平折敷を用いるが、足打折敷を用いる風も多くなった。

こうした折敷をさらに深くしたのが折櫃である。一般に折櫃は櫃といわれるように、折敷が敷で物を載せるのが主であるのにたいして、折櫃の方は物を入れるということが主になる。したがって形も折敷より深く大型になる。そのため補強のために側板の上下に廻しの側板のつくことが多いし、底板が側板の口径より大きく、原初的な曲物ように底板の上に側板が載った形のものが多く、神社の神饌献供の容器として用いられることがしばしばある。

三方は方形の折敷を桧の白木で作り、三方に穴のあいた台に載せたもので、古代には食事をする台に用いたものであった。この三方を『神道名目類聚抄』は「四方三方御饌ヲ供スル御膳ナリ」とし、「コノ穴クリカタ、四方ニアキタルヲ四方ト云フ、三方ニアキタルヲ三方ト云フ」と説明しており、『貞丈雑記』も「ついがさねとは、衝重と書いて、三方、四方、供饗《くぎょう》の総名なり、皆ついかさねや、上の台と下の足とをつきかさねたる物なる故、ついがさねと云なり、三方に穴をあけたるを三方と云、四方に穴をあけたるを四方と云、穴を一つもあけざるを供饗といふ、此三品は何れも同じ形なり」としている。

もともと衝重の下の部分は土器皿などの器台として円形につくられたのであるが、これが折敷の台とされるようになって一体化したのである。今日、上の折敷の部分と下の器台の部分を接着したものがあるが、本来離れたものである。神前に供えるときは、上の折敷は綴目のない方を神前に向け、台は穴のない方を神前に向ける。したがって台の側板の綴目のある方が神前に向くことになる。三方、四方、供餐の中で、穴と綴じの関係から三方がもっとも意匠としてもよく、製法においても都合のよいところから、三方が多く用いられているのである。なお、三方には丸三方と称する円形のものもある。これは供饗にあたるものである。

今日では一日のはじめを夜中の十二時を過ぎたときにおいている。除夜の鐘もこの時に鳴らされる。また実感としては朝の目覚めに一日のはじめをおいている。この二通りの考え方はすでに江戸時代にあって、前者を「天の昼夜」、後者を「人の昼夜」と云ったが、それよりもさらに古風なのは日没時から一日がはじまって次の日没時までを同日とするものであった。ヨーロッパ諸民族の古代文化にも同じ考え方のあったことを、南方熊楠は「往古通用日のはじめ」（『民俗学』

二巻九号）に取り上げている。

こうした古風にのっとるならば、十二月の晦日の夜は新年の第一夜で有り、ここから年神の祭儀がおこなわれるのであった。したがって大晦日の夜の食膳を新年最初の正餐とした。それが「お節《せち》料理」である。それは人間が日常食べるあらゆるものをていねいに調理し、きれいに盛りつけて年神に捧げて、人もそれを食べて神人共食するのである。そのためお節料理の内容は画一化されたものではなく、各時代それぞれの地域、さらには各家によって異なるのがふつうであった。

こうしたお節料理は重箱や重ね鉢（重組）に盛りつけられるのが普通である。重箱は食物を入れる木製の四角な容器で、いわゆる指物（箱物）である。二重・三重・五重に重ねられるようにしてあり、最上部の箱に蓋がある。蓋はさらに一枚余分につけ、配りものをするとき、一重一重別のところに持ち行くときにもそれぞれに蓋ができるようにしているのが普通である。それは重箱が自家における普段用ではなく、祝儀、不祝儀のさいの贈答用に主として用いられたことを物語っている。

重箱は縁高の折敷から発達して、曲物ではなく板を組み合わせてつくる指物（箱物、組物）の仕様をもってつくられるようになり、それを重ねる形式にしたものである。重箱の名は室町時代末期にはじまり、江戸時代以降に盛行した。漆塗りが多く、蒔絵をほどこした精巧なものもある。近年は家紋入りであるとか上物の重箱も広く用いられるようになってきている。

重ね鉢は陶磁器の容器で、重箱と同じように、二重、三重、五重と重ねるようになっていて、一番上に蓋がつく、方形と円形があり、伊万里焼が多く、鶴亀や松に鶴あるいは松竹梅などめでたい模様が多い。

お節料理をはじめとする正月の膳には、普段とちがって特別の箸が使われる。その箸を「年の箸」という。この箸は一般に柳の枝を削ってつくり、中太で両端を細く削った両口箸である。それは神人共食に用いるものなので、一方は神から人に移すのに用い、片一方はそれを人間の口に運ぶのに用いるもので、神と人と使い分けるためである。柳の木はよく成長し、しなやかで強靱でなかなか折れない。そのため縁起物としてめでたいときの箸に使うのである。年の箸もいまでは荒物屋で買ってきたり、歳の市で求めてきたりするが、古くはみな自製であった。なお、ところによっては年の箸を作るとき、一年中使う家族の箸を作り、大晦日になると「箸納め」といって、その年使った箸を塞《さい》の神に納め、大晦日の晩から新しい箸を使う風もある。

重箱

祭儀は本来夜を徹してお籠りをして営むものであった。日没にはじまった年神祭は夜明けに近づくと終りになる。そうしたときに雑煮《ぞうに》を祝う。この雑煮はもともと年神に供えたものや、お節料理の残りを一緒に煮たもので、まさに字のとおり雑煮《ざつに》である。雑煮のことをノウレイとよぶところがあるのは雑煮を食べることも神人共食で、年神祭のあとの直会《なおらい》の儀式からであり、それは直会からきた言葉である。

雑煮を祝うときには、古式にのっとるならば膳を用いたのである。折敷、三方のように食物を載せる台を盤といい、曲物以前にも刳物のものがあったが、挽物や指物（箱物）の盤が使われるようになってから盤を膳と呼ぶようになった。挽物は木地屋が轆轤《ろくろ》で挽いてつくった膳で、一般に木地膳とか丸膳と呼ばれる。

それにたいして指物膳（箱物膳）は、ふつう欅や杉などの材を組み合わせ、漆を塗って仕上げたものである。高級品には紫檀や黒柿などの材を用いたものもある。そして四足膳、両足膳、平膳、箱膳などの種類がある。四足膳は盤の四隅に足をつけたもので、その足の形によって蝶足膳、銀杏足膳、猫足膳、宗和足膳、胡桃足膳などとよんだ。蝶足膳は蝶が羽をひろげたような形の足で、内朱外黒の漆塗りで、主として祝儀膳として用いられた。銀杏足膳は足が銀杏の葉の形、猫足膳は猫の足に似た形の足で、もっぱら黒塗りで略式膳として用いられた。宗和膳は茶人金森宗和の好みといわれる技巧的な足で、内外ともに黒漆塗りで、一般に来客接待用とされた。胡桃足膳は胡桃の実を二つに割って四隅につけて足としたもので、召使、下人用とされた。両足膳は折敷の足打と同じような形で、平膳の底に二枚の板をもって足にしたものである。平膳は折敷を指物でつくった形状でまったく足のない膳である。箱膳は四角い箱形の膳で、その中に個人の食器を納めておき、食事のときは上の蓋を裏返しにして、それを膳に使うのである。もっぱら普段用で、農家では大人から子供にいたるまで、昔はみな各自がこうした箱膳をもっており、都市でも大きな商家では、主人から番頭、丁稚にいたるまでみな個人の膳をもっていた。

雑煮祝いの膳としては正式には少なくとも家長は蝶足膳を用いるのであるが、多くは両足膳、平膳を用い略式としている。もちろん卓献台ですまし膳を用いないところも多かったし、近年においてはテーブルで直に椀を置いて雑煮を食べるのが一般的となっている。

雑煮を盛る雑煮椀は、普通には木地椀で内朱外黒の漆塗りを工式とする。形状は一般の椀よりも深く足高である。木地椀というのは本来木地屋の製作した挽物である。木地屋というのは山中で樹を伐り、轆轤と呼ぶ特殊な工具を使って、盆、椀などをつくる工人、山中で良質の木地を求めて漂泊生活を送るもので、轆轤師・挽物師などの呼称もある。日本の著名な漆器工

両足膳《りょうあしぜん》

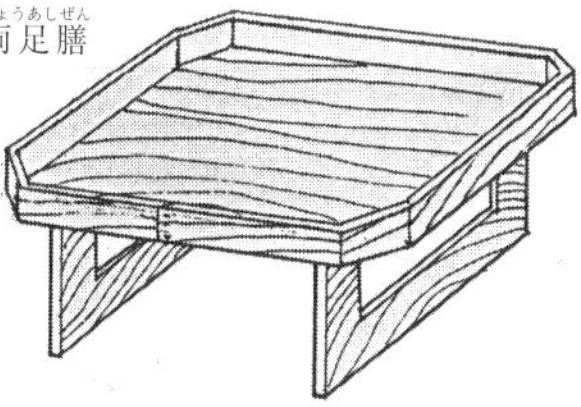

蝶足膳《ちょうあしぜん》

懸盤《かけばん》

膳のいろいろ（中林啓治氏図）

芸もこれら木地屋の技術を基礎としたものが多く、吉野塗、輪島塗、会津塗、日野椀、竹田椀などもその根源は木地屋の技術に求められるのである。

　雑煮を祝うとき屠蘇を飲む風がある。屠蘇の処方については『屠蘇飲論』という古書の中で、八神散《はちじんさん》と呼ぶ八品の薬をあげているが、今日では特に基準はない。一般的には山椒、防風《ぼうふう》、白求《おけら》、桔梗、陳皮《ちんぴ》、肉桂皮《にっけいひ》、赤小豆などを混ぜ合わせたものを煎じて酒に混ぜて用いる。またこれを混合したものを袋に入れ、酒や味醂に浸して飲む。元旦にこれを飲めば一年中の邪気が払われると信じられている。中国唐の時代にこの屠蘇酒を飲む風習が広まり、わが国では嵯峨天皇弘仁二年（八一一）はじめて宮中で飲まれたことが『公事根源』に記されている。屠蘇の名は屠られたものさえ蘇生するという意味などさまざまな説がある。

　この屠蘇を飲むための銚子はもっぱら提手のついた片口銚子である。近世以降婚礼の三々九度盃に用いた銚子と同じ形状で、錫製のものか木製刳物朱塗のものである。『万葉集』十六の長忌寸意吉麻呂の歌に、「さしなべに湯わかせ子ども櫟津の桧橋よりこむきいにあらさむ」という用例が有り、サシナベは銚子の古語で、『和名類聚抄』でも金器類の章に銚子を挙げ、「佐之奈閉俗云佐須奈倍」と説明している。それは柄と注口のついた小さな鍋という意であった。古くは柄が長く両口の長柄銚子で銅製であった。さらに長柄のわりに弦をつけたものも現われ、つぎに提手付片口のものも現われて近世以来一般にも普及したのであった。

紋付

家柄を示す意で家紋を付けた衣服のことを「紋付」と称しているが、わが国では平安時代末期に、公家の各家がそれぞれ特有の紋織物で衣服を拵えたので、衣服の生地を見ると何家の人物かが判別できた。武家の時代になると直垂に大紋と称するものができ、武家一般に広まった。それは家の紋を背と袖と胸とに大きく付けたものである。それがしだいに小型になり、小袖に付けて紋付着物となって、正式の場に出るとき男子も女子も着る風が広まった。その紋付は紋をつける数によって、五つ紋・三つ紋・一つ紋といわれるが、五つ紋は背と両袖と両胸、三つ紋は背と両袖、一つ紋は背に付けたもので、糸で縫って付けたものを縫紋、染めがきで付けたものを抜紋《ぬきもん》という。

近代以降、民間での和服の礼装は、男子は黒無地の羽二重の上着に鼠羽二重の下着二枚襲《がさね》、帯は博多帯・繻珍《しゅちん》帯・風通《ふうつう》帯のいずれかを締め、その上に仙台平の袴をはき、黒無地羽二重の紋付羽織を羽織るのを正装とする。略式には無地かそれに近い目立たない柄物の紋織の着物に博多帯を締め、その上に無地に一つ紋の羽織を重ねる。女子は縮緬の三枚襲に丸帯を締めた紋付姿が正装である。若い娘は総模様振袖、年配の女子は江戸棲《づま》模様の振袖を正装とする。略装は縫紋の絵《え》羽《ば》、付下《つけさ》げの訪問着に袋帯や名古屋帯を用いるのがふつうである。こうした礼装は一般に紋付といわれ、五つ紋・三つ紋・一つ紋などの紋がついている。そして略装といえども最低一つ紋が付く。それは背中に付けられる。なお、女子の紋は本来家紋ではなく、実母の紋を継いで付けるのが民間での古風であった。

ところで、紋が背中につけられるのが基本で、それには大きな意味があった。わが国では古くから悪霊はみな人の背後から忍び寄ってくるものと考えられていた。「背中がゾーとする」としばしば表現されるのも、そうした意識の反映である。そのため背中も表と同じすなわち前面と同じに表象することによって、悪霊の忍び寄ることを防ごうとしたのであった。アイヌの厚司《あつし》が前《まえ》身頃《みごろ》よりも背面に身事な模様をつけているのもそのためであったし、東北地方の刺子《さしこ》の模様も、前よりも背中に手の込んだ模様を刺すのも、それと同じ意味であった。

また、子供は他界から現世に再生して、まだ未成熟な不安定な霊魂であるため、悪霊にとり憑かれやすいというところから、産着やその他の着物の背縫《せぬい》の上部に背守《せまもり》をつける。奈良県やその近隣では広く子供の一つ身の着物には、背縫の上部に色糸をもって一種の縫い飾りがほどこされた。子供にたいして神々の守護があるというところから、これを「背守」といい、青・赤・黄・白・黒色などの五色の糸で一年十二か月をかたどり、十二針縫い、そのうち三針だけ残して、男は左を尊ぶからとて三針分を左に曲げ、女は右を尊ぶからとて右に曲げる。縫糸は長いほど子供の命が長くなるという。宮参りや初外出のさいはこうした背守をつけたのである。なお、普段も氏神や社寺で賜ってきた御守を背中に吊るした。いずれにしても背中が重要視され、悪霊を退散せしめる呪術をおこなったのである。礼装の背縫の一つ紋もそれと同じ意味をもつものであった。

ところで、紋章といえば家ごとに継承・使用される「家紋」をすぐ思い浮かべる。この家紋はその家の家格や出自をあらわす象徴とされ、家の継承者であるべき父から息子へと父系的に引き継がれ、分家にさいしても通常は継承されるものである。しかし、この家紋とは別に女性のみが用いる紋章すなわち「女紋」がある。女紋は生家の母親の紋章を用いるのが普通で、女紋といえばそうした紋のことをいう。この女紋の風習は江戸時代から広まり、はじめは武家の子女のあいだに見られたというが、しだいに民間に広まり、ことに尾張以西で娘が嫁入りのさい母親の紋をつける習わしが一般的となり、それはまず大坂の商家から始まった。

亭主の紋は代々その家に受け継がれて垂直継承されるものであるが、女の紋は斜線継承され、夫婦の時点でそれぞれ同じ家で併用されることになる。そのため姑のいるときは、姑は姑でまた自分の母親から貰ってきた紋をもっているので、一つの家に姑の紋・夫の紋・妻の紋、三つの紋があったことになる。

なお、嫁入道具は嫁入りにさいして、嫁が婿方に持参する着物や道具である。嫁入道具の中心は嫁がハレ・ケの生活で使用する道具類とその収納具である。江戸時代の庶民の間では、荷物は嫁入りの前日か二日前に届けるのが一般的であったが、嫁が持参する品目については『当世民用婚礼仕用罌粟《けし》袋』（寛延三年〈一七五〇〉）に詳しく記されていて、その数はおびただしいものであった。しかし、都市と農村また地域によって異なるが、一般には晴着・普段着・仕事着などの着物類、鏡台・櫛・鉄漿《おはぐろ》刷毛用具などの結髪・化粧道具類、機織り・針仕事・野良仕事などの仕事用具類、裁縫道具のほか布団・座布団などが持参された。

これらの嫁入道具にはできるだけ女紋をつけたのであった。黒留袖・色留袖・訪問着などの紋付着物をはじめ、進物の上に掛けたり、物を包むのに用いる袱紗や風呂敷はもちろんのこと、鏡台には鏡面を覆って掛ける鏡掛、唐櫃や長持に掛ける油箪《ゆたん》にも大きな女紋が染め抜かれた。この長持に納められた布団は女紋が付けられた油箪によって、女紋の付いた布団としての意味をもったものである。布団を包む大風呂敷にも女紋が付けられたし、衣装箪笥の各段の抽斗にも女紋が付けられた。

ところで、女紋は大坂町人社会で顕著に見られたのであるが、大坂町人といえども封建社会にあっては、夫は主人、男主女従であったが、それは表向きのこと、女は家風に合うことを条件とされ、夫に服従すべきものであったが、商家の場合は家計と企業がまだ一体であったため、妻もまた商業経営に参加する限りにおいて、大きな発言権をもった。すなわち、商才のあるものはたとえ女であってもどんどん男を、亭主をリードして経営に参加したのであった。のみならず女の情を最大限に活用し、奉公人にもよく気を配ることによって彼らをひきよせ、それによって労務管理さえも、男よりも上手であったことがままあった。彼女らは隠然たる勢力をもち、むしろ「御寮はん」の知恵と才覚が店の存続にかかわったことさえあった。

この力の基礎はやはり経済力であった。そのひとつに持参金がある。これを「敷金」という。いまの借家の敷金（保証金）と同語であり同義でもある。これは離縁されないことを担保にした敷金で、もし離縁する場合、夫はそれを返さねばならなかったし、嫁入りに持ってきた衣類、諸道具はみな女房のもの、離縁のときはそれをみな持って帰る。その標識がほかならぬ女紋であった。また、子供のあるときは、男の子は亭主が育て、女の子の場合は女房が連れて帰る習わしであった。女房に確固たる経済力があったのである。

これはひとり大坂の商家に限らず、農村においても地主層の家にはあった風習で、大阪府下にも中国地方にも近年まで伝わっていた。嫁入り道具は嫁の主たる財産であり、それには女紋というはっきりした標識が付けられていたのである。大阪流の算盤勘定からいえば、万一不縁になっても、もとの嫁入支度がそのまま役に立つともとれるが、それはそれとしても、女性の独立性というものがある程度認められていたのである。

御寮はんの隠然たる力、ときとして偉大なる力、それは才覚とともに経済力であった。女紋の付いた衣服・調度・諸道具がそれで、女房の私有財産であった。かりに亭主が事業に失敗し、財産すべて売り払わねばならなくなったときでも、女紋の付いた女房の財産は絶対に手を付けることができなかった。したがって女房の私有財産は最後まで保証されていたのであった。

鬘《かずら》・櫛《くし》

緑黒髪、それが日本人の美の象徴であった。だがそれ以上に黒髪は人間の肉体の一部として、肉体そのものを表象するものとして日本人は意識してきた。そのため、神や仏に祈願するさい、切なる心情をあらわすために、髪を切って奉納するという風習が古くからあった。奈良の法隆寺西円堂は、俗に「峯の薬師」と呼ばれ、耳の病をはじめ、女性の願いごとのすべてに御利益があるとされ、とくに女性の参詣者が多い。そこでは、女性が祈願のさいに髪を切って奉納する習わしが古くからあり、それは今に続いている。

このように、髪は自分の分身として意識していたのである。こうした例は各地に見られるが、一般的な風習として、死者の亡骸は葬っても、髪を切って「遺髪」として保存したり、永久に祀る風習もある。そのため、日常的に髪を切った場合でも、土地に埋めるのが最もよいとされていた。それは大地に帰すことであり、人間の魂の故郷である他界に帰すことになるからである。そこから「髪を焼くと貧乏になる」という諺が生まれ、髪を粗末にすることを戒めたのである。そうした意識から髪を美しく飾ることも古くからおこなわれた。その一つの方法として鬘が考え出された。古代には五味《さねかずら》・忍冬《すいかずら》・葛《かずら》など蔓草を頭に巻き、鬘《かずら》の語源も鬘葛から「かづら」となったともいう。また蔓草だけでなく、花や葉・糸・珠などを飾ることもあったらしく、『古事記』には花鬘・菖蒲鬘・柳鬘・木綿鬘・日影鬘・玉鬘などの名がみえる。とりわけ葡萄蔓《かずら》の葡萄鬘、木綿の布裂を巻いた木綿鬘はよく知られるところである。

このような風習が中世からは猿楽の能に面とともに用いられ、老人ものの尉髪・姥髪または烏帽子下の黒垂・白垂、鬼畜物の赤頭・黒頭などの鬘帯、狂言の女の扮装の頭部を巻き込んだ鬘巻などがある。この姿は中世の女が働くときなどに長い髪をまとめるためにしたものである。

なお、こうした過程でカモジすなわち髪に添える毛をカツラというようになり、タマカツラ（玉鬘）という言葉もカモジをさした。カモジの本名がカツラであり、要するに髪に添えるものがカツラであった。

近世になって歌舞伎芝居が発達すると、登場人物の役柄を表象するための扮装が必要となり、扮装の方法として添鬘がさかんにおこなわれた。だが添鬘よりもすっぽりと頭からかぶって完全な仮装髪にする方法が考え出された。ここにカモジの名称が転化し、仮装髪をカツラと呼ぶようになった。今日いうところのカツラの原型がほぼここにできあがったのである。

この芝居に使用するカツラは、登場人物の身分、境遇、性格を端的に印象的に表現し、それぞれの役に応じた髪型が生まれ、カツラを見ただけでただちに芝居の外題と登場人物を連想させるものであった。芝居と遊里は江戸の花で、江戸時代の町の粋人を気取る若者も、そうした役者の格好良さを真似たし、また当時においても髪の少なくなった老人たちの付髪があったので、一般にも鬘の需要があり、鬘屋なる商売も成り立ったのである。

こうした装いのポイントは、なんといっても黒髪に櫛目をとおし、きれいに髪を整えることである。したがって、装いに櫛は欠かせないもので、櫛の使い方ひとつでいかようにも髪型が変えられ、装いも変えることができる。櫛は実に奇妙な魔力をもつものである。櫛という言葉もクシビ（奇妙）という語からでたものである。また、櫛はクシ（串）にも通じ、縄文時代はすべて縦長櫛が用いられていたようである。

山形県東村山郡出羽村衛生守塚出土の櫛は縄文時代の櫛で、日本でもっとも古い櫛とされている。それは竹製で、長さ九、五センチ、幅二、九センチの細長櫛である。『古事記』上巻の「黄泉の国」に記されているのは湯津津間《ゆつつま》櫛とあり、形状は定かではないが、縦長櫛であろうと推察される。

奈良時代なって、唐から横長の挽き櫛が輸入された。『万葉集』に詠まれた「黄楊《つげ》の小櫛《おぐし》」は黄楊製の横櫛を指している。また、平城宮跡からは柞《いす》製の櫛が発見されているし、正倉院には象牙製の横櫛が伝わるが、いずれも中国からの伝来品と思われる。

平安時代以降は、棟の丸い半月形のものができ、それが近年までの櫛の原型となった。それは貴族や武家の調度品の中に、化粧道具一括として今日に伝承されているし、経塚からも発見されている。代表的なものとして静岡県の三島神社、愛知県の熱田神宮などに見ることができる。

だが、庶民も装いをこらす江戸時代には、延宝年間（一六七三～八一）に利休形、正徳年間（一七一一～一六）に角形、棟広、享保年間（一七一六～三六）に大櫛・町形、江戸時代末期に深川・利休・月形・政子形といろいろの形の櫛が流行した。また、金・銀・象牙・鼈甲・硝子など種々の材質のものができ、大櫛でも蒔絵・螺鈿・粉溜と豪華なものが出まわった。

しかし、一般には黄楊の櫛が愛用され、「七十一番職人歌合」の四十二番櫛挽の場には、黄楊の木を挽いて櫛を作っている職人の姿が描かれていて、室町時代以来の黄楊櫛作りのさまがうかがえる。今日でも製作法はよく似ていて、石馬という台に黄楊材をはさみ、鋸一本一本歯を挽き、ヘラで歯を削ったり磨いたりして形を整え、歯ができると外側の縁取りをして鉋をかける。そして鹿の角で磨きをかけて仕上げるのである。

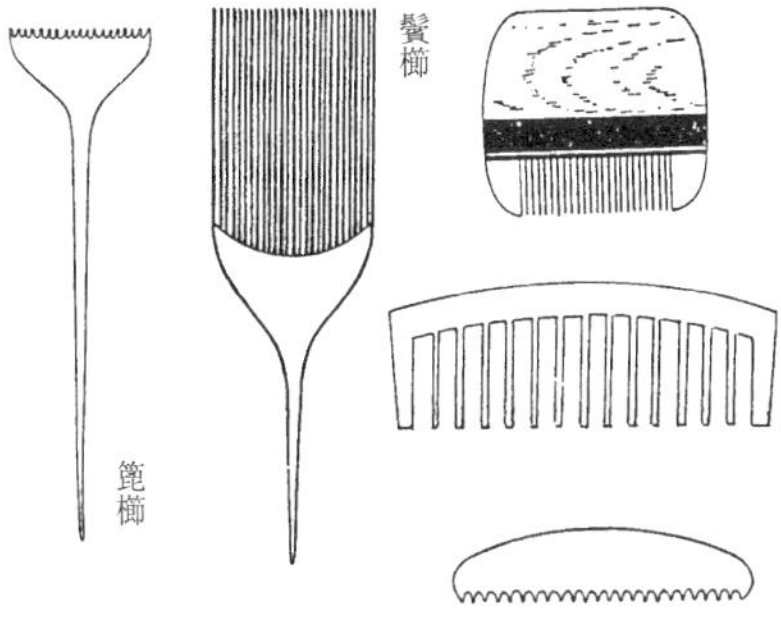

櫛のいろいろ（中林啓治氏図）

ところで、こうした櫛もたんなる髪を整えるだけの用具ではなく、神聖なものと意識していた。櫛という字の「節」は季節、節分などに用いられるように、区切り分けるという意味であり、つまり、櫛は髪を切り分けるものである。このため、櫛は神の占有物を他と区別するためのしるしとされ、魔除けの呪物とも考えられてきた。

また、女性が髪に櫛をさすことは、既婚であることを意味した。つまり、主がある（占有されている）ことの表示であり、櫛を投げ捨てることは、主婦の「縁切り」の呪いとされた。櫛は今日の結婚指輪のようなものであったのである。

一般的には、櫛を九四（苦死）とひっかけて、櫛を拾うということは、他人の払った苦死を拾うことになる。そのようなときには一度踏んでから拾うと、苦死を払いのけられるといい、また、櫛を落とすと苦が消えるなどという。しかし、櫛を拾うことを嫌うのは、一般にいう「苦死」との語呂合わせではなく、みだりに占有されたり、占有を放棄することを恐れるということからきているのである。

髪も櫛も、えも言われぬ摩訶不思議な力をもつもので、日本人は形や物の中にも心を宿したのであった。それが日本文化の大きな特色でもある。

帽子・鉢巻・襷

戦後六十数年、高度経済成長より半世紀。洋服の最新モードの流行変化は著しい。ことに女性ファッションは目まぐるしい。それとともに女性の帽子も大いに流行し、その着こなしも上手になってきている。

そうした女性の帽子のなかでも、とくにツバのない型の帽子は公式の席でも、室内でも脱ぐ必要はない。戦後婦人参政権が認められ、多くの婦人代議士が登場した国会で、婦人代議士が帽子をかぶって登院したところ、それを見た某男性代議士が〝無礼者〟と怒鳴ったという話はあまりにも有名であるが、よくよく考えてみると、怒鳴った男性代議士こそ無礼というよりも、無知といわねばならない。

婦人の帽子が公式の場でも着用するというのは、なにも西洋のみの風習ではない。わが国においても皇室では、式典や公式の場においては皇后陛下はじめ皇族の妃がみな帽子を着用され、それが礼にかなったものであることは誰もが知るところである。

実は日本においても古くから、婦人だけでなく男子にも同じくそうした風習があり、むしろ公

烏帽子を冠って寝る『地獄草子絵巻』

然のことであった。古来、男子は人前ではもちろん就寝時でも、冠り物を脱がないのが礼であった。これは『扇面古写経冊子』『春日権現験記絵巻』『地獄草子絵巻』などの絵巻物で知られるし、春画で裸の男でも烏帽子をつけている様を描いているのも、その風俗をよく物語っている。

こうした冠り物のはじめは、『魏志倭人伝』によると三世紀頃には頭に布を巻いていたことに求められるが、本式の冠り物としては古墳時代の埴輪に各種用いられていたさまを見ることができる。公式的には推古十一年（六〇三）に冠位十二階、大宝元年（七〇一）に大宝律令が制定され、隋・唐の制にならって礼服の冠と朝服・制服の冠が定められた。平安時代になると男子の束帯・衣冠などの位袍には冠、直衣など雑袍には烏帽子が用いられ、この烏帽子が寝る時にも被られたのであり、庶民もこれにならったのであった。そして、室町時代の中頃から冠や烏帽子をつけず頭を露出する露頂の風習がはじまったのである。

この間、女子は市女笠《いちめがさ》や苧《むし》の垂衣《たれぎぬ》、あるいは被衣《かずきぎぬ》で外出したし、また白布帛で頭部を包み、前頭部で結んだ桂包《かつらづつみ》が庶民の女子のあいだにおこなわれていた。そして江戸時代になって覆面・布帽子・綿帽子などが用いられたのであった。だがかつて外出に用いられた被衣が禁じられたので、それは上流家庭の婚礼用、外出などに残るにすぎなくなった。それでも手拭いを頭に被るのが礼装の一つとして永く民間に伝わった。

かつて、昭和天皇の御大典のときであったが天皇が京都に行幸されたとき、市内はもちろん近在近郷から人々がお迎えに出た。大原女も絣の着物に三巾前垂《みはばまえだれ》の風雅な装いに、手拭を頭に被って奉迎の列に加わった。それをみとめた警備の巡査が、「天皇陛下を迎えるに手拭を被ったままとはけしからん」と咎めた。すると大原女答えていわく、「頭に手拭を被るのは大原女の正装でございます」と。こうした話は数限りない。それは本来の冠り物としての意味を失い、零落した手拭の一面しか知らず、手拭といえば仕事をするときに被るもの、普段のいでたちとしか観念していなかったからである。

しかし、手拭も本来は冠・帽子と同じく正装に用いられたという例がいたるところで見られる。日本の葬式にはとくに儀礼として号泣する女性の役があった。これを泣女《なきめ》という。たんに悲哀の泣声だけでなく、死者を想う切々の言葉をはく。その形式は地方ごとに定まったものがあり、仏教以前、僧侶の読経をともなわない古い形式の葬儀において、号泣儀礼が大きな意味をもっていたことから伝わっている習慣である。そのさい泣女は近親の女、近親以外の近所の女、特別に泣女を雇う場合などさまざまであるが、いずれも泣女は黒の喪服に白の手拭を被って霊前に額ずき、号泣の儀礼をおこなう。まさしくこのときの手拭は礼装用なのである。

ところで、鉢巻も本来は正装の意味をもっていた。古くは戦場における鉢巻、戦争中は特攻隊の鉢巻。戦後はデモ隊の鉢巻、その他それぞれの時代も目的も異なることはもちろんであるが、普段とちがった気分での行動、すなわちハレの行動である。もともと鉢巻というのは烏帽子を冠り、その縁を巻いた布切のことで、布切の部分だけが永く用いられ、いまの鉢巻として残ったのである。したがって鉢巻も烏帽子と同じ意味をもっていたのである。

襷《たすき》もまた本来は正装であった。襷の由来について『日本書紀』上巻に「天鈿女命《あめのうづめのみこと》が蘿《ひかげ》を以て手繦《たすき》とし」とある。蘿《ひかげ》は日蔭蔓《ひかげのかづら》である。そして『万葉集』には、「ゆうだちき」、「玉だすき」の名がみられるが、玉はたすきの美称であるが、また、襷をかける意味で、掛くにかかる枕詞ともいわれる。一般に庶民が襷を多く掛けるようになったのは室町時代からで、桃山時代の風俗図屏風などでは、田植女が襷を背中で十文字に綾取り、襷の両先を長く垂らした姿が描かれている。

田植時に襷をかけることはまさに正装である。田植着は短い筒袖であるから、襷は実際は用を足さないのであるが、あえて襷をかけるのは田植が穀霊を入魂する神事であったから、ハレがましい正装であったからである。富山県ではかつて田植のとき、新嫁は婚礼のときに用いた緋縮緬の扱《しご》き帯で襷をかける風習があったという。

勲章も大勲位菊花大受章をはじめ高位の勲章はみな襷に付けられ、勲章を身に付けるときは襷がかけられるのである。正式の場での天皇・皇后両陛下の勲章を付けられた時のお姿を拝するとき、それは明らかである。かつて戦時中の軍隊の週番将校はみな襷をかけたものであるし、特攻隊員も出陣のさい襷と鉢巻をした。今日の平時においてもマラソンや競技のさいは、多くは襷と鉢巻を付ける風習がある。それは晴れがましい気持で臨む、ハレの場での装束であると考えられる。

褌・腰巻

昨今の下着ブームには目を見張るものがある。年寄りたちにとっては、世の移り変わりに途惑うこともあり、またかつての褌と腰巻に一抹の郷愁を感ずるむきもあるだろう。四、五十年前には洋服を着込みながら、永らくの慣れから肌には褌をまとう人もあった。しかし、若い世代にとっては褌や腰巻は前代の遺物と化し、もうその締め方すら知らないものもいるだろうし、娘さんなどで、たまに他所へ行くのに着物を着るのに、腰巻を忘れて行ったという話は珍しくない。

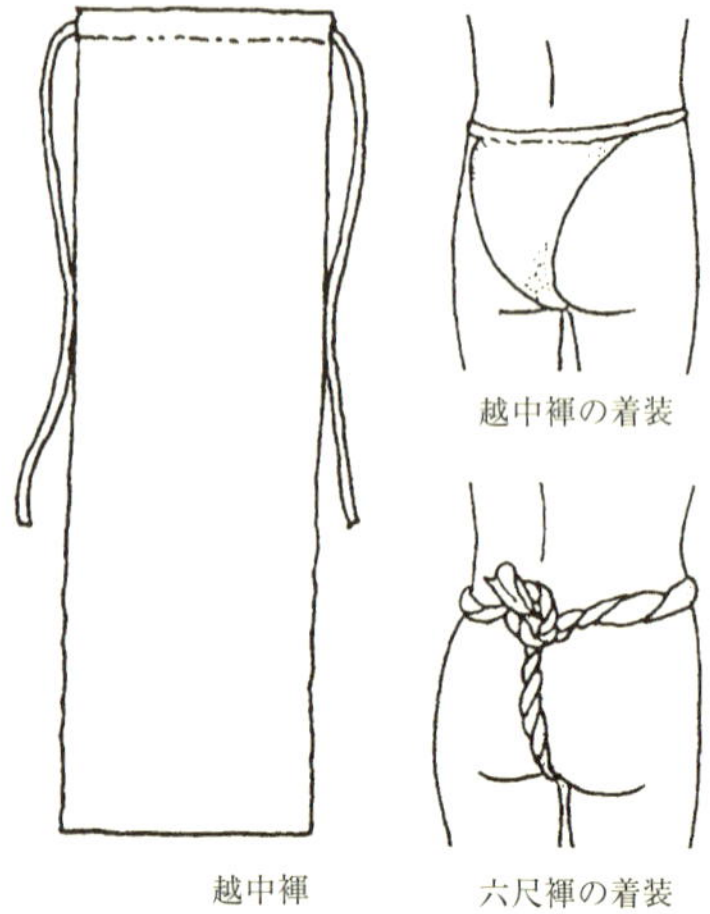

越中褌と六尺褌（中林啓治氏図）

褌は男性の股間を覆う下着で、下帯とも言われる。地域によってはヘコ・ヘコオビ・マワシ・サナジ・タンナ・フンゴメ・コバカマ・トウサギ・ロクシャク・エッチュウ・モッコなど、さまざまな呼称があるが、ロクシャク（六尺）・エッチュウ（越中）・モッコ（畚）の三種類の褌が一般的である。

六尺褌は六尺（約一八〇センチ）ほどの長さに切った晒木綿を使うところからいわれるようになった。腰回りにきっちりと巻き付けるので、激しい労働に向いていた。かつては暑い季節には素肌に六尺褌のみという仕事姿も一般的であった。また、現在も祭りのときには、半纏に六尺褌のみという姿も多い。

越中褌は二尺乃至三尺の長さの晒木綿の片方の左右に紐をつけたもので、腰の後ろに当てて紐を前に回して結び、後ろに垂れている布を股間を通して前に持ち上げ、結んだ紐の下をくぐらせて、余りの布を前に垂らすのである。松平越中守定信が考案したから、この名称になったという俗説があるし、一説に細川越中守忠興が始めたという説もある。

畚褌《もっこふんどし》というのは、越中褌をさらに簡略化したもので、土や石を運ぶ畚の形に似ているところから生まれた。越中褌よりも小さい布を横で紐を結んで留めた。

腰巻は女性が和服の下着として、腰から足にかけて肌に直接まとう布で、ユマキ・ユモジ・ユグ・ハモジ・ハモイ・ハダセ・ハダスイ・ハダソ・キャフ・シタモノ・フタノ・カハン・ドマキ・ケダシ・スソヨケなど、さまざまな呼称があるが、一般に関東ではケダシ（蹴出し）、関西ではスソヨケ（裾除け）が一般的である。志摩の海女の間ではナカネというが、緋色のアカネが転化した呼称で、北九州や佐渡でハダシ・ハダソというのは、肌添いからの転化であった。

腰巻が湯文字と間違われるようになったのは、明治になってからのことである。湯文字というのは女房言葉で、江戸中期頃までは、女の身嗜みとして入浴のさいに腰に巻いたもので、西鶴の作品などでは、湯文字の裾が開かないように、裾の端四ヵ所に鉛を入れたことが記されている。なお、今日では腰巻は女性の下着・肌着とされているが、鎌倉時代には下級女官が、夏に打掛の両肩を脱いで腰に垂らしたものを腰巻と呼び、江戸時代には将軍・御三家・大名の婦人の夏の礼装をいい、江戸時代後期には、小袖の下に腰に巻く長方形の布を指すようになった。したがって、江戸時代以前は上着、下着の厳然たる区別がなかったようである。

明治時代以後、腰巻は下着であり、露わに見せるものではないとされるようになった。そして、四尺ほどの木綿布を前合わせに腰に巻いて、上部両端に付けた紐で結ぶものになった。なお、冬用にはネルを二幅横に縫い合わせて、前合わせに腰に巻いて、上部両端に付けた紐で結ぶものとなったのである。

ところで、こう見ると褌も腰巻もいまいうパンティと同じものと思えるかも知れないが、実は大きな意味をもっていた。それは人生の歩みと大きく関わるものであった。その一つは一人前としての表象であった。いまではほとんどみられない風俗になってしまったが、男の子が十三歳になると、マワシ親とかヘコ親と称する仮親《かりおや》を立てて、その親から褌を贈られて着帯する作法をおこなうところが少なくなかった。

この初褌《はつふんどし》がしばしば成年式と結びついて、この祝をヘコ祝い・タフサギ祝い・フンドシ祝いなどと呼び、ここから成年男子と認められたのである。歌舞伎でも、助六が見得をきる場面で裾をパッとまくり上げて股を開き、赤い褌を大きく見せる。これは俺は一人前の力強い男であると誇示した姿であり、張り切った気持を表現しているのである。

また、張り切ってやろうというときに、「褌を締め直して」とか「褌を締めてかかる」とかいう言葉があるのも、一人前としてその力量を発揮しようという意味を表現したものである。

さらに、褌を締めている男は、神に扮することのできる男、神になる資格を持つ男であると意識された。大阪の四天王寺のドヤドヤ、岡山の西大寺の会式など、全国各地でおこなわれる裸祭は、いずれも褌だけがその正装であり、褌を締めることのできる成人男子だけが、参加を許されたのであった。大相撲も力士が褌を締めた姿が正装であるのも、相撲が本来神事であったことを物語っているのであろう。

女の場合も、十三歳すなわち初潮を見る年齢に、ユモジ祝いなどといって、肉体的に成人になった初潮祝いとともに、腰巻をつける作法をして成人祝いをおこなった。田植のときに早乙女たちが真赤な腰巻を見せて田を植えるのも、わたしはもう立派な一人前の女ですよという意味であった。

また、男子と同じく女が腰巻をすることは、神をもてなし、神に仕えることのできるミコ（巫女）としての資格のある女ということであった。まさに赤という色は火の色であり、不浄なるものを焼き払う霊力をもつと意識されたのであった。今日、神社の巫女がみな赤袴を着用するのもそのためである。

このほか、褌と腰巻はいろいろの呪術や作法に用いられた。妊娠時の腹帯に亭主の六尺褌を締めると安産できるというところが多いし、火事がおこって火が迫ってくるとき、火除けの呪法として、腰巻を竿の先につけて、屋根の上に立って振りまわす習俗がある。また中気（中風）の呪《まじな》いに、赤い腰巻を巻いて、雨乞いに腰巻を持って行くところもある。対島ではイルカ漁のときにかぎり、漁師の女房が腰巻をとってかぶせたイルカだけは、これを占有できるという。

かように、褌、腰巻はたんなる実用衣料ではなく、聖なる意味をそこに意識していたのであり、庶民の生活史・精神史をも物語っている。

風呂敷

風呂敷は日本人が永らく使い慣れ、あまりにも便利に使いすぎているためか、その効用と日常生活に貢献している度合いを意識しなくなっている。また、いろいろの形の鞄や袋物が出回って、それらは現代的センスのあるものが多いため、風呂敷は押されがちであるようにも見えるが、それでもなお鞄類はいっさい用いず、もっぱら風呂敷を唯一の物入れとして愛用している人々がたくさんいる。

石川豊信筆　『絵本江戸紫』

鞄を持っても、予備に鞄の中に風呂敷を忍ばせる向きも多いし、婦人がハンドバッグだけで出かけるときでも、その中に風呂敷をよく入れておく。鞄であると物が小さいとき、鞄で嵩《かさ》をとって不便だし、逆に物が鞄に入らないとき、鞄がよけいな荷物にもなる。こうしたことを考えると、風呂敷は物の大きさに応じた嵩に包まれて、きわめて便利である。しかも、その用に応じて小さいものは二幅物から、大きなのでは七幅物の布団風呂敷まで、大小さまざまあるし、ときによっては物に応じた大きさにつくることができる。

こうした風呂敷の大きさは、江戸時代以来「幅」と呼ばれる単位で表されている。この幅とは着尺幅《きじゃくはば》のことで、鯨尺《くじらじゃく》九寸（約三四センチ）小幅である。風呂敷の大きさは包む物の大きさや運び方などによって違い、中幅《ちゅうはば》（約四五センチ・金封包み）、二幅（約六八センチ・普段包み・弁当包み・菓子折包み）、二尺幅（約七五センチ・婚礼内祝い中包み）、二尺四寸幅（約九〇センチ・買物包み）、三幅（約一〇二センチ・衣裳包み）、四幅（約一三六センチ）、五幅（約一八〇センチ）、六幅（約二〇四センチ）、七幅（約二三八センチ）の九種類あり、四幅〜七幅の風呂敷は座布団や寝具を包んで収納したり、行商人が商品を包んで運ぶのに用した。

さて、この風呂敷という名称については、元和二年（一六一六）の徳川家康の遺品分配書たる『駿府御分物御道具帖』のなかに、「こくら木綿風呂敷」とあるところから、江戸時代初期から用いられたものと推察される。それまでも平包《ひらづつみ》・平裹《ひらづつみ》という名称で、平安時代から重宝がられていて、『満佐須計装束抄』に「ひらづつみにて物をつゝむ事」とあり、四天王寺の『扇面古写経《せんめんこしゃきょう》』の下絵に、衣類を平裹に包んで頭上運搬している場面が描かれている。

なお、平裹以前にも包み布は存在し、正倉院御物の中に、舞楽装束や袈裟などを包んだものがあり、それらを裹や幞などの名称があって、それを平安時代の辞書であるが『和名類聚抄』によると衣幞の語に「ころもつゝみ」という振仮名をつけており、裹・幞を「つつみ」と呼んでいたことがうかがえる。それにしてもこの「つつみ」は世界最古の包み布、すなわち今日の風呂敷の根源ともいえる。

ところで、平裹が風呂敷と呼ばれるようになったのは、銭湯の流行からであった。江戸時代の考証家多田義俊がその著『南嶺遺稿』で、「室町時代、武士が数人で風呂へはいるときに、衣服を風呂敷で包み、風呂からあがると、それを開いて座り衣服を着た」と書いている。江戸時代も宝永（一七〇四～一一）の頃までは、入浴のとき男は入浴用の風呂褌、女は湯文字（腰巻）をして入ったのであった。もちろん今日のような湯風呂ではなく、蒸風呂のためでもあったからである。また、足を拭うために方形の布を敷いたり、濡れ物や風呂道具を包んだり、湯上がりの身じまいをするために、四角の布を用いた。ここから、この方形の布を風呂で敷くから風呂敷と呼び、のちにものを包む方形の布、すなわち平裹を風呂敷ととなえるようになった。

元禄時代（一六八八～一七〇四）にはまだ平裹と風呂敷という言葉は併用されていたが、寛保年間（一七四一～四四）にはもっぱら包み布をみな風呂敷と呼ぶようになり、浴室で用いるものを特に湯風呂敷と名づけて区別したのであった。

そして民間では、いろいろの物を包むのに重宝し、衣類なども運ぶときは柳行李か南部籠に入れるが、それをさらに風呂敷に包んで持つこともしばしばあった。また、夜具のたぐいは、江戸は火事が多かったためか、商店の奉公人は平日でも麻布五幅の大風呂敷に衣類を包み、夜は風呂敷を畳の上に敷き、その上に直接夜具を敷いた。吉原のような公認の遊女は別として、非公認の遊女もみなこのようにした。大坂新町の太夫と呼ばれた上妓は、夜具を揚屋に運ぶとき、みな麻風呂敷を用いたという。

元禄時代から商いが活発になると、積極的に売り込み商法が生まれ、呉服屋・小間物屋・売薬など、みな大風呂敷に商品を包んで売り歩いた。それは店の屋号や紋を白抜きに染めて、まったく暖簾と同じ宣伝効果を発揮した。一包みの風呂敷を拡げると、ぞくぞく商品があらわれるという、まことに商売上有効な利用であった。

西川祐信筆『絵本常磐葛』

また今日、女性が防寒あるいはアクセサリーとして用いるネッカチーフ、それは首に巻くだけでなく、斜めに折って頭からかぶって顎で結び、風による髪の乱れを防いだり、寒さを防ぎ、ときには装身用としてよく使う。これも方形の布で、ネッカチーフ用に作った布でも、ときには小物を包んだり、風呂敷として用いるし、また風呂敷用の布を材料や柄によってネッカチーフにに用いるし、臨時にネッカチーフが必要なとき、包み用の布を頭や首にかけることもある。ネッカチーフと風呂敷は同型・同機能をもっているともいえる。

この使い方も、実はいまにはじまったものではなく、すでに江戸時代からあった。東北地方では厳寒のさい、フロシキボッチと名付けて女たちが風呂敷を頭にかぶって頭巾として用いたし、町でも同じ用い方をした。よく時代劇にかぶって出てくるお高祖頭巾も、紫縮緬など上等の布を用いているが、そのもとはといえば、東北のフロシキボッチと同じく、風呂敷を用いたのであった。風呂敷というまったく単純な布製をこうも多様に便利に用いることを考えた、昔の人の知恵はまた賞賛に値する。

ところで、風呂敷は日常の実用的用法だけでなく、風雅の世界や祝賀のさいにも重宝された。近江国小室藩（現滋賀県）の大名で、芸術的才能に恵まれ、二条城庭園の築庭を手がけ、三代将軍家光の茶の湯指南をつとめるなど、当時の茶の湯の権威であった小堀遠州（一五七九～一六四七）は、自分の所持する茶道具を好みの外来の布でつくらせた風呂敷に包んで保持していた。それらの風呂敷はいまでも小堀家に伝わっている。

江戸時代後期に大量に更紗が輸入されるようになると、更紗の風呂敷への利用がますます増えてきた。それにともなって茶の湯の世界でも、茶道具の内箱―中箱―外箱の包み布として仕立てられ、箱の大きさに合わせた風呂敷がつくられた。そして茶道具風呂敷は、外来の更紗の利用によって独自の美的な世界を生み出したのであった。

婚礼をはじめ祝事のさいは、家紋を染め抜いた「祝い風呂敷」が用いられた。ことに婚礼のさいは嫁入り道具を包んで、一目でそれとわかるように一式の風呂敷が用意された。そして夜着や布団はそうした風呂敷で包まれ、箪笥や長持ちにはそうした祝い風呂敷が掛けられた。その後この祝い風呂敷は、折々の祝事に用いられたのであった。そこには物だけでなく特別のハレの心が込められており、風呂敷は物だけでなく心をも包む、えもいわれぬ布であるといえる。

さらに付言するならば、世界を視野に入れて観ると、物と心だけでなく人をも包む布であった。中央アメリカのグァテマラ、アフリカのセネガル、東南アジアのタイやインドネシアをはじめ世界各地に、乳幼児を布に包んで抱いたり、背負う風習がある。ことにインドネシアのすべての民族は、乳幼児を抱えて動くための、いうなれば子守り用の抱え布をもっているという。

こうした幼児を包むだけでなく、逆に死者の遺体を布で包む風習もあった。世界最古の包み布はミイラを包んだ布だったといわれる。イエス・キリストの遺体を包んだシーツの一部とされる布が伝わっているというように、遺体を包むシーツはヨーロッパにも広くみられるという。

インドネシアのスンバ島では、ヒンギという男性用の肩掛け・腰布や、ラウという女性用の筒状スカートでまず遺体を包み、その上からまたたくさんの布で包み、最後に親族や知人からお供えとして贈られた、金モール入りのインド・サリーなどで遺体を包む。

ミクロネシアのファイス島では、高位の男性を埋葬する場合だけ遺体を包む、マチと呼ばれる特別の織物がある。この布は一枚織り上げるのに一年もかかるので、生前から用意しておくという。

マダガスカル島では、いったん埋葬した遺体を改葬する風習があり、そのさい遺体はランディベという山繭を紡いだ糸で織った貴重なランバメーナと呼ばれる赤褐色の布で包まれ、さらにその上から茣蓙で包んで運ばれるという。

こうして風呂敷で遺体を包むことによって、俗なる遺体から聖なるものへ変身するものと意識したのであった。したがって風呂敷は実用の具であるとともに、人と人の心をも包むともいわれぬ一枚の布である。

風土が生んだ履物

わらじ作り（写真　清野照夫）

下駄・草履・沓

着物と、きってもきれない履物が下駄である。靴は素足で履かないのが普通であるが、下駄は素足で履ける上に、いたって軽便である。この下駄の効用はとうてい西洋人が恩恵にあずかることのできない、日本固有の履物である。木製の台部に鼻緒を装置したもので、どんなときにも履けて、日本人の生活に適したものか、江戸時代には山下駄・駒下駄・芝翫下駄・家鶏下駄・吉原下駄・桐下駄・堂島下駄・中切下駄・庭下駄・赤塗下駄・草履下駄・江戸下駄・半四郎下駄・吾妻下駄・船底下駄……と各種の形の下駄があって、庶民の暮らしに資していた。板に鼻緒だけであると歩きにくく、すぐにへってしまうが、二つの歯をつけた知恵はすばらしい。

ところで、下駄の原初的な形態はすでに弥生時代の登呂遺

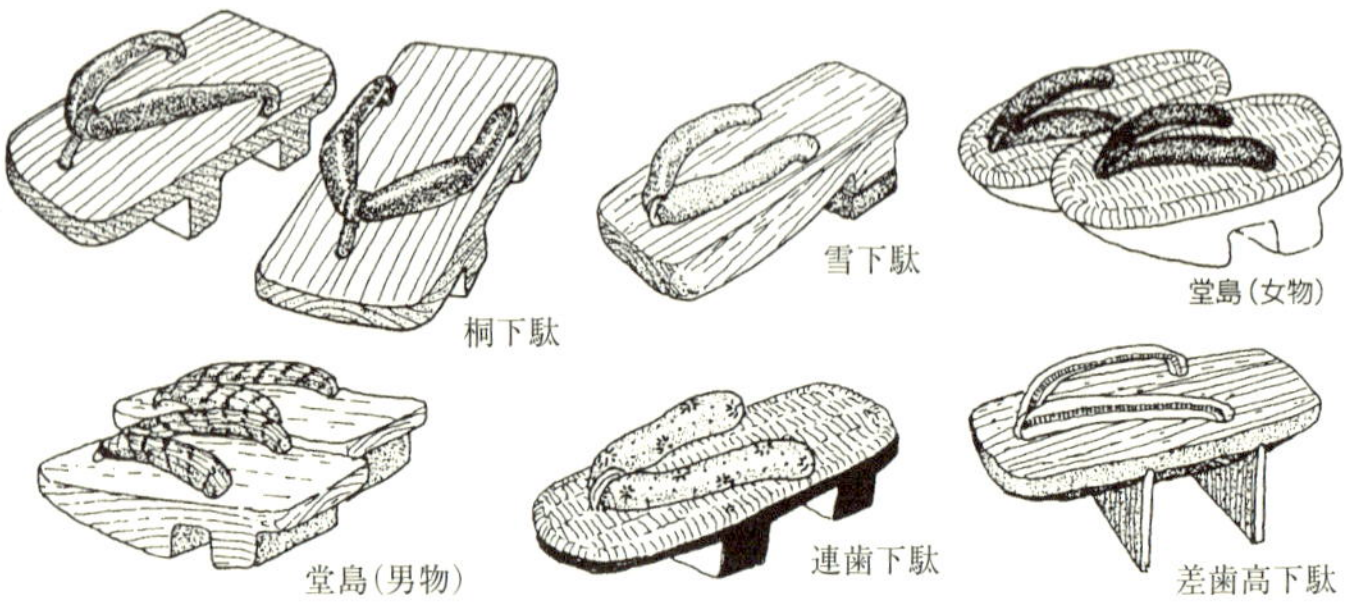

下駄のいろいろ（中林啓治氏図）

▲石製模造品下駄　京都大原野鏡山古墳出土（東京国立博物館）

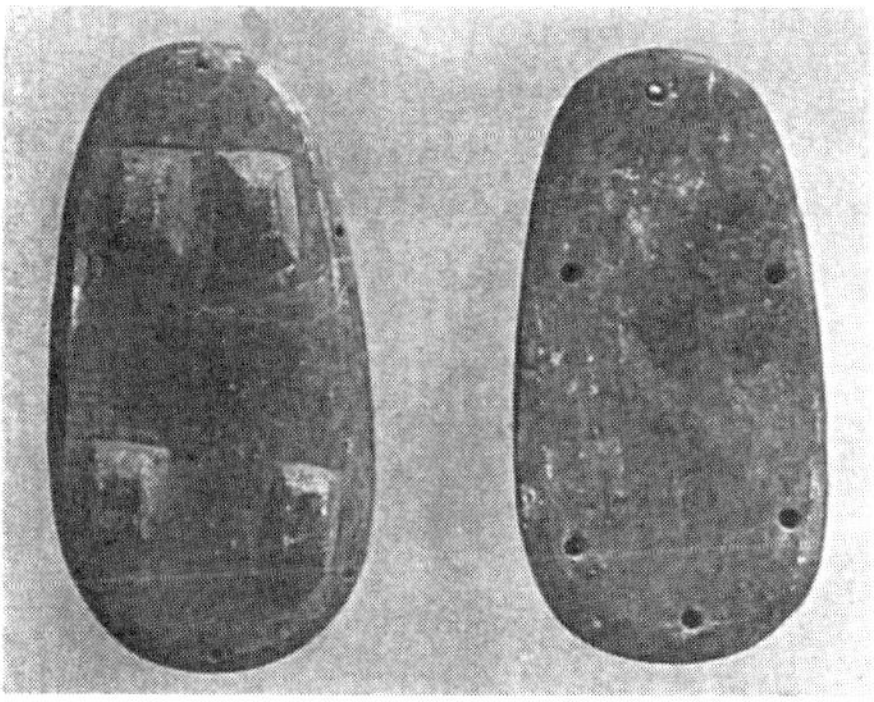

◀石製模造品下駄　東京玉川等々力古墳出土（東京国立博物館）

跡・山木遺跡から大量に出土している田下駄・土足に求められる。田下駄では長方形の板に三つの緒穴をあけた今日の下駄のごときものや、同形式の板の両端を削り込み、あるいは穴をあけて紐をかけて操ったと思われるもの、また長方形の板に四つ穴をあけ、裏側中央に低く一本歯をえぐり出して滑りどめとしたものなどが見出される。こうした田下駄がただちに下駄の存在につながらないにしても、下駄の発生を考えるうえで重要な手がかりとすることができる。

古墳時代になるともう歯のついた歩行用の下駄が考案されていた。京都府大原野の鏡山古墳や、東京都玉川の等々力古墳などから、その実体を物語る石製模造品の下駄が出土している。前者は前緒の穴が親指の方に寄っていて、後緒の穴は後歯の後の方についている。前緒の穴が親指の方に寄った下駄は、横に平べったい足の子指が板台からはみ出さない工夫であったらしい。また、後緒の穴が後歯の後についた下駄は、足が深く入って下駄に密着し、歩行中ぬげにくいという利点がある。現代においてもこうした婦人下駄が観られるが、すでに古墳時代において、現代においても工夫したいという利点を考慮して作っていたということにも注目される。

なおまた、前歯・後歯が真ん中で分かれて四つ歯になっていて、その上鼻緒穴が六つあいた形式の下駄もある。すなわち鼻緒穴が三個ずつ反転してあいていて、場合によって前後逆向けに鼻緒をつけて履くことができるのである。

これがはたして便利であったかどうかを考えるに、実は新潟県などではいまもその形式の下駄が使われていて、その効用を発揮している。頸域《くびき》地方では砂浜などで履く浜下駄はみなこれと同じ形で、浜を歩くさいはどうしても前すなわち足先に力を入れるため、下駄の前の方が摩滅して前緒が切れてしまい、しかも再び前緒をすげ得ないほど減ることがある。そうした場合下駄を反転して鼻緒をすげるのだという。それは後緒はそのままにして、前緒を反転させて踵《かかと》の部分の一孔にすげるのである。こうしてみると、古墳時代の庶民の知恵が今日にまで生きていることがうかがえるし、逆にいえば今日考え得る知恵を、すでに古墳時代の人々が考えついていたということである。

この連歯下駄のほかに差歯下駄があるが、今日も雨下駄はほとんどがこの形である。歯が磨滅すれば差し換えすることができる便利さがある。差歯を強固にするため、台板に穴をあけて差歯の枘《ほぞ》が台部の表面まで入れた下駄がある。今日も鹿児島県の宝島あたりでは重宝している。江戸時代にはこの形の下駄が広く用いられていた。男物では江戸下駄という桐台に欅歯の角型の下駄、女物の丸形下駄がそれで、ことに丸形下駄は一枚の歯に枘が三穴あり、台一面に六つの枘穴がある。これらはともに江戸では下働きの者などがよく履いていたので、とくに強固にしたのであろう。

室町時代下駄　奈良元興寺極楽坊

　実はこうした下駄もすでに奈良時代に使われていた。奈良の元興寺極楽坊から出土した下駄、東京都茅場町出土の下駄はこの形である。

　また、差歯下駄には三枚歯、一枚歯もあった。祭礼行列の猿田彦や山岳登拝修業の修験行者らは一枚歯を履いているが、ふだん民間でもこれを履いたところがある。新潟県の海浜地域では漁民が海辺の砂地の作業にこれを履いている。実に歩きやすいという。

　下駄はまことに日本人の暮らしと密着した履物といえる。事実、今日でもサンダルやツッカケに前緒をつけるものがたくさんある。

これなど鼻緒のある履物を捨てきれない日本人の生活慣習が生きているのであって、それは永遠にすたらないであろう。

ところで、わが国在来の履物の中でも古くからもっとも広く用いられ、今日も全国に分布しているのが草履《ぞうり》である。草履も基本的には下駄と同じく、鼻緒と台部の二部から成っているが、その鼻緒の構造により芯緒草履とスゲ緒草履と二種ある。芯緒草履はその台部から芯緒を引き出し、横緒にかけて鼻緒とするもので、これには鼻緒に結び目をつくる結草履と、芯緒が結び目をつくらずに台裏に縒り込ませる縒込草履とある。スゲ緒草履は芯緒草履のように鼻緒に芯緒を利用せず、別な材を横緒にかけて前緒とし、これを台部にすげて台裏で結び止めて鼻緒とするものである。

草履は一般に稲藁や竹の皮などで台を編み、鼻緒をつけた履物であるが、草履と草の履《くつ》を意味する表記が示すように、稲藁のほかに蒲《がま》・菅《すげ》・道芝《みちしば》・藺草《いぐさ》・麻・茗荷《みょうが》の葉・玉蜀黍《とうもろこし》の皮など、地域によりさまざまな植物繊維で編まれた。また、植物繊維に襤褸《ぼろ》を編み込んだものもある。いずれにしても総じて藁草履が上下一般に用いられ、それは現代にまで継承されている。

しかし、この間平安時代には尻切《しりきれ》と称する草履が現れた。それは長さが足の半分ぐらいの短い草履なので、活動的なため早くから武士のあいだでよく用いられ、『源平盛衰記』にも半物草《はんものぐさ》の名で書かれており、『蒙古来襲絵詞』にも合戦場でこの半物草を履いた足軽の姿が描かれている。室町時代になると足半《あしなか》と呼ばれるようになり、戦国時代にはもう足軽の戦場での常用履物とされた。戦場において足軽は騎馬で駆ける武将に従って走らねばならない。走るときには踵を使わず、もっぱら前半分で土を蹴るので踵は不要であり、草履の踵はかえって邪魔になる。そのためかえって足半は有効であったのである。

この足半《あしなか》は農山漁村でも用いられ、とくに山村においては重宝された。山坂道を登るさい踵は使わない。そのため足半は踵部分が邪魔にならず軽便である。山坂道を下だるときも踵を使わない。下だりは踵を使わねばならないように思えるが、実は踵を使うと「ゲンロク（膝）が笑う」といい、踵の受ける衝撃が膝に響いて足を痛めるからだという。奈良県の十津川村でも、石ころの多い山道を下だるとき、「おもしろいぞよこの坂道を、石の車で乗り下ろうそう」を唄い、足半で下だったという。

稲藁で編んだ履物の一種に草鞋がある。足を載せる台の部分は草履とほぼ同じ形状であるが、緒の形態が大きく異なる。草鞋の緒は前緒から左右に長く伸ばし、台の左右に編み付けた乳《ち》と呼ぶ輪に通して後方にもっていき、踵部分に編み込んだ返しと呼ぶ孔より大きな二股輪に通して足首に巻き付けて結んで固定する。足と一体化するように装着できるので、旅など長時間の歩行に適している。

こうした草鞋はおもに旅の履物として用いられていたことから、「草鞋を履く」といえば旅立ちを意味し、「草鞋を脱ぐ」といえば旅を終える、あるいは宿に落ち着くことを意味した。こうした旅は一面で未知の世界・異次元の世界に赴く行為であるという心意から、道祖神や賽の神あ

大足（文部省史料館）

るいは寺院山門の仁王に巨大な草鞋を奉納して旅の安全を祈願する習俗もある。

草履の一種に雪駄《せった》がある。雪踏とも席駄とも書く。千利休の創案ともいわれ、江戸時代初めには使われていたという。草履の裏底に革をはったものなので、雪路を歩いても水分や湿気が染み透らないことから、雪駄・雪踏の名がついたのである。また、踵の部分の破損を防ぐために尻鉄《しりがね》が鋲打されたが、これは歩くと音がするので、江戸の侠客たちが伊達のために好んで履いたという。

なおまた、晒真竹《さらしまだけ》を細かく裂いて表を編み、裏に水牛の皮をはり、尻鉄を打った切廻雪駄《きりまわしせった》があらわれたほか、その制作はいよいよ精巧となって各種の雪駄が作られ、江戸時代中期以降になると、上下各階層のものが雪駄を着用するようになった。

幕末頃から下駄と草履を組み合わせた草履下駄も江戸市民のあいだから広まった。杉の木の低い台木を用い、側面をそいで裏面をほっそりさせ、表に麻裡《あさうら》草履と同じ畳を載せ、真田織紐または鼠木綿の鼻緒を畳の裏にまげ込み、畳とともに鋲で打ちつけたものである。明治から大正の時代にかけて、東京の男衆のあいだに多く用いられたという。

鼻緒に足指をかけるのではなく、足の甲まで覆われた形の履物も古くからあり、沓と呼ばれてきた。沓でもっとも古くからあったのは稲藁でつくった藁沓《わらぐつ》で、それはさまざまな形のものがあった。すでに縄文時代の出土品に沓を象った土器があり、それは獣皮を用いた沓をモチーフにしたのではないかと考えられている。この種の沓は足袋のように指股の分かれたものと分かれがないものとあり、おもに狩猟にたずさわるマタギに用いられた。アイヌの鮭皮のチェプケリと呼ぶ沓もこの系統に属する沓である。

もう一つの系統の沓は、上層階級のあいだで礼装用に履かれた沓で、鎌倉時代には木製の爪掛型の黒漆塗りの木沓《きぐつ》あるいは木履《ぼくり》と称する沓が定着した。それは今日も宮中の衣冠束帯の礼装や、神官の履物として用いられている。

靴・サンダル

木製・布製などの沓にたいして、革製の洋式靴がわが国に伝来したのは、すでに幕末の文久元年（一八六一）で、横浜に来航したオランダ人のＦ・Ｊ・レアルシヤンという靴工が靴屋を開業したことによるという。『守貞漫稿』では、「文久の頃、横浜在勤日本砲卒業往々西洋草履を用う。慶応中幕府万石以下士官命を受けて同所に来り西洋騎法を学ぶ等の士皆洋靴を用ふ。……洋靴足のみの物あり足より膝に至り一物に製したるあり、是は雨中の専用也。」とあり、短靴と長靴の区別の説明も見える。いずれにしても日本で靴屋ができ靴が履かれるようになったのが、役人や兵士がはじめで、洋服を着はじめるのに合わせたものであったことがうかがえる。

そして、明治二年（一八六九）陸軍の創始者大村益次郎のすすめで、国産の軍靴を製造することになり、翌明治三年（一八七〇）御用商人西村勝三が東京築地入船町で製靴工場を設立、和歌山で陸奥宗光の父、伊達藤十郎がドイツ人ケンペルを雇って西洋鞣革製靴伝習所を開設。そして明治五年（一八七二）には社服に洋服が採用され、明治十四年（一八八一）ごろには一般官吏、巡査、教員らも靴をはき、明治二十年（一八八七）ごろから一般家庭にも普及しはじめ、明治末年には洋靴がデパートの店頭に並べられるようになった。

ところで、西洋では屋内においても部屋に上るも靴を履いたままであるので、踝《くるぶし》の上までの深靴いわゆるブーツが普通である。だが日本においては古代から部屋に上がるさいは履物を脱ぎ、裸足で過ごすのが習わしあった。ことに畳は清浄なるものという意識から足を綺麗にしておくものだという意識があった。その観念と風習は洋風住宅に住むようになっても変らない。そのため西洋靴も、一般には脱ぎやすい短靴を履くのが普通であった。

わが国においては、一軒前ということが村であれ町であれ、共同体的な生活を営むうえでもっとも重要なことであった。したがって、「一戸を構える」ということは社会的人格を認められるためには必要なことであった。それゆえ近世においても厳密な意味での町人というのは、家持ちの町人に限られていた。しかし一戸建住宅以外のさまざまな形式の集合住宅なるものも現実には必要であった。江戸や大阪の貸長屋がそれであった。それらは一棟の建物をまず二分してから、さらに一戸ずつ区切られた棟割長屋《むねわりながや》と、一列に横に並んだ一列長屋とがあった。「九尺二間」が定法で、間口九尺（約二、七メートル）・奥行二間（約三、六メートル）という三坪（約九、九平方メートル）の広さで、そのなかに入口と台所をとったきわめて狭い居住空間であった。井戸と便所は共同である。

ところが、大正十二年（一九二三）関東大震災が発生、全壊半壊焼失家屋七〇万戸におよぶという大被害を蒙った。この焼土の復興からいわゆる「文化住宅」なるものが誕生した。それは生活上簡易・便利な新様式の住宅という意味で、機能第一主義の住宅であった。ここから関東大震災の義援金をもとに、住宅公団のはしりともいうべき、財団法人の恒久的住宅供給組織ができ、東京・横浜などに鉄筋コンクリートのアパート群が建造された。

さらに第二次世界大戦において、東京、大阪をはじめ大都市は米空軍の爆撃によって焼土と化した。その復興はまず焼跡のバラック住宅にはじまるが、昭和二十五年（一九五〇）の〝特需景気〟のころから住宅は急速に復興し、関西においてはここにふたたび「文化住宅」なる言葉があらわれ、「文化有ります」などの貼紙があちこちにみられた。「文化」といえば「文化住宅」のことをいい、文化住宅が日本人の文化を象徴したようであった。

昭和三十年（一九五五）の〝神武景気〟、三十四年（一九五九）の〝岩戸景気〟、四十一年（一九六六）〝いざなぎ景気〟と、高度経済成長の続くなかで、住生活以外の生活水準があがるにしたがって、団地アパートでの狭小居住空間の不満があらわれるようになり、一九五〇年代後半からは、高額所得者用の冷暖房つきの高層鉄筋アパートが建てはじめられ、一九六〇年代後半にはそれがマンションという名で呼ばれるようになる。一九七〇年代には一般ホワイトカラー族がマンションに住むことが普通となり、それがエスカレートして、ハイツ、パレスなどデラックスなイメージの名称をもつ鉄筋高層集合住宅全盛の時代となる。

マンションに代表されるような住宅、すなわち西洋風近代住宅はきわめて合理的・機能的に設計されているが、不思議なことは、およそ西洋風居住空間に似つかわしくない下駄箱が常備されていることである。西洋においては履物を脱いで上がるということはなく、土足のままであるが、日本にあっては、家の中で床上に上がるときは履物すなわち靴を脱ぐという習慣はかたくなに守られている。したがって、靴中心の時代になっても、「下駄箱」という和服・下駄履き時代の名称がそのまま生きている。近年、若者の間から編上靴がしだいに履かれるようになったが、日本においては軍隊など一部を除けば短靴が中心で、長らく編上靴ははやらなかった。それも家の中では靴を脱ぐべきものであるという習慣のしからしめるところであった。

サンダルの普及も日本的特性によるものである。サンダルは古く古代エジプトの上流階級の間ではじまった履物で、古代ギリシャ・ローマがその黄金時代であったが、中世以降ヨーロッパでは衰え、靴にとってかわられた。日本では長らく下駄・草履を常用していたため、それがサンダルの用を兼ねていたのであるが、靴の普及とそれにともなって靴下を着用することになって、まず昭和七年（一九三二）から木のサンダルが製作された。そのときは「突っ掛け（ツッカケ）」と呼ばれ、東京だけで約三千足の生産があったというが、この時代はもっぱら職人が履いたという。

ところが戦後の昭和二十五年（一九五〇）ごろからビニール製のサンダルが現われ、広く愛好されるようになった。これは団地アパートの発生と軌を一にするのである。すなわち下駄・草履から靴への大きな転換、足袋から靴下の常用化への転換にともなって、西洋住宅においては脱ぎやすい普段履きとして有効であったのである。

こうしたことは、同時に日本人の畳にたいする意識・習慣とも大きくかかわっている。事実、洋風住宅になっても、たいていは一部屋は畳敷きにしている。また、板間の一隅に畳敷縁台を置いたり、さらに畳敷のベッドさえも用いられている。こうしたことが、短靴・サンダルの愛用につながるのであろう。

知恵と技術の結晶

味噌樽

味噌だま（写真　清野照夫）

刳《くり》物《もの》

木の民具は、木の幹や枝をそのまま用具として使うものもあるが、木器すなわち木の容器としては、第一に木の内側を手斧などで刳って作った槽《ふね》、臼、木鉢、木皿、盆、杓子などのいわゆる「刳物《くりもの》」。第二に刳物の手法を一層発展させて轆轤で挽いて作る椀、小皿、木地膳、丸盆、茶櫃などの「挽物《ひきもの》」。第三に桧や杉などの薄い材を曲げて、桜の皮などで綴じ合わせ、それに底板を嵌め込んで容器とする「曲物《まげもの》」。第四に板を方形に組み合わせて枘差《ほぞさし》で接合し、底板を嵌め込んだ「指物《さしもの》（組物）」。第五に杉や桧を短冊形に割った榑《くれ》を円筒形に並べて連結し、竹箍《たが》で締め、底板を嵌め込んだ桶、樽などの「結物《ゆいもの》」などがある。

刳物練《ねり》鉢（木曽地方）

こうした木器のなかでもっとも古い手法による刳物は、各地の弥生遺跡から多数出土しているし、縄文時代においてもその一斑がみられる。滋賀県の滋賀里遺跡からは、縄文晩期ではあるが刳りの技術による木椀が出土しており、その技術・手法の古いことを知ることができる。

その木椀は轆轤を使うこと無く、刳りと削りの技術だけによって、横軸轆轤使用の後代の木器と同等以上の精巧ささえみせている。しかもその製作道具は石斧によったものであるから、石斧だけでそれだけのものを作り得るとするならば、弥生時代においてはもう工具は石器ではなく、もっと高度の金属器であったはずであるから、従来弥生の木器で轆轤による製品とされたものでも、実際が刳物の木器がたくさんあったろう。今日においても、関東地方西部山間の木鉢屋などは、一見して轆轤細工のような滑らかな木鉢を作るというし、また手刳りの木鉢で、その薄さが轆轤細工より薄く、かつ精巧で優雅なものも少なくない。

かように縄文時代晩期にすでに見られた木器製作技術が、基本的にはそのまま弥生時代にひきつがれ、されに木地の使い方に一段の配慮がなされたのであった。弥生時代の容器には、多く木目に添って縦取りに木取りしたのが多い。この柾目の縦断面を容器の口縁部にあてる木取法は、木材を加工しやすいし、また乾燥による変形を避けるための適当な処置であった。木製品については、乾燥による変形を防ぐことにもっとも留意さねばならなかった。唐古遺跡、大中の湖遺跡、登呂遺跡、山木遺跡などから、荒刳り荒削りの未製品が出土しているのも、製作途中で放棄したのではなく、荒刳り荒削りの段階で一定期間乾燥させせ、完成後の製品の変形を防ぐための処置であったものと推測される。
また、登呂遺跡や山木遺跡出土の長方形や楕円形の槽や、片口・鉢・皿などは、概して短辺側と長辺側の縁の傾斜に緩急の差をつけているし、短辺側の縁を広くしたりしている。これは製品が縦に割れるのを防ぐための工夫であったろう。もちろん、なかには山木遺跡のイヌガヤ材の深鉢のように、木の横断面を口縁部とした例もあるが、これとても縦長木取り以上に充分な乾燥処置を講じたのであろう。

こうした種々の技術的配慮によって、さまざまなすぐれた刳物木器が生まれた。大阪府の池上・四つ池遺跡からは、高杯、鉢、把手付鉢、縦型杓の横型杓、摺鉢など、多種の木器が出土しているが、とくに高杯は精巧にできているが、杯の凹も深く刳物として見事なものである。把手付鉢も今日のコーヒーカップを思わせるものであるし、縦型杓は従来あまり知られない形状のもので、木製摺鉢も珍しく、弥生時代における刳物の多彩な技術と用法を物語っている。

把手付木鉢（岩手地方）

さらに、加賀市の猫橋遺跡出土の桶や、但馬国分寺出土の桶は注目すべきものである。木の内部を柾目に沿って円筒形に刳り抜き、下部内側は厚く内に向けて凸部をつくり、それに中から底板をはめ込む仕組みになっている。とくに猫橋遺跡のもののなかには、弥生時代も終りのものであろうが、側とおなじ一木で外側を把手をつくり出しており、ジョッキ型にしていて実に精巧にできている。これをみると、木を刳り抜く技術は、弥生の終りになるときわめて高い水準に達していたことがうかがわれる。こうした刳物の側に底板をはめ込む仕様が、曲物に剥ぎ板と廻しの側板をつける方法とあいまって、後世の榑《くれ》を立てて底板をはめ、箍《たが》で締める手法の桶の発想のもととなったのではないかとの推測を生むものである。

刳る技術はたんに容器ばかりではなく、いろいろの民具に生かされた。腰掛などもその一例である。山木遺跡からは枘を用いて脚を台に差し込んだ形式のものとともに、木を刳り抜いて脚まで共木にした形式のものが出土している。それは脚が前後に八の字形にひらき、尻受けの台は四方から中窪みに刳っていて、尻の安定をはかるように工夫を凝らしている。

なお、生産用具に該当するものであるが、田舟も刳物の一つである。山木遺跡や下曽我遺跡から出土しているが、山木のは小型の丸木舟様のもののほか、全長一、二一メートルに及ぶ楕円形の大きな槽に、前後二組ずつ棒状の把手をつくり出したのがある。湿田に浮かべてすべらせると、容量も大きく、前後から把手を持って運搬することもできるきわめて便利な用具である。

こうした古代の知恵と技術は、そのまま今日の生活にも脈々と生きている。飛騨や陸中ではネリ鉢、シメシ鉢とも呼ばれる木鉢がいまも使われている。山木遺跡などの鉢と同じく手斧刳《ちょんなく》り、手斧削《ちょんなはつ》りで、米の粉をこねて団子をつくるのに用いる。この種の木鉢は信州や加賀、但馬、丹波をはじめ各地に伝わっていて、いずれも手斧のあとをあざやかにのこしていて味わいがあり、美的でもある。弥生の槽と同じ形をした槽も随所にあり、岩手ではワラビの根から澱粉を採取するときに、沈殿槽として使うし、ところによっては水槽として、ときには家畜の水や飼料入れに用いたし、飛騨の白川では短辺の片方の側だけ少し刳りとって、箕で食器や食物の水洗いの容器に用いた。このほか盆や片口、杓子なども今日に生き、ことに刳り杓子などは現に各地で作られ都市に供給されているものも少なくない。

ところで、鈴木牧之が文政十一年（一八二八）、五十九才の秋に信濃と越後の国境に位置する秋山郷を訪れ、その紀行を『北越雪譜』『秋山紀行』として上梓し、山深い秋山郷をはじめて世に紹介した。それによると、刳物の生活用具が暮しのなかに脈々と生きつづけてきたことが知られる。

秋山郷で木鉢は、石臼を載せて粉を挽くコナヒキバチ、搗臼で精白した米・粟などを臼からすくい出すカタバチ、挽いた粉を捏ねるコネバチ・ネリバチ、手許で団子などを蒸して搗きなおすツキバチ、飯櫃として用いるフカバチ・メシバチ、他の器物にものを流し込むためのカタクチバチ、食料を盛るハチその他多種多様のものが、日常飲食用具として用いられた。『北越雪譜』でも、牧之が三倉村を訪れ、ある老女の家に茶を乞うたときの情景を記して、

家にかちたるものは木鉢の大なるが三つ四つあり、所にて作るゆゑ也。

といい、また上結東村の市右衛門宅に宿を請うたときのことを、

ヒラバチ（平鉢）（秋山郷地方）

勝手の方には日用の器あまたとりちらしたるなかに、ここにも木鉢三つ四つあり。

といっており、どこの家にも囲炉裏端で木鉢を用いて、粉を捏ねたり食料の調製をしていた情景がうかがえるのである。

秋山郷ではこうした各種のハチの中にヒラバチと称するものがある。それは他のハチはいずれも円形で、深く厚いものであるが、ヒラバチは楕円形できわめて浅く、厚さも薄いものである。大きさも概して他のハチにくらべて小さく、いちばん大きいもので長辺六〇センチぐらい、短辺四〇センチぐらい、深さ五センチぐらい、厚さ二センチぐらいで、いちばん小さいものでは長辺三十五センチぐらい、短辺二〇センチぐらい、深さ三センチぐらい、厚さ二センチぐらいで、どれも底は滑らかに湾曲している。材料はすべて栃材で、多くはいわゆる自製自給民具である。それはあざやかな手斧の跡と、使いこなされたところからくる光沢、手作りの美しさをかもし出している。

このヒラバチは宴会のときに用いるハチである。秋山郷では宴会のことをゴッタイという。ゴッタイといえばまず祝言《しゅうげん》で、村中の人を招待して、四番膳から七番膳までも出し、徹夜で酒盛りをした。つぎが建前《たてまえ》の祝い。さらに伊勢参宮を親類縁者に披露するゴオクリというのがある。また男二十五才と四十二才、女三十三才の厄払い、八十八才の米寿の祝いには仲間をよんで酒盛りをする。そして若衆仲間が晩秋に催す「流し事」と称する酒盛りがある。

こうした宴会のとき、大鉢や丼鉢に盛ったいろいろの菜をこのヒラバチに載せて、畳の上を滑らせて次の人に廻すのである。一種類の菜を一つのヒラバチに載せるので、一軒の家でヒラバチを五つも七つも備えていたのである。円座あるいは対面になって宴の座にあるとき、隣りの人だけでなく対面している人、あるいは斜め向いの人や端の人が好みの菜を抓《つま》みたいとき、たがいに滑らせて送るのである。こうしたとき、正円形のハチでは床や畳の上を滑らせることはできない。ましてや深いハチではすぐに転んでしまう。楕円形で浅くそこの滑らかなハチなればこそうまく滑るのである。まさにこれは生活の知恵から生まれた造形である。

水の上でも円形の桶舟や盥舟のようなものは前に進まず、回転したら傾いたり、ときには転覆するが、刳舟にしても構造船にしても、一辺が長いからこそ前進するのである。刳った大きな容器のことを舟（槽）というが、これも多くは長方形であり、舟の原初形態である刳舟＝丸木舟の根源を槽に求め、また舟の語源も槽に求めるとするならば、ヒラバチはまことに興味深い民具である。

ここで想起されるのは、『延喜式』の『四時祭式』の規定である。四時祭式は恒例の祭祀の

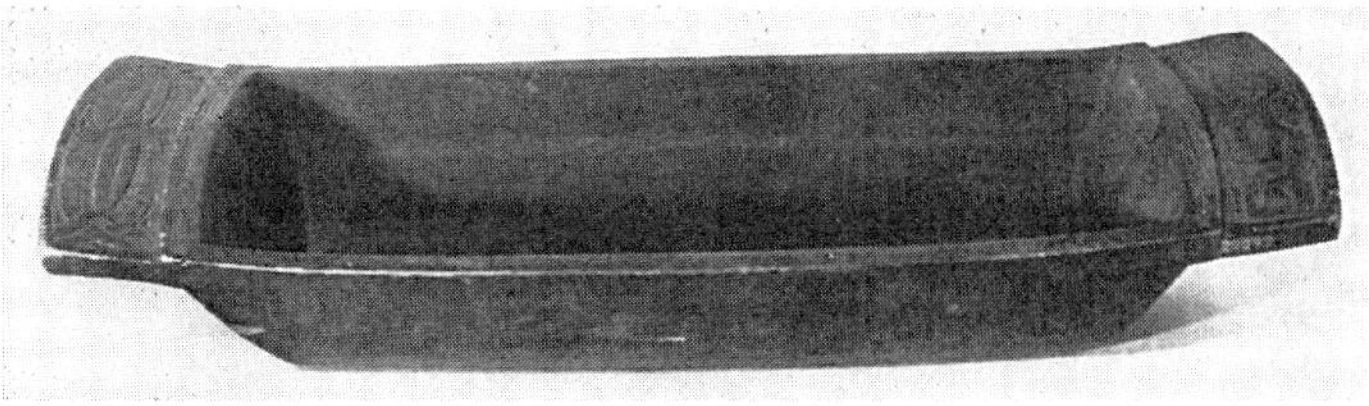

搗鉢　樺太（敷香地方）

各々について、とくにその神饌、祭料の品目、数量を規定している。その中の水産神饌品目について、解るものを一部挙げると、

鯉　二百四十隻

鮭　四千七百九十四隻

と、その数量を「隻」で記載している。この隻を人や荷物を乗せて水上を走る舟とすると、きわめて大量になり想像を絶する。ところが、かつて加茂社御厨であったとされる、琵琶湖畔大津の堅田で、鮎と思われる魚が二尾、小さな浅い木鉢に載ったかたちで出土している。この木鉢は言うなれば「槽」である。そうすると頷けるし、その数字の多さも理解できるし、舟の根源は槽にあることを知ることができる。

挽物《ひきもの》

山中に樹を伐り、轆轤《ろくろ》と呼ぶ特殊な工具を使って、椀、盆などをつくる工人を木地屋という。ところによっては木地刳り、轆轤師、挽き物師などの呼称もある。日本の著名な漆器工芸も、これら木地屋の技術を基礎としたものが多く、輪島塗、会津塗、日野塗、吉野塗、竹田椀なども、その起源は木地屋の来往に求めることができ、近世ことにその活躍は目覚しかった。

木地屋の挽く木地轆轤は、円柱形の軸棒を回転できるように横に装置し、その先端には鉄爪を装置しており、そこに荒削りした木地を付け、一人が軸棒に巻き付けた麻縄を左右の手で引いて回転させ、回転する木地にカナボウなどと呼ぶ棒状の木地鉋《かんな》の刃を当てて挽く。この木地轆轤は手引轆轤、木地轆轤とも呼ばれる。椀・盆を挽くのは当然であるが茶筒、こけしなど円形の木工品なども作られる。

木地屋は山を生活の舞台とするため、山の神の信仰をもつが、一方で、その職能の始祖としての小野宮惟喬親王《おののみやこれたか》を崇拝した。惟喬親王は文徳天皇の第一皇子であったが、第四皇子の惟仁親王が立太子し、後に九歳で清和天皇となった。その背後にはいまわしい策謀が渦巻いていたというのである。あれやこれやで、すっかり世をはかなんだ惟喬親王は、ついに仏の道を求めて都をあとにし、近江の愛知川をさかのぼり、小椋谷《おぐらだに》に隠棲された。従うもの太政大臣藤原実秀ら数名。貞観十四年（八七二）親王は出家、素覚法親王と称した。

法親王が読経されていたさい、たまたま法華経の経軸から轆轤を思いつかれた。さっそく付近の山民にその使い方を教え、生業の資とされた。それがわが国木地業の初めだというのである。こうした由緒をもって、惟喬親王を木地屋職の祖神、轆轤の神として崇めるようになり、小椋谷は木地屋の本拠として、親王を祀る神社や宮寺、墓が建立され、崇敬の中心とされた。

もともと近江湖西には、小野郷を本領とした小野氏がいた。この一族は宮廷の語部猿女氏の系統に属し、特殊な信仰の伝播者であったが、その信仰の残留と、都の貴種、貴人が訳あって、都を逃れて鄙《ひな》びた地に下って行くと言う、日本文学の素材となっている「貴種流離譚」とが結合して生まれた木地屋の始祖信仰である。

木地屋のこうした信仰は、惟喬親王伝説にもとづくものが、全国にもっとも普遍しているが、惟高親王以外の人物を始祖とする伝承・信仰も、各地に数多く分布した。下野・越後では高倉宮以仁王、相模は鎮西八郎為朝、信濃では尹良《ただよし》親王、信濃・越中では守良親王、甲斐は孝謙天皇、越前は悪源太義平・平将門・継体天皇、大和は大塔宮護良《おおとうのみやもりなが》親王・村上善光、出雲は平能登守教経、安芸・日向は那須与一宗高などがそうであるし、平家落人譚が信仰のもととなっているところも、全国各地にあった。

ところで、惟喬親王に従った藤原実秀も小椋庄の住民となり、小椋に改姓し小椋実秀と称し、以来木地屋はみな小椋、小倉、大倉、大蔵などを姓として、宮廷にも仕え、その由緒によって諸国を自由に往来し、木地屋渡世の勅許を得たというのである。そうした過程で、小椋庄の東に君ヶ畑、西に蛭谷《ひるだに》と二つの本家筋に分かれ、君ヶ畑は高松御所と称し大皇《おおきみ》大明神を祀り、金竜寺を営み、蛭谷は筒井公文所と称し、筒井八幡宮を祀り、帰雲庵を営んだ。両者それぞれの由緒を主張、君ヶ畑には吉田、蛭谷には白川の神道家がバックとなり、久しく抗争を続けたが、明和四年（一七六七）大皇大明神を木地屋祖師、筒井八幡宮を轆轤鎮守として、両者の抗争は一応妥結した。だが両者ともに、全国の木地屋にそれぞれ免許状や鑑札を発行し、御師が毎年各地を回り、木地区との連絡を保った。これを氏子狩《うじこがり》と称し、それは明治の初めまでつづいた。

また、君ヶ畑の大皇大明神では、近世中期まで一年神主制で、氏子が毎年順番で神役をつとめ、神役に当るものは、たとえ他国に渡り歩いて木地作りに当たっていても、この時だけは帰村してつとめたし、蛭谷の筒井八幡宮でも、慶安ごろに実秀の末裔と称する大岩氏が神主になるまでは、常神主はいなかった。氏子が一人前の木地屋になるためにはまた、神前に烏帽子を着て参拝し、烏帽子親と盃をして改名する烏帽子着の儀式をせねばならなかった。

ところで、木地屋は轆轤と轆轤鉋《かんな》を携えて、良質の木地を求めて山中を漂白し、行く先々で椀や盆などの木器を作り、里に供給したのであるが、かれらは小型の鞴《ふいご》を携帯していた。木地屋の道具で鞴はいままで注目されなかったが、この道具こそ重要であった。鉋はそれぞれ木地屋個人が使いやすいように、自分で鍛え直して使った。また磨滅するとまた補鍛したのであった。したがって木地屋自身が鉄工技術者でもあったし、彼らの赴くところ、たんに良質の木地があるというだけでなく、そうした工具の原材料たる鉄の調達できる場所も必要であった。

木地屋が鍛冶と大きくかかわっていることは、木地祖師、轆轤祖師として惟喬親王伝説と結びついた近江湖西の小野氏の小野宮の祭祀二座のうち一座を鏨着大使主《たがねつきのおおみぬし》というのもそれを物語るし、この神社の近くに金糞《かねくそ》、タタラ谷などの小字名のあることも、小野氏が近江の鍛冶を司っていたことを推察させる。また、小野の猿丸太夫の話、俵藤太の三上山蜈蚣《むかで》退治の話のあるのも、それとかかわるであろう。ムカデというのは鉱脈あるいは鉱道のことである。したがって、俵藤太が蜈蚣を退治したというのは、鉱山を征服したということであり、木地屋は各地の鉱山とかかわりながら漂白したことを推察することができよう。

木地屋は近江小椋庄の君ヶ畑、蛭谷に根拠地をもったところから、小椋・小倉・大倉・大蔵などを姓としたことは周知のところであるが、このクラというのも鉱床を意味する。そうしたことからさらに考えると、君ヶ畑、蛭谷から全国に赴いている木地屋に免許状や鑑札を発行し、御師が毎年各地を回り、木地屋と連絡を保ち、これを氏子狩と称したが、この氏子狩もたんなる木地屋の員数掌握と初穂料の徴収だけでなく、鉄のないところに漂白する木地屋に、鉄の原料を供給して回ることを主たる仕事にしていたのであったらしい。

ここで木地屋支配のプランナーでもあった大岩助左衛門家の『大岩助左衛門日記』によると、

蛭谷が天文四年（一五七六）諸国の轆轤師へ初めて氏子狩を開始した当時の廻国役人は、大岩氏三十代の大岩助左衛門重秀であった。重秀は家伝の「あいす」という黒薬を、神酒でねって丸薬に作り、それを携行して行って轆轤師たちに与えた。医師であった叔父の東白庵が調合したものだが、それに「筒井根源丹」と名付けられたというのである。こうした薬に接することによって、木地屋が自ら奥山道中のなかで薬草なるものにも気を配り、しだいに薬草の知識をたくわえる者もあった。

といえば、有名な富山売薬も吉野売薬も、木地屋の活躍したところから出ているし、この薬とかかわったのが山伏である。その山伏はまた山師で、かれらの修験道場とするところ多くは鉱物の産出する山であった。松本清張の小説『西海道談綺』は、九州日田の鉱山を山伏の二大集団が取り合う話で、山伏が山師の一面をもつことを物語る興味ある話である。

其れは其れとして、木器から鍛冶へ、そして製薬へ、さらに修験道へ、そこに石工《いしく》の技術と生活へと問題は展開するであろう。

曲物《まげもの》

古くから日常生活に使われてきた容器の一つに曲物がある。桧や杉の薄板を円筒形に曲げ、板の両端の合わせ目を、桜や樺の皮をテープ上にしたもので綴じ合わせて側（がわ）とし、底板を嵌めたものである。餅を搗いたり、赤飯をつくったりするとき、米を蒸す蒸籠《せいろ》はなお曲物製を使っているし、山村や漁村では弁当入れとして、メッパ、メンパ、メンツウ（面桶）などと呼んで、曲物を使っている。木の香りが飯に染《し》み込んでよい味がするし、なかなか飯が腐らないので、アルミ製やプラスチック製弁当が普及しても、まだ曲物弁当入れを使っているところがあるし、近年また懐かしみと暖か味を求めて、ふたたび曲物弁当入れが求められるようになり、百貨店の店頭にも各種並べら

桧枝岐ワッパ

尾鷲ワッパ

れるようになった。

　こうした世情の変化とはかかわりなく、曲物を作り続けているところが各地にあり、著名なものを挙げると、大館曲ワッパ（秋田県）、大平面桶（山形県）、桧枝岐ワッパ（福島県）、日光曲物（栃木県）、入山メンパ（群馬県）、木曽奈良井曲物（長野県）、井川メッパ（静岡県）、尾鷲ワッパ（三重県）、洞川柄杓、吉野三方（奈良県）、拝宮ネッパ（徳島県）、博多曲物（福岡県）などがある。

　このように、いまだにきわめて多彩であり、それぞれ特色があるが、その一つとしてここに尾鷲ワッパについて一考する。三重県の度会郡と北牟婁郡の郡界荷坂峠を越えると熊野。そこには尾鷲、熊野、新宮の三つの中心都市が並ぶ。尾鷲は遠洋漁業の根拠地で有り、また鰤の完置網漁業で知られる漁業の町である。だがこの町は後背地に恵まれず、自然条件においても特異な環境にある。南島モンスーンが紀伊山脈によって上昇し、地形性降雨をもたらすわが国有数の多雨地である。それがまた独特の工芸を産み出した。「尾鷲ワッパ」あるいは「尾鷲メッパ」と称される曲物がそれである。

曲物は木製容器としては暮らしの中でもっとも重宝され、多様に用いられたのであるが、ことに弁当入れはまさに日常茶飯の具として長らく愛用されてきた。ワッパには飯が二食分一升も入る一番ワッパから、二番、三番、四番、五番と大小さまざまのものがあり、弁当には自分に合う大きさのものを用いる。それらのワッパは身と蓋が同じ深さのものが多い。それは蓋の方にも飯を入れ、二食分詰めることができ、「石臼合せ」にして携行し、腹の減る山仕事や筏流しの仕事をする人にとって、実に好都合であった。もちろん初めは蓋の方から食べる。こうした便利さにもまして、ワッパの第一の特徴は飯が腐りにくいことである。木地のままのものは桧や杉の香が飯に移っておいしいし、漆塗りのものは飯が冷めにくくて味わいがあったという。

尾鷲にはこうしたワッパを作る塗師《ぬし》がかつては十数軒あったというが、今は北浦町の「ぬし熊」こと世古氏ただ一人、黙々とワッパ作りに勤しみ、伝統的な製法技法を継承している。昔は側板を作るのにも鉈一丁でやったというが、今も鉈を使ってきれいに同じ厚さの薄板が作られている。作業はまず側板作り、底板作り、側板曲げ、側板綴じ、底板嵌《は》めの順序で行われるが、注文に応じて数十個ずつまとめて、工程ごとに行われる。ここの側板綴じと底板嵌めは、細かく丁寧に行われ、ことに綴じの細かさはほかに例をみない。

尾鷲ワッパの特色は、青漆の掛かっているところにある。この漆は使えば使うほど艶が出てきて、そして木地の木目が美しく浮び上ってくる。ここに尾鷲の塗師の真髄がある。だから漆塗りには特に気が配られる。漆は敏感でどんな細かな埃《ほこり》でも嫌う。そのため塗りの仕事はまとめて行い、作業上に入り込むと戸・障子を閉めたり、座ったままでめったに出ない。また漆は湿気を好み、湿気があるほどよく溶け合って木地になじみ、早く乾く。そして湿気があるほど埃が立たない。だから塗りの仕事は梅雨どきや雨の日に集中して行われる。有数の多雨地尾鷲は、まさにその条件にかなっているのである。ここで思い合されるのは輪島塗の「沖塗」である。輪島では漆を塗る木地椀を船に積んで沖に出て、船上で一気にまとめて漆を塗る。沖は埃が立たないし、湿気が充分に辺りに漂っているから、漆塗りの条件としては最適だからである。

この尾鷲ワッパはかつて大和の吉野郡の北山・川上・天川・宇陀郡の地方で盛んに使われた。天川辺りでも地元でメッパを作ったが、尾鷲ワッパの方がよくできていて、弁当入れとして最も重宝した。山でワッパの蓋を用いて「石汁」を作るのは、この尾鷲ワッパの使用地域である。味噌を一摑《つか》み持参して、ワッパの蓋に谷川の水を汲み、焚火で焼いた石をほうり込む。そこへ味噌を入れるとたちまち温かい味噌汁ができる。それにちょっと摘み取った草葉を入れると、実に風味がある。これができるのも尾鷲ワッパが精巧にできているからである。

尾鷲ワッパは大和だけでなく、四国の吉野川流域の山奥まで流通した。大和の方は石汁を作ることも有り、菜を食べるのが少ないので、菜《さい》ワッパ（菜メッパ）は小さいが、四国の方は菜をたくさん食べるというので、菜ワッパは大きく、飯を入れる親ワッパの一回り小さいのを用いる。空になったとき、親ワッパの中にきっちりと重ねて入れるので、重ねたときになかで動かぬように、菜ワッパの側板の底の方に三カ所ほどわずかに脚のように深みをもたしている。

ところで、尾鷲ワッパが大和に流通したのは、「熊野鯖の道」によってであった。尾鷲方面から熊野鯖を売りに大和の村に来る行商人に、尾鷲ワッパを頼んでおくと、次にやってくるときに持ってきてくれて、料金を預かって帰ってくれるのであった。四国に広まったのは阿波木偶《あわでこ》回しの芸人の、大和から伊勢、伊賀方面への巡業の道筋を、逆に辿って往来したのであった。生活文化の流通というのはきわめて有機的であり、かつ構造的である。

漁村では、漁に出ると一日に数回も食べるので、大きいものでは長径三〇センチ、短径二〇センチ、深さ一五センチぐらいもある大型の楕円形の曲物に弁当を入れて船に積んでいくのであるが、これをチゲという。チゲは一般にナカゴがあり、そこに漬物や梅干・菜などを入れ、蓋は浅いのが多く、紐掛けする形式のものもある。また、チゲは廻しの側板を何段も積み重ねたり、側板を二重にして器を強化する方法を講じたものが多い。荒波に船が揺れてチゲが転がったりしても大丈夫なための工夫であろう。

中部日本や西南日本は腰提携行のよくおこなわれた地方であるが、それにも曲物は重宝がられた。植物の種子・新芽・果実などを入れるに恰好の容器で、ことにゼンマイ・ワラビなど山菜の採取とか、魚釣りなどにさいして、曲物を腰にぶらさげておくといたって便利であったという。

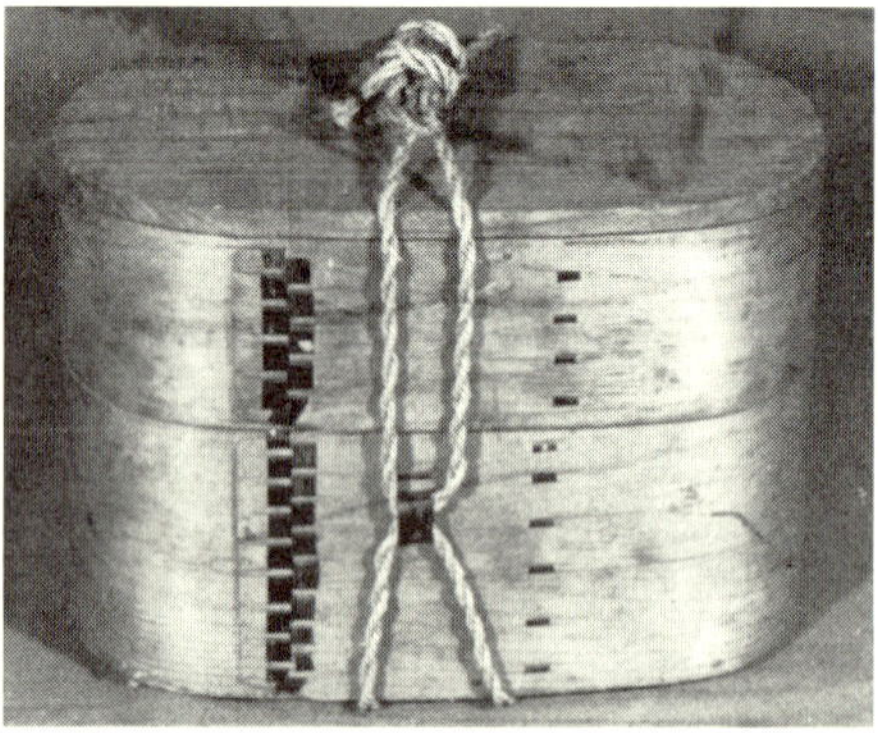

チゲ（弁当入れ）（兵庫県香住地方）

腰提にしなくとも菜摘みなどには古くから用いられており、『信貴山縁起絵巻』第二巻菜摘の場にも、二人の女が菜を摘んで曲物に入れているところが見える。

常民の衣料原料は、木綿以前はコウゾ、アサ、シナ、フジなどの繊維が主であり、今日も山村僻地においては多く用いられている。とくに麻の糸作りを苧績《おう》み、麻糸さがしといい、苧を粉糖で煮て両手で揉んだり、軽くたたきつけるとばらばらにほぐれるので、指先で細く裂き、口にくわえて端をより合わせてつないでいく。こうして積んだ糸をためておくのが苧桶である。オゴサ・ミヨケ・オンケなどの呼び名もあり、刳物、竹籠もあるが、もっとも多いのは曲物桶である。

苧桶は概して深い型で、新潟県竹沢村の苧桶などは浅い中子がついていて、そこに端糸を巻いたヘソを入れたりしたようである。また苧桶には側板の外側に上下二カ所「廻しの側板」を入れたもの、側板の上からもうひと重ね縦に薄い「剥ぎ板」を四ヶ所入れ、その上から廻しの側板をかけたものもある。いずれも側板の強化のための工夫であろう。

ところで、板を円筒形に並べて箍《タガ》で締め、底板をつけた桶、さらに蓋板を固定した樽が考案され、一般に普及するのは中世末期以降で、鎌倉時代後期に描かれたといわれる『直幹中文』に描かれた桶が、絵巻物における桶の初見で、つづいて室町時代初期の風俗を描いたと推定される『福富草紙』に一例、室町時代中期の風俗を示す『石山寺縁起絵巻』第四巻などに桶の図を見るにすぎない。したがって、実際に庶民の日常生活にひろく桶が活用されたのは、おそらく近世になってからであろう。

だからそれ以前の桶はすべて曲物であったらしく、またすでに古代においても使用例を見ることができる。出土品では神奈川県の下曽我遺跡、奈良県の新沢遺跡、橿原遺跡、藤原宮跡や平城宮跡、滋賀県の湖西線関係遺跡などに曲物容器の完形品あるいは部分、秋田県の脇本遺跡に曲物柄杓が見られる。また、正倉院南倉には承和四年（八三七）銘の曲物容器があり、四天王寺の『扇面古写経』で曲物の水桶、釣瓶や柄杓を使っている場面が見られること、『信貴山縁起絵巻』をはじめ、平安時代末期から室町時代にいたる数多くの絵巻物のなかにしばしば見られるし、いわゆる『洛中洛外図』などにもよく描かれている。

ところで、下曽我遺跡出土の曲物は、側板と底板のとりつけ方が注目される。円形の底板に側板の下縁部だけがごく狭くついて残っていて、側板の口径は底板の直径よりもうんと小さい。そして側板と底板の接合は、木釘で固定するのではなく、樹皮をもって数ヶ所縫いつけたものである。

こうした、底板が側板の口径より大きい形状の曲物は、藤原宮跡出土の曲物底板をはじめ、出

神の膳　新潟地方

土遺物にも例が見られるし、『法然上人絵伝』など絵巻物にもしばしば見受けられる。又、今日も大阪野里住吉神社の一夜官女の御供櫃をはじめ、祭具にこの形状の曲物が使われている。したがって、古い時代の曲物は、側板の口径より大きい底板に、側板を載せてとりつけた形のものであったことが推測される。

ここからさらに原初的な形態を推察するならば、もとは曲物の側板をただ板の上に載せただけで用いたのではなかろうか。こうした方法の一端は、今日神具として伝承される曲物に見ることができる。新潟地方の神事のさいの供物用の容器として用いる曲物は、「神の膳《はち》」と呼び、長方形の板の上に浅い曲物の側を一つ乃至二つ載せただけのものであり、埼玉の江ヶ崎館址で発掘された「神の膳」も、いたって小型のものであるが、厚さ〇・五センチ、径一一センチの平らな板に、口径五・六センチの側板を一つ載せたもので、底板に二つ一組の穴が四カ所あり、紐でも通して側を底板につけたもののようである。山形の嶋遺跡出土の七、八世紀のものと推定される曲物の底板や側板にも同じ様な穴があいており、江ヶ崎館のと同じく紐状のもので接合したと思われる。新潟地方ばかりではなく、こうした例は随所に見られ、京都下鴨神社の御供膳も板の上に側を載せただけの物であり、その風はいまに伝えられている。

また、東京芝神明の例祭に神社から授けられる「千木筥」は、表面にきれいな花模様を描いているところから「桧櫃」とも呼ばれて親しまれているが、これも今日のものは底板のついた曲物を三段重ね、その間に板を挟んだり、一重の絵櫃に板を載せたりしているが、その仕様からみて、もとは板の上に側板を載せ、また板に挟みその上に側板を積み重ねる姿であったろうことを物語っている。

神事やそれに用いる神具・祭具の類は古風を尊び、できるだけ原初の姿を伝承しようとする風があるゆえ、こうした祭具と、古代・中世の出土遺物とを関連づけて、曲物の形状、ことに側板と底板の組み合わせを考えてみると、はじめは平らな板の上に側板を載せただけのもの。つぎは底板を側板に沿うて、側板の口径より大きく円形に切り、随所に穴をあけて紐や樹皮で側板と底板を綴じ付けたもの。つぎに底板の側の内径にあたる

蒸籠　青森地方

部分を厚くし、側板の接する部分から外側を薄くし、底板に側板がよく納まるようにし、カキイレゾコに似た仕様のものへと変わり、そこから漸次進歩して、底板が側板の外径と同じ円形状となり、カキイレゾコやクレゾコにしたり、ウチコミにしたり竹釘止めにする仕様が生まれていったものと考えられる。

さて、曲物はその形状・仕様あるいは用法においてもまことに多様であった。弁当入れ、飯櫃、柄杓、水桶、火桶、炭桶、苧桶など日常の各種容器のほか、蒸籠や箕、篩《ふるい》などの側に用いるし、紐をつけて釣瓶、上縁に提げ棒をわたして提げ桶、長い紐をつけて担い桶にしたり、水車の揚水桶としたり、側だけ積み重ねて井戸枠としたこともある。さらには仏寺で納骨容器として用いた例もある。

『一遍聖絵』にしばしば出てくる乞食のたむろする場面を見ると、どの乞食もみなかならずといってよいほど小さい丸形の曲物を持っている。布施物を受けるのに恰好の容器であったらしく、乞食の持ち物に欠かせぬものであったかに見られる。また、同じ形状、仕様の曲物でもいくつかの用に供された。例えば、『餓鬼草紙』河本家本の出産の場では、家屋の縁に円形の曲物が四つ置かれているが、それは排便入れであったり、水桶、湯桶であったりするし、産婦や産婆も同じ形の曲物を逆さに向けて腰掛に使っており、同種の曲物容器がいろいろに用いられたことを物語っている。かように、曲物は時に応じて自在に活用できる便利さをもった民具であり、庶民の生活にとって必要欠くべからざるものであった。

結《ゆい》物《もの》

剞物・挽物・曲物などの木製容器に次いで、桶・樽などの結物が現われ、日常重宝されている。桶のオケという言葉は、もともと紡いだ麻糸を入れる苧笥《おけ》からきている。それは桧や杉の薄板を円形に曲げて、桜や樺の皮で綴じて、底板を嵌め込んだ曲物であった。その曲物は広い用途をもち、長らく用いられて、オケといえばもっぱら曲物であった。

短冊形の板を円筒形に並べて箍《たが》で締めた、いま見るような結物桶があらわれるのは鎌倉時代末期からで、一般に用いられるのは室町時代になってからである。近世になると、桶といえばもっぱら箍をはめた桶をいい、いろいろの桶がつくられた。

桶はその製法・形状によって、大桶・小桶・手桶・片手桶・半切桶などがあり、また用途によって、水桶・鮨《すし》桶・米炊《かし》桶・漬物桶・味噌桶・砂糖桶と呼ばれる桶があった。水を入れて天秤棒で担う桶に田子桶というのがある。一般に略して田子と呼んでいるが、これは駿河国の田子浦で潮を汲むのに用いた桶にならってつくったので、その名がついたという。なお、下肥の汲取桶もこの形式である。

この結物桶に鏡（蓋板）を嵌め込んで固着したのが樽である。樽は近世にはいって摂津の池田・伊丹・灘五郷の酒造業の発達にともなって、樽回船にみられるような大量輸送と貯蔵のために、急速に利用が高まった。それからしだいに用途も拡大され、醤油・味噌・漬物・海産物などの容器に利用された。だが樽といえばなんといっても酒樽がその代表である。だが酒樽だけでも大は四斗樽から小は手樽までさまざまあり、また、角樽《つのだる》・遍樽《ひら》・柳樽・指樽など特殊な形態のものもある。これらの樽の榑《くれ》を樽丸といい、樽を構成するもっとも重要なものである。

酒樽の側板用材を樽丸というが、吉野杉の樽丸がもっとも著名である。喜多院の『職人尽絵』や『三十二番職人歌合』には、桶師が桶に箍《たが》をはめている様子が描かれて折、室町時代から箍で結う結桶が多くつくられるようになり、樽にもその製法が用いられた。桶には蓋のあるものとないものがあるが、樽は酒などの液体や水分の多いものを保存、輸送することを主たる目的の容器なので、初めから簡単にはずれない蓋を嵌め込んでつくられ、この蓋を鏡という。

桶と樽の違いは木取りと組み方にある。桶は柾目に木取りした榑を用い、相接する木口を丁寧に取って隙間のないようにし、竹釘を刺して連結し、箍で締める。板目の榑は通気性があり、見た目にも綺麗に仕上げることができる。それにたいして樽は、板目に木取りした「樽丸」と称する榑を用い、竹釘は使わずに箍を締めるだけで組む。板目取りの材を用いるのは、中の液体を滲み出しにくくするためであり、連結に竹釘を用いないのは、板が水分を吸収して膨脹することで強度が保てるからである。

この樽丸は大和の吉野黒滝の樽丸が有名で今日においても作られている。吉野の樽丸は享保年間（一七一六―三六）に、和泉国堺港の商人某が、芸州の職人を連れて、大和国吉野郡黒滝郷鳥住村に来住して、樽丸を製造したのが始まりであるという。なお、鳥住の住人がその技を同郡川上郷高原村に伝え、高原において、樽丸製造が盛んになったという。

樽丸を製造する樽丸職人を「丸師」「樽丸師」と呼ぶが、原木を倒して小切る「先山師」、原木を割り削る「榑師」、樽板を青竹の輪につめる「丸巻師」から成る。まず、先山師が原木を鋸で一尺八寸に子切り、次に榑師の親方が小切られた原木を山刀（大割包丁）で割り、弟子が荒割りされた木片を、センを用いて樽の内側となる部分をウチセンで、外側になる部分をソトセンで削る。こうして削られた榑板を井桁に組んで、約一か月天日乾燥し、丸巻師が青竹の輪の中に詰め込んで樽丸はできあがる。そして、円周三丈三尺三寸（約十メートル）の樽を作る。この樽丸四個を一駄と呼ぶ。

酒樽（四斗樽）

ところで、樽丸の木取りもまた重要であり、赤身の外側に白身の出る板を最上とするが、赤身でもよいところは酒樽用とし、渋が強く黒味がかったものは醤油用の樽丸にし、木の芯や素性の悪い部分は樽の底板にされる。また白味で幅広に取れる板は飯櫃や洗い桶や盥にされるが、狭くて桶板に役立たない材は下市に送られ、これが割箸となる。そして、下市割箸の名をほしいままにするのである。

黒滝で生産された樽丸は、人の背で上市、下市の問屋に送られるものもあるが、多くは五条に至り、五条から高野街道を牛の背で堺まで運ばれた。江戸時代の中ごろまでは堺が大きな酒の産地で、当時堺には八十三軒の酒造家があり、樽丸の問屋も二十余軒あったという。次に伊丹酒、灘の生一本の台頭に伴って、吉野の樽丸は摂津の酒造地に供給され、それによって作られた酒樽で、摂津の酒が樽廻船で大量に江戸送りされたのであった。それまでは十組問屋の傘下にあった菱垣廻船によって江戸に運ばれていたのであるが、ここに酒造家が独自に廻船を仕立てたのである。

こうした良香を放つ吉野杉による酒樽が、酒の大量遠方輸送を可能とし、摂津国の酒造業の発達に貢献したのであった。すでに猪名川の伏流水を用いて醸造した池田酒は名高く、明暦三年（一六五七）には四十二株の酒株をもち、元禄十年（一六九七）には六十三株、酒造屋三十八軒を数え、年間酒造高一万一千二百余石に達し、銘酒「小判印」は江戸にまで名を知らしめた。しかし、享和年間（一八〇一—〇四）を頂点として、伊丹酒にとってかわられる。

そして、文化元年（一八〇四）には伊丹酒が日本一の酒造高を誇り、江戸積二十七万樽という盛況をもたらした。江戸送りは鴻池の祖先山中勝庵がはじめたといい、はじめ馬で運んだが、寛永年間（一六二四―四四）の末頃から樽廻船によった。伊丹から神崎までは馬の背で、神崎から村まで猪名川を伝道船で下り、そこから樽廻船に積み込んだ。この江戸への航海中に吉野杉の樽の香りが酒にうつり、ちょうどよい風味になったという。なお、寛政年間（一七八九―一八〇二）には酒荷専用の樽廻船は百二十隻におよんだ。

この伊丹酒の香りに誘われて伊丹を訪れた文人、学者は数知れず、頼山陽もその一人であった。大坂の儒学者篠崎小竹や、文人画家田能村竹田も、山陽とともに「剣菱」の醸造元坂上桐陰に集い、銘酒にほろ酔い箕面に紅葉狩を、猪名川に川遊びをしたのであった。池田宗旦もついに伊丹に腰をおろし、俳諧塾を開くにいたった。そして銘酒「三文字」の醸造元油屋一族から、「誠の外に俳諧なし」と高い俳風をつくりあげた俳聖鬼貫があらわれたし、「俳茶一如」をとなえた佐屋人角ら百人を越える俳人が伊丹にいた。

だが、文化年間（一八〇四―一八）をさかいとして、灘の生諸白《きもろはく》（生一本）が名をあげ、灘の酒が興隆してきた。この灘の生一本の成るには六つの要諦があった。それは摂津の良米・西宮の良水・六甲下ろしの寒風・瀬戸内海の湿気・吉野杉の香り・丹波杜氏の技術である。ここに吉野杉の香りが重視されているが、醸造でもっとも重要な仕込大桶もまた樽は吉野杉の柾目で、仕込の過程で芳香を酒に染《し》み入らせるのである。

そこで、造り酒屋では新酒の売り出しを伝える手段をして、杉の葉を球形に造形したものを軒

大神神社の酒林

に吊る。売り出し以後もそのまま下げておくので、酒屋の看板の役割を果たしている。これを「酒林」というが、球形であるところから一般には「杉玉」とも呼ばれている。しかし、江戸時代には杉の枝葉を箒状に束ねたもので「酒箒」とも呼ばれていた。この酒林は大和国一の宮大神《おおみや》神社（三輪明神）から授かってくるのである。

それには謂れがある。『日本書紀』巻五の崇神紀の崇神天皇冬十二月条によると、神酒の古語をミワといい、酒を醸す壺すなわち酒甕もミワといい、そこからウマシサケミワの詞となって、味酒《うまざけ》が三輪の枕詞とされるようになった。この三輪こそ「大物主の醸みし神酒」と歌われた大物主神（別名大国主神）を主祭神とする、大和の大神神社である。この大神の掌酒《さかびと》が高橋活日《いくひ》で、自ら一夜で神酒を醸して大物主神に捧げたという。そのため、後世高橋活日を高橋活日神社あるいは一夜酒神社と称して、大神神社の摂社として祀られているのである。そのため、杜氏・酒造家はもとより酒に拘わりをもつ人々みな、大神神社を崇拝したのである。

なお、酒樽は本来酒の容器として用いられるのが本旨ではあるが、賽銭入れとして用いられる珍らしい事例もある。航行する廻船や漁船が海上の位置を知るのに「山アテ」をおこなった。それは近くの山頂を目じるしとする方法であるが、瀬戸内海を航行する船にとって、四国讃岐の象頭山は山アテに恰好の山であった。それとともに、祭神大物主神が海上示現の神であることともあいまって、金毘羅は航海の守護神としての信仰が降盛となった。そこから、瀬戸内海を航行中のものが、金毘羅宮に初穂料や賽銭を献上するのに、その銭を空の酒樽に入れ、『奉献金金毘羅大権現」と書いた旗をつけて海に投げ入れておく。すると付近の漁船がこれを拾って本社まで肩に担いで運び、代参してくれるという風習があり、これはいまもおこなわれていて、金毘羅独特の代参風景となっている。これを「流し樽」「流し初穂」と呼んでいて、その情景は実に心暖まるものがある。

ところで、樽丸は黒滝で作られて上市や下市の問屋に運ばれるのであるが、そのさい樽丸を作るさいに生じる端材もいっしょに届けられた。その端材をもって割箸が作られるのである。そこから下市が割箸の一大生産地となるのである。もちろん桶の榑の端材も届けられ割箸になった。そこ下市での割箸製造は江戸時代中期以降にはじまるが、明治初期に盛んになったことが記録などで知られる。とくに明治二十年に東京から箸商人がやってきて、その割箸の優良なのに感心して大量に注文し、そこからしだいに全国的に評判を呼んだといわれている。

割箸作りは家内工業として行われ、熟練した職人により分業でなされた。まず箸の材料である端材を鋸《のこぎり》で箸の寸法に小切る。つぎにセンカケといってよく切れるセンで上下の面を削り、独特の鉈《なた》を用いて木地を完成させ、百膳ずつ藁で束にして、水に浸してから面取り鉋《かんな》にかけて先を丸くし、次に小判ガケといって箸の角をとって箸が仕上がる。仕上がった箸は日光で十分乾燥させて完成品となるのである。こうした割箸は町場を中心に飲食店はもとより、家庭においても愛用されてきたのである。

なお、二本一膳となる一本箸は、杉の両口箸、片口箸と水木箸、柳箸があるが、これらは主に吉野郡野迫川村が産地であった。

さらに付会すると、醸造でもっとも中心となり重要なのが仕込みであるが、その仕込大桶は口径が七尺（二一二センチ）、底径が六尺（一八二センチ）、深さが七尺が規準とされる超大型桶であるが、長らく使用していると杉の香りも失せ、木肌も荒れてくるので、新しい大桶に変えることになる。そうしたとき、古い大桶は醤油の醸造元に引き取られて再活用される。それも使いこなしているうちにさらに木肌が荒れたり、磨り減って使用にふさわしくなくなってくる。するとつぎには適当な深さにして、野壺（田畑の間の肥溜）として農家に引き取られて活用されることがある。まさに有効活用でその智恵は素晴らしい。

そうしたとき、この大桶はどうして運ばれるのだろうか。それは荷車によるのである。荷車の上に大桶を逆さにして、口を下に底を上にして被せるのである。すると荷車の両輪が難無く大桶の中で廻っていることになり、容易に運ぶことができたのである。庶民の智恵は素晴らしい。

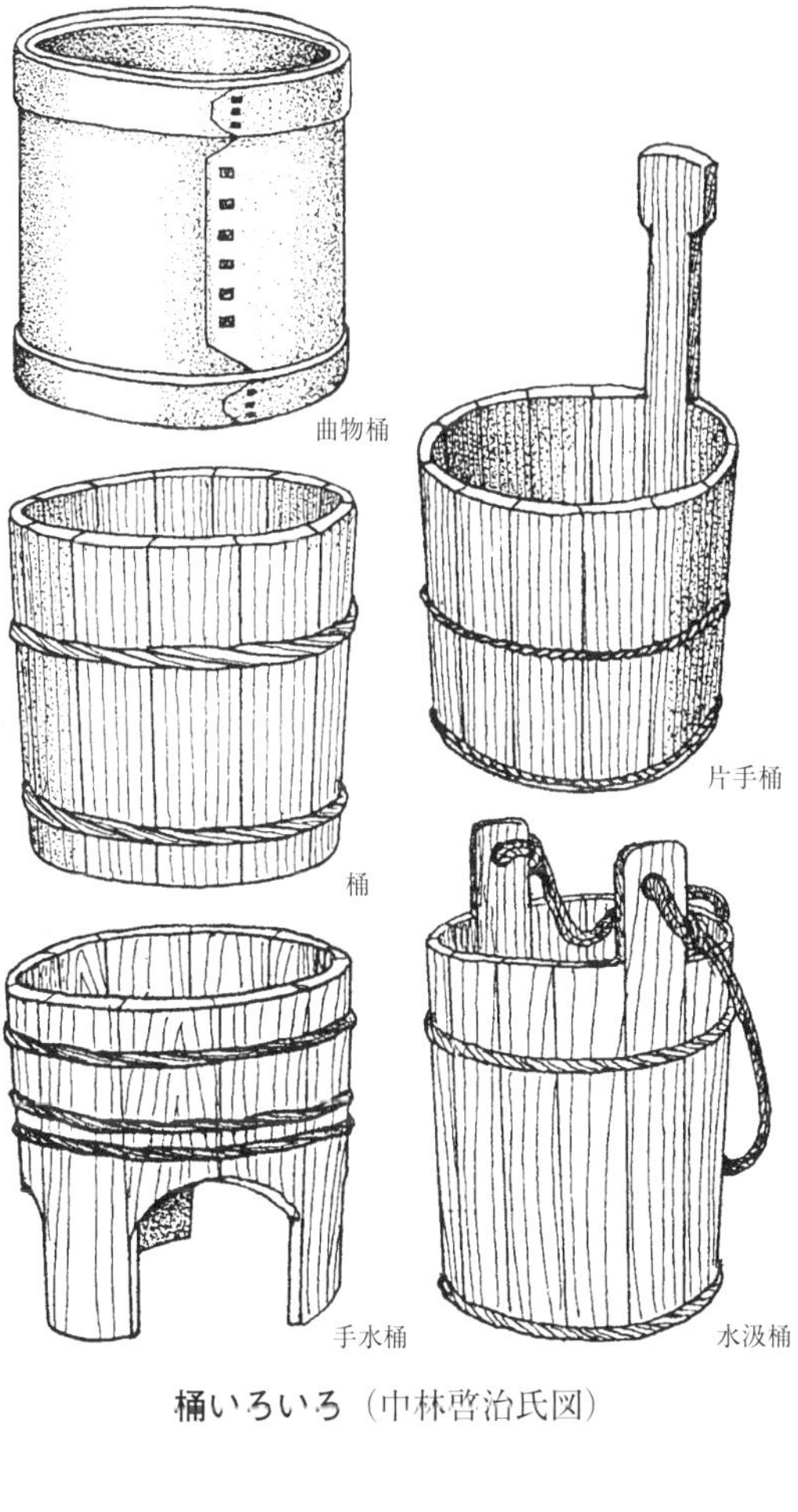

桶いろいろ（中林啓治氏図）

うるおいの成り物

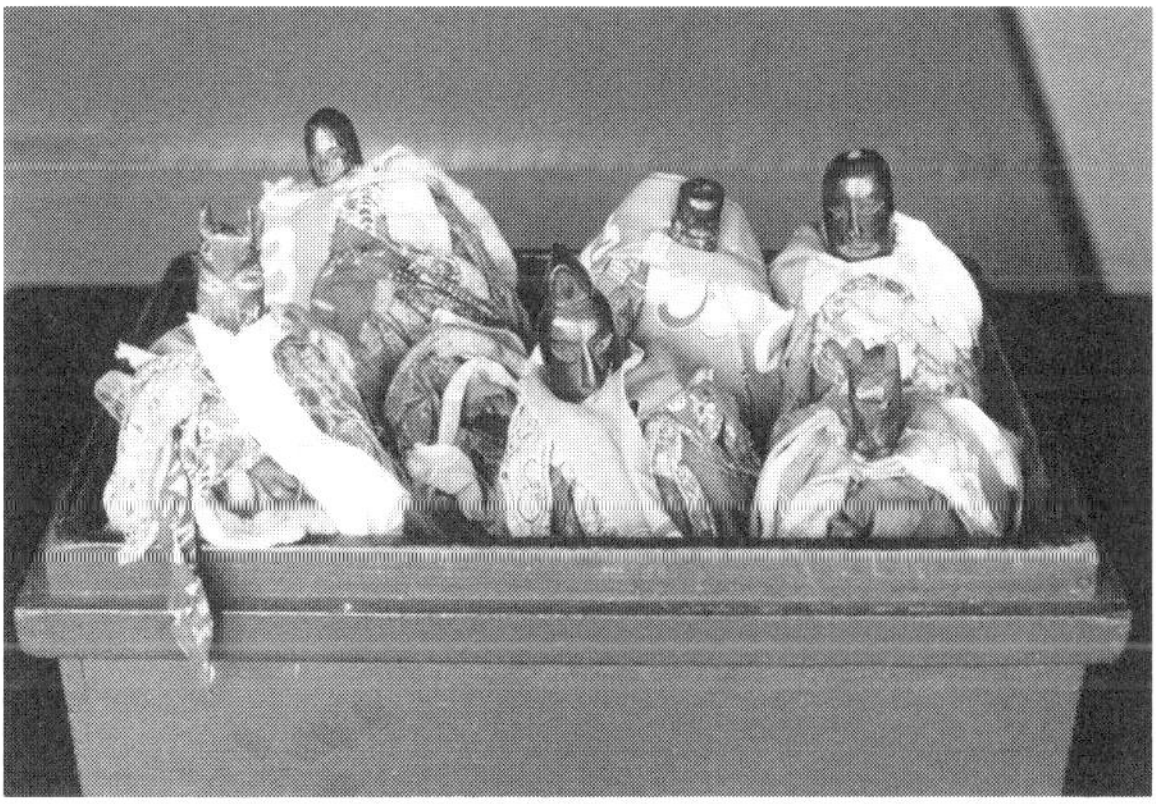

オシラサマ

漆

漆はもともと木器だけでなく、土器その他材質に関係なく塗料として用いられた。この漆の技術は早くからかなりの水準にあったものと察せられ、こうした漆は木器とくに容器の発達とともに普及し、いっそうその本領を発揮したのである。漆を容器に塗ることは、その光沢をもって装飾的効果をあげることもあるが、それによって器物を堅牢にし、さらに木質への水分や液体の浸透を防ぐ利点も考慮されたもので、のちの漆器の源流をなすものであった。

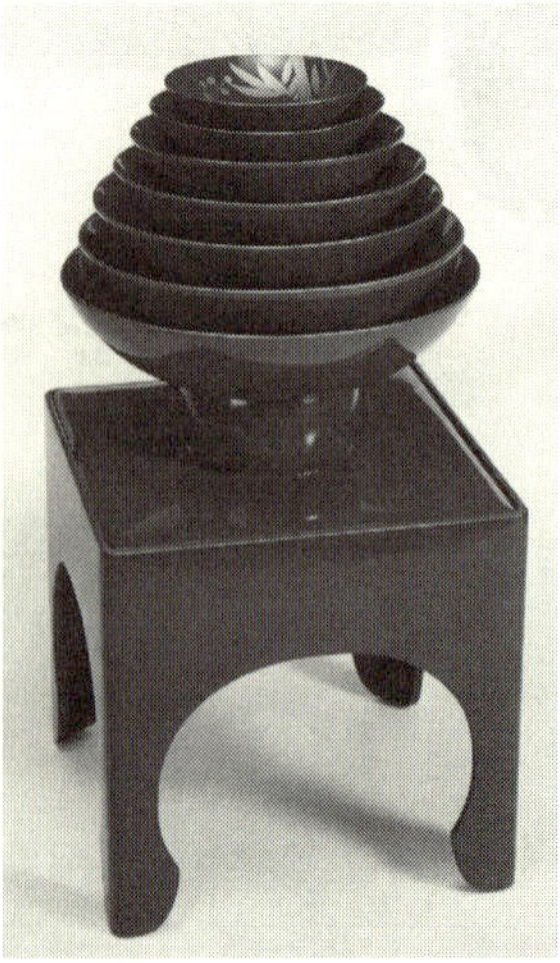

朱漆塗七ツ重ね杯

律令時代には百姓に桑とともに漆を植えさせ、調として桑・漆を徴することもあったし、荘園時代においても荘内の漆樹に課税したことが旧記に散見し、専門の漆工も現われ、漆の需要も増加した。そして、江戸時代には「よき漆木五本うえて持ちたる者は、老人夫婦の糧は必ずある物也」とさえいわれ、『農業全書』

に「芳野にて上畠一段にうるしばかり植えて、三きり四きりと云ふさかりには、一年の利銀十枚は凡違う事なしと云ふ」とあるほどであった。

こうした漆の木を造り増やすには、苗木を作ってその苗木を植付けする方法と、成木を伐ってその切株からでた萌芽を育てる方法とが有り、また漆の木とよく似た木を台木にして接木をすることもできるが、この接木による方法はほとんど行われていなかった。成木のあるときは漆液を採ったあとに根元から伐っておくと自然に芽が出て、早く伸びよく肥えるが、成木のない所に新たに増やすときは、苗木を作って繁殖させるが、これが多量繁殖にもっとも適するものであった。

苗木を作るには十一月初め頃までに、樹齢があまり若くない木（二十年以上の木がよい）で、しかも枝張りと幹の伸張がよく、採液の量が多いと思われる母樹に実ったものを種子として採取する。採取した実は房付のままで三～五日間位陰干しをし、実の房と種実を分け、種実は臼で軽く搗いて外皮を除いて種子にする。これだけでは発芽がおそくなるので、熱湯に木灰を入れて攪拌し、尿に浸したり、堆肥の中に入れたりし、杉・松の苗畑と同じ方法で、整地した苗畑に播いて育てる。もう一つの方法は春の彼岸頃に樹齢十年以上の漆木の根から鬚根のついた所を選んで、長さ四、五寸（一二～一五センチ）に切り、苗畑に穴を掘って斜めに差し込んで土をかけておくと、芽が萌えて苗木になる。そして、大体植付後七、八年日には胸高周囲一尺（約三〇センチ）余りの大きさになるという。

漆磨ぎ桶と台　木曽地方

漆の採取は六月中旬から九月の上旬ぐらいが主である。まずはじめは「目立」の作業をする。最初に傷をつける仕事で、傷をつける寸法を決めるものであるとともに、次回から本格的に採取する部分に刺激を加えておくもので、重要な手順である。そのつけ方は地上六、七寸（一八～二一センチ）のところに深さが材部に達する程度に水平傷を付け、これを基準にして同じ側に上の方一尺四、五寸（一四・二～一四・五センチ）の間隔で手の届く高さまで同様の傷をつける。これは木の大小によって片側だけにつけたり、両側につけたり、三側、四側につけることもある。両側につけるときは片側の水平傷のちょうど中間に位置する反対側につける。これらを一腹掻、二腹掻、三腹掻、四腹掻というが、たいていは二腹掻程度である。

順次傷つけていき、四日目ごとに再びもとの木に戻り、こんどはもとの水平傷よりもやや長めの傷をつけていき、回を重ねるごとに傷をわずかに長く刻んでいく。この辺掻《へがき》は木の太さによるが、すくなくとも六回ぐらいおこなわれ、最大二十回もあるという。六月中旬から九月上旬ぐらいまでのあいだに採取するが、秋もすすめば枝を切って薪の丈に切って適当に束ねて、田の上土をはねて水溜めにし、切口を下にして十日間ぐらい浸し、太い枝は叉になった木を二本立てて、それに物干竿のように横にかけ、枝をまわしながら枝掻という傷をつけて枝漆を採る。細い枝は石の上でセシメ包丁で傷をつけて箆《へら》で採り、セシメ臼の口径に藤蔓を張りわたし、それでしごいてセシメ漆を採る。これをセシメ掻という。

漆掻きの仕事は一日だいたい百本ぐらいできるから、毎日仕事を続けようとすれば、すくなくとも四百本余りの漆木を植栽せねばならない。樹周五～六寸で二十五～三十匁、七～八寸で四十～五十匁、尺内外で五十～六十匁ぐらいの一本当採取料量があるという。採取に用いる道具は鍛え方に特別の技術を要するため、福井県の粟田部で作られ、たいていはそこから取りよせたという。鉋、皮剥鎌、掻鎌、箆、盒などが基本的な道具で、ほかにセシメ漆のためのセシメ鎌、セシメ箆がある。

漆の精製のためには、漆を煮沸する鍋、生漆中に含有する水分を熱により蒸発除去する漆クロメ鉢や攪拌棒、漆の色艶を調整するトギ桶、漆の透明度や光沢度を調整するための漆合せ桶、上塗り用の漆を漉す漉台、その他調合板、箆《へら》などの用具がある。

漆塗の仕事は手間のいる仕事で、普通木地ごしらえから上塗まで、最低十八工程はあるという。つぎに著名な輪島塗を例にその順序をあげる。

漆漉し台　木曽地方

1、木地ごしらえ―よく乾燥した木材を使う。
2、切彫《きりぼり》―木地の節、継目を切り彫る。
3、刻苧《こくそ》―切彫のあとへコクソ漆をうめる。
4、木地磨き―鮫皮、ぺーパーなどで磨く。
5、布着せ―損傷しやすい部分へ漆で布を貼付する。
6、着せ物けずり―布の突起した部分をけずり平にする。
7、惣身付―布と木地との間に地漆を塗布する。
8、惣身磨き―惣身地を研ぎ平にする。
9、一辺地付―木地全面に下地漆を塗る。下地漆には「地の粉」を混ぜる。
10、から研ぎ―下地面を荒砥でかるくカラ研きする。
11、二辺地付―第二回目の下地漆を塗る。
12、二辺地研ぎ―サンドペーパなどで空研ぎする。
13、三辺地付―第三回目の下地漆を塗る。
14、地研ぎ―砥石で水研ぎし、平滑にする。
15、中塗―精製した上質漆を全面に塗り下地を強固にし、乾燥後にこれを研ぎ、漆面に凹凸あればサビ漆で埋め、さらに中塗を重ねる。
16、中塗研ぎ―青砥石やスルガ炭で水研ぎし平滑にする。

17、拭き上げ—点検し不純物を取り除き拭き上げする。
18、上塗—黒、朱等好みの色の上塗漆を塗る。黒漆の顔料には油煙を用い、朱漆の顔料は弁柄を用いる。

の順序となり、さらに細かくすると二九工程・三七工程にもなる。この上に蒔絵、沈金、呂色、研出し、梨地、乾漆などの加飾がある。

こうして手間をかけて味わいのある漆加工品が産出され、人々に愛用され、暮らしに潤いをもたされたのであるが、黒や朱に色付けされないままの漆が又、思わぬ効用をもっていたことの一斑が知らしめられた。それは、昭和十三年（一九七八）に多賀城遺跡ではじめて発見された「漆紙文書」と称されるものである。

いままで古代の紙が地中から出土したのは、経塚に埋納された経巻ぐらいである。多賀城跡から紙片が多数発見されたのは、紙に漆が付着していたためである。これらは漆塗りの作業過程で漆液の表面に紙を密着させ、漆の硬化や乾燥をおさえるときの「ふた紙」と称する紙が再利用された役所の公文書の反故紙であったという。温暖多湿の日本では紙が地中に遺存することはないはずであるが、紙に漆が染みこんで天然の樹脂硬果をもたらしたので、千年以上も土中にあって今日に伝わったのであろう。この文書の内容は奈良時代後半の米や武器などの請求文書や、計帳、田籍、暦などの断簡等、古代の地方役所の実態を知る好史料とされている。

この多賀城遺跡の漆紙文書の発見以来、胆沢城跡、秋田城跡、鹿の子C遺跡、長岡京跡、平城京跡、吉田南遺跡、下窪遺跡など古代遺跡から漆紙文書が発見されて、古代史研究に供されている。

ところで、漆は塗料としてすでに縄文時代から活用されていた。青森県の三内丸山遺跡出土の縄文前期のクルミの入った小振りの綾織り編み袋は、漆塗り木製品の最古級であり、漆塗りの植物の蔓で作った腕輪用の組紐があ。また千葉県の加茂遺跡から出土した縄文前期の鉢形土器には朱塗を塗っている。岩手県の萪内《しなだい》遺跡の縄文後期の朱漆塗櫛、北海道の南茅部町の著保内遺跡の縄文後期後半の黒漆塗大土偶。岩手県の萪内遺跡の縄文後期の朱漆塗櫛、北海道の御殿山遺跡の縄文晩期の朱漆塗櫛、美々千遺跡の縄文晩期の朱漆塗櫛。青森県の是川遺跡の縄文晩期の朱漆塗腕輪、黒漆塗の上に朱塗で模様を描いた土器、是川中居遺跡の縄文晩期の朱漆塗櫛・漆塗飾り太刀・漆塗弓・藍胎《らんたい》漆器、亀ヶ岡遺跡の縄文晩期の漆塗鹿角製装身具・赤漆塗壺形土器・彩文漆塗浅鉢形土器、会津遺跡の赤漆塗亭状三足土器、秋田県戸平川遺跡の縄文晩期の籃胎漆器などが知られる。

弥生時代になると奈良県の唐古遺跡出土の腕輪にも黒漆塗、黒漆下塗の上に朱漆塗をしたものがあるし、木製高杯・匙は赤塗で彩色され、山木遺跡出土の盤・小鉢のなかにも、中と外ともに黒漆をかけたものが見られるし、大中ノ湖遺跡からも外面朱彩・内面黒漆塗の鉢が出土している。

こうして、すでに縄文時代に漆が生活の中で多用されていたことは、縄文人の生活、社会構造についても、大きな示唆を与えられるのである。縄文人はもともと狩猟、漁撈、採集の生活をし、移動・漂白生活をしていたとされる。そうしたなかで漆を採取するとしても、その当初においては漆はその生育条件に合う所に自生していたのであった。しかし、しだいに漆を多く生活に取り入れるようになると、自生漆だけではとうてい用を足すことができなくなる。すると、どうしても適当な所に漆を栽培せねばならなくなる。それにともなってその近辺に移住せねばならなくなる。そこから従来移動していた生活集団が定住して集落を形成することになるであろう。したがって、縄文人が生活の中で漆を多用することが、漆の栽培の必要性を生み、そのことが縄文人の定着性をうながしたという仮説をたてることができるのである。

桑・養蚕

わが国においても養蚕の歴史は古く、記紀神話にも語られ、『魏志倭人伝』にも記事がある。養蚕は手作業が多かったため、養蚕具は簡単単純なものがよいとされ、ありあわせの道具で蚕を飼育してきた。だが近世になって専用の用具が考案され、桑切包丁をはじめ蚕座、掃立《はきたて》、調桑、給桑、保温、上簇《じょうぞく》、蚕種その他多岐にわたる各種の用具が考案・完備された。次にそれを若干列挙する。

桑鋏《くわばさみ》　桑の葉を枝ごと切り取ったり、桑木の剪定に用いる鋏。

桑扱器《くわこきき》　枝ごと切りとってきた桑の葉を扱き取る道具。台木に直角に支柱を立て、その上端に二股状の鉄刃を取り付けたもの。

桑爪《くわづめ》　桑の葉を摘み取るのに使う。鉄製の爪を両手の人さし指に嵌め、桑の葉の元に当てて摘み取る道具。

桑切包丁　桑の葉を蚕の成長に応じた大きさに刻む薄刃の大形包丁。

桑給篩《くわくれぶるい》　刻んだ桑の葉を蚕に与えるときに用いる篩。細い竹籤《ひご》を六つ目に編んだ篩で、片手で持つ大きさ。

給桑台《きゅうそうだい》　蚕に桑を与える給桑のさい、桑棚・蚕籠を載せる床几式の折畳み台、桑給台《くわくれ》・籠置台とも言う。

蛾輪《がりん》　蚕の蛾を一匹ずつ種紙の上に産卵させるために用いる枠。

催青箱　蚕の孵化を促進させるため、種紙を入れて温湿度を調節する箱状の器。催青器ともいう。

簇《まぶし》　成長して熟蚕となった蚕が繭をつくる巣とするもの。熟蚕を蚕籠から拾い取り、簇に移すことを上簇《じょうぞく》といい、蚕が繭をつくる段階となる。

この養蚕諸用具のなかで、ことに重要なのは簇で、その改良の努力が養蚕の発展を促し、養蚕だけでなくさらに近世の日本文化の展開にも大きな影響を及ぼしたのであった。こうしたことについて、宮本常一先生はすでにその著『民具学の提唱』(未来社—一九七七)において、「物を通して文化の発展を見てゆくとき、これまでの発展論とは違った意見を立てることもできる。私は民具を通して文化発展の新しい見方を持ちたいと思っている。そして民具の形態の中に文化発展の様相をも見つけたい。」と言い、簇を取り上げられている。その要旨を次に挙げる。

簇というのは蚕をとまらせて繭を出させるための装置である。はじめは萩の木の枝を取ってきて、その枝を逆さに吊して、枝に蚕を幾匹もとまらせたのであった。ところが萩の枝を求めてくるのは大変なことで、また量もそうなかった。そこでつぎに考え出したのが縄で、藁縄の間に直

兜造り

角に何本かの丸い棒を差し込んで、これに蚕をとまらせて簇としたのであった。この方法は大変未熟な方法であり、また蚕が団子になってしまい、玉繭ができてしまう。そこでつぎに藁の波形簇が考案された。これは藁を連ねて波形にするのであるが、これをつくる道具がまた考案された。そうすると大変たくさんの蚕が飼え、また蚕がうまく波の間に分散してとまり、繭がくっつくことなく、玉繭はすくなくなった。ここにいたって、一躍繭の生産量があがったのである。そのため従来一つの部屋で養蚕をおこなっていたのが、寄棟造りの二階の部分をすべて養蚕の場に変えていった。ところがこの二階は大変暗い所なので、これを明るくするために屋根の一部を切り取って、そこに障子をはめて明りをとる方法を考えた。こうして変形された屋根型が、ちょうど兜に似ているところから、「兜造り」と称されるようになったのである。建築学や民俗学の住居研究では、上州地方は兜造りの民家の地域だとしているが、その成立過程は述べられていない。だがこの兜造りの民家は、波形簇という民具が養蚕業を発達させ、養蚕の大量化が屋根型を変形させ兜造り民家を生んだのであった。ここに民具の考案・製作と使用という民具の経済史的・文化史的意義が認められるというのである。この兜造り民家は奥州南部から武州西北部、信州、甲州の地方にみられる。

ところで、こうして養蚕が発達する過程で、近世には養蚕業という生業のなかでも、種つくりの工程だけが専門分化し、ふつうの養蚕農家では種屋から蚕種を産みつけらた蚕種紙を購入し、卵を孵化させて繭をつくる方法をとった。なかにはこの蚕種製造やその販売に、ほとんど村ぐるみで従事するところさえあった。上塩尻村などはその代表で、安政四年（一八五七）には、村内約七十戸のうち、四十六戸から七十二人が、上州、信州、武州、甲州をはじめ、越後、飛騨、尾張などへ出掛けて、蚕種紙一万五千九百十七枚を売り捌いたという記録さえもある。

こうした養蚕業の発達に指導的役割を果たしたのが、ほかならぬ養蚕地主すなわち富農たちであった。彼らは養蚕技術の知識を求めて村外や他国に出向いたが、そのさいたんに養蚕の知識ではなく、広く文物の知識を得てきた。養蚕には蚕室の温度湿度の調整はきわめて重要であった。そこで「蚕当計」と称する養蚕特有の乾湿計を発明した。手近なところではメカルガヤという草を利用した湿度計も考案された。

さらに上塩尻村では養蚕地主によって三種類の蚕書が上梓されている。それは塚田与右衛門著『新撰養蚕秘書』（宝暦七年〈一七五七〉）、藤本善右衛門著『蚕がひの学』（天保十一年〈一八四一〉）。清水金左衛門著『養蚕教弘録』（弘化四年〈一八四七〉）で、著者三人はいずれも村で蚕種製造、販売し、そのうえ各地の得意先農家を廻り、蚕の飼育法を口頭で説いていたのであるが、それが蚕書刊行へとつながったのであり、ことに『養蚕教弘録』は明治元年（一八六八）にフランスのパリで翻訳出版された。当時イタリア、フランスは世界養蚕業の最先端にあったのである。

ところで、近世後半における上層農民は農耕・養蚕などの技術知識だけでなく、文化的な力量を身につけていたのであった。『養蚕教弘録』の清水金左衛門の先代、先々代は国学を学び、先々代の墓石には辞世の句が刻まれている。金左衛門自身も蚕飼育の要領を覚えやすくするために、五七五七の短歌にしている。たとえば、蚕飼育部屋の換気とりわけ温湿が必要であったので、「風は只　精気籠らぬためならば　昼夜気を付け　窓の開閉」と詠んでいる。また、『蚕がひの学』の著者藤本善右衛門は、明治時代になってから自らの世界観の集大成として、博物誌『続錦雑誌』全八十九巻を著している。

こうして養蚕地主たちは、近世から近代初頭にかけて大きく日本文化の発展に貢献したと多大に評価せねばならないのであるが、さらには地域の文化水準の高揚にも貢献したともいえる。それは近隣の向上心のある若者を集めては自らの知り得ることを語り、授けたのであった。そのため養蚕地域からは学術文化に力量のある若者が育ったのであった。

こうした風潮は養蚕地域から綿作地帯にまで及び、大和、山城、摂津、河内、和泉の地帯でも、地主層は自ら教養を身につけ、また地域の心ある若者に知識を授け、教育を支援したのであった。また各地で輩出した文人たちが他地域に旅をしたりしたさい、多くは地方の地主層なかでも知識ある人を訪ね、そこで一泊あるいはもてなしの礼に、文や絵を襖に描くことがしばしばあったし、また地域の若者が招かれて話を聴き、教養を高めたこともある、まさに文化サロンであり、それが近世文化に大きく貢献しており、日本の近世文化はサロン文化であるともいえるのである。

さて、こうした養蚕の技術改良や経営革新とともに、養蚕の安泰、繁栄のために養蚕加護の神を人々は信仰した。それは最果ての津軽から、旧南部領や仙台領で盛んに信奉される「オシラサマ」である。たいていは村の旧家に祀られていて、その家々によって神様の性質も違うといわれるが、概して気の荒いむずかしい神で、飛び歩くというのが特色で、家でまつりはじめの由来も、突如出現したというのも珍しくない。

オシラサマ　遠野地方

御神体は、ふつう桑の木で作った男女二体の人形で、一本の棒にすぎないものもあるが、棒の先端を頭にして、男女あるいは馬の顔を彫刻したり、墨書きしたものが多い。それにオセンタクという布衣を着せ、毎年新しいのを上に着せ重ねていく。着せようは神体を頭から包むもの、貫頭衣のように布に頭を通したものもある。このオセンタクの布で患部をなでると、その病気が治るといい、目の悪いものはこれで目をこすると、病弱な子供の着物に縫い込んだり、馬が病気のときは、たてがみに結ぶなどのまじないをする風がある。

オシラサマの祭日は正月、三月、九月の十六日で、このうち正月十六日がもっとも大切な祭日で、陸中遠野あたりでは、この日オシラサマを遊ばせる。この神をまつることを「遊ばせる」というのである。御神体を両手で持って打ち振り、人形を舞わすように、一種の操りをおこなう所作をするのである。昔は一家の主婦がそれをしてまつったのであるが、いまではイタコという盲目の巫女が遊ばせる。イタコは昔から伝わる祭文を唱えながら、御神体を手にして遊ばせる。これが古来の神を招きおろす作法であった。このとき、イタコの口から農作物の豊凶や、家内の禍福などいろいろのことについてオシラサマの託宣がある。

この「おしら祭文」のなかに姫と馬との恋物語がある。

昔、ある長者の家に天下の名馬が飼われていた。この名馬が観音の申し子であるその家の美しい姫を恋したため、長者は怒って馬の首を切り、その皮を河原に干しておいた。三月十六日に姫が供養に行くと、皮はくるくると姫に巻きついて天高く飛び去ってしまった。翌年の三月十六日に、空から白い虫と黒い虫が降ってきて桑の枝にとまってその葉を食べた。白い虫の顔は姫、黒い虫は馬に似ていた。これが蚕のはじめで、長者は糸をとってさらに富み栄えた。

という話である。この話はいろいろに語り伝えられ、

昔、あるところに爺婆と娘が馬を一頭飼っていたが、娘は年ごろになって馬と仲よくなり、

ついに馬と夫婦になる。爺は馬を山に連れ出し大きな桑の木に吊して殺して皮を剥ぐ。皮は娘のところに飛んで行き、娘をさらって天に去る。ある夜、爺の夢に娘があらわれ、自分のことはあきらめてほしい。そのかわり三月十六日の朝、土間の臼の中に馬のかたちをした虫がわいているから、馬をつるした桑の葉を食べさせよ。そうすれば虫が絹糸を出して繭をつくるから、それを売って暮らせよ。

と教えたというのである。これはいわゆる「馬娘婚姻譚」のひとつで、蚕神と馬の関係を物語るものである。柳田國男の『遠野物語』の第六十九話にもこの話は遠野に伝わる昔話として記されていて、オシラサマの蚕神としての由来が述べられている。

津軽地方では、三月十六日にオシラサマが良い種を持って来てくださるといい、早朝に家の戸を開けて、九月十六日帰られるので、お土産にハタキ餅を作ってあげる。オシラサマも田の神、山の神とおなじく、春秋二期に去来されると信じたのであった。福島県のオシンメサマ、岩手、山形地方のオコナイサマも、実体は同じものだが、関東地方や甲州あたりに伝わるオシラサマは、馬鳴《めみょう》菩薩の絵像を御神体としている。

なお、さらには付会するならば、養蚕紡織の手業はすでに四千年以上も前から中国で起こり、中国の絹布は紀元前四百年頃にインドに伝わり、そこから絹織物は古代ローマの貴族たちに珍重されたといわれている。わが国へは三世紀頃に渡来したものと考えられる。『魏志倭人伝』には、倭国では禾稲《かとう》を植え、紵麻、蚕桑があって、細紵縑緜を出すと記されているように、中国においてはもちろんのこと、わが国においても養蚕は農耕と一体と意識し、営まれてきたのであった。そのことを頷かせる事例が宮廷行事にある。それは、天皇が皇居内の神田で田植えの行事をおこなわれるし、皇后はまた皇居内において繭の選別行事をおこなわれている。宮廷行事は日本古式行事を丹念に伝承されているので、本来、農耕と養蚕一体であったことをうかがうことができるのである。

糅《か》てて加えて考えるならば、七夕行事の伝説にもそうしたことがうかがえる。一世紀ごろ中国で誕生した二つの星の恋物語である。それは、牛飼いの牽牛と機織りをする織女は恋人同士で、二人は仕事をしないで毎日楽しく遊び暮らした。それを知った天の神が懲らしめてやろうと、天の川をはさんで二人の仲を裂いた。ところが、二人が毎日嘆き悲しむのを見て、神もかわいそうに思い、七月七日の夜にだけ鵲《かささぎ》を並べて橋を作り、二人を会わせてやったというのである。この牽牛星は鷲座の主星で、農事の時季を知らせる星で、織女星は琴座の主星で、養蚕や針仕事を司る星である。こうしたことを考え合わせると、まさに古代中国においては、農耕と養蚕を一体とされていたことを物語るものである。

なお、今日も養蚕の先進地である福島は、世界一のシルクの名産地として万国に評価され、ことに極薄手のシルクはこの右に出るものがないとされている。

煙草

元禄時代にも各地で煙草の栽培がおこなわれ、ことに伊賀・山城・大和を中心に畿内各地に煙草の栽培地があったといわれる。明治時代まではまだヨバイの風習があって、若い衆が想う娘のところへヨバイに行って、娘の親が認めずに怒るようなとき、オヤジイジメとしてとった手段に、屋敷の煙草畑に竿を倒し、竿の両端に縄をつけて引き歩き、煙草畑をだいなしにしたり、縄に一葉ずつ差して乾かしてある煙草の葉を、縄の端をもって引きずって逃げ、煙草の葉をいためてしまうのが、もっとも大きな打撃を与えるイジメ方であったと古老が語っていたのも、煙草栽培の普及を物語っている。奈良県の東山中の村の明治十〜十二年の報告書では、葉煙草が特有物産としてあげられており、重要な換金作物として市場に売り出されていたという。品種はもちろん在来種すなわち刻み用であった。

明治のはじめにはまだ煙草屋という専門店はなく、多くは町の荒物屋で売っていて、刻みを百匁玉にして、紙の帯でしばり、その一玉を十二銭か十三銭ぐらいで売っていた。ときには五厘とか一銭などの盛り売りもされていたという。ところが明治六年（一八七三）に政府は地租改正を実施し、地租を地価の百分の三定率をしたが、これは事実上封建貢租以上の負担になったので、明治九年（一八七六）茨城・三重・奈良・愛知・岐阜県で、はげしい地租改正反対の一揆がおこった。その結果、西南戦争の直前に税率は二分五厘に引き下げられた。このことを一般には「竹槍でちょっと突き出す二分五厘」と、一揆の成果ともいうが、政府はそれにかわる財源として、すでに煙草にたいする課税を決めていたのである。それが明治九年（一八七六）の「煙草税則」で、営業税のほかに消費税を設けるものであった。これがのちに煙草専売制へと発展していったのである。

明治二十六年（一八九三）奈良県の『東山村耕作煙草取調書』には耕作反別一町七畝五歩、収穫高二百十三貫八百匁、耕作人二百六十二人とあるが、これはことごとく自家用で、販売用でないことをとくに明記して奈良県税務分署に報告している。この民営時代には煙草に里芋・餅ツツジ・イタドリ・フキ・ヨモギ・チョウジなどの葉を混ぜて吸うこともあるという。

ところで、もともと喫煙は刻み煙草であった。それは煙管《きせる》で吸うのが普通であった。煙管は十六世紀後半にポルトガルやスペインの貿易船によって煙草とともに日本にもたらされた。「きせる」という名称もポルトガル語あるいはカンボジア語からきているといわれている。江戸時代に喫煙の風習が急速に広まると、銀製・陶製・石製などさまざまのものが出現したが、煙草を詰める火皿と吸い口は鉄製にして、その間を細竹でつないだものが広まった。この間の竹をラオ竹というが、このラオはラオスの斑竹《はんちく》を用いたところからそう呼ばれたといい、羅宇の字を当てた。

煙管での喫煙の風が広まると、この羅宇の竹をつけかえたり、掃除して歩くことを商売とする羅宇屋が現われた。江戸・京・大坂ともに煙管は首・尾ともに長さ八寸と定められていて、江戸時代末期で羅宇の値は八文といわれた。大坂と京では羅宇屋はラウノカエシという道具に、八寸羅宇竹などを二箱に納めて、天秤棒で担いで歩いた。江戸では一箱に納めて、背負って歩いた。この風は明治まで続いた。

だが、三都の羅宇屋は一応大都市の中で商いをしたが、大坂の町から離れたところ、たとえば河内・和泉・大和などの羅宇屋は遠い所まで出かけた。なかには奥州あたりまで出かける者がいた。奈良の大安寺村の池田某などはそうであった。彼もそこでは「日本大名」と呼び名があった。日本中をくまなく歩いてよく知っている人を「日本大名」、あるいは「白波五人男」の芝居でよく知られた、「日本駄右衛門」の名をあてることもあった。羅宇屋のような地方回りの職人や行商人にこれらの名で呼ばれる人が多かった。

煙草盆

なお、奈良県の十津川村などの山村では、日常はわざわざ煙管を使うことなく、野辺や手近にある椿の葉などの広葉をとって、煙草を円錐形にくるっと包み、小さい方の口から吸うということもあった。これがまた煙草と葉の味が調和してたいへん美味しかった。

ところで、煙管のいらない紙巻煙草が日本でつくられたのは、明治七年（一八七四）東京浅草の不二屋治平によってであった。一箱百束入三十七銭五厘であった。もとよりこれを吸うものは一般市民ではなく、いわゆる文明開化を謳歌する人々で、唐物屋や西洋料理店で売出された。葉巻や紙巻煙草は当時の人々にとってまったく驚嘆すべきものであった。そのことは明治十年（一八七七）に日本に来たエドワード・S・モースが、その著『日本その日〳〵』で、葉巻の吸いがらを投げ捨てると、誰かがさっと拾い上げ、それがどうして出来ているかを知るためにやぶって見たと書いているほどである。紙巻煙草が製造されるようになったのは、東京では鹿児島の人岩谷松平が東京銀座二丁目に店を持ち、薩摩絣や薩摩煙草を売っていたのが、のちに岩谷天狗煙草と名付けて、自ら製造しはじめたのが、全国に流行するに至ったといわれる。

巻煙草が奈良県で一般に吸い出されるようになったのは、明治二十年（一八八七）をすぎてからで、最初は京都村井商会のサンライズであったが、つぎはヒーローが多く、明治三十年（一八九七）をすぎると、岩谷天狗煙草の売り出した「白牡丹」も漸次ひろがった。このころ巻煙草を買うと、中にガラスの吸口が入っていて、煙草の太さも今の煙草の三分の二もないほどの細いものであった。外国製煙草ではカメオ・ピンヘッドが明治二十年代から用いられ、どうしたことか奈良県の北宇智村で早く浸透している。

いよいよ明治二十九年（一八九六）の『葉煙草専売法』に続いて、明治三十七年（一九〇三）

七月から煙草の製造・販売を含めた完全専売の『煙草専売法』が施行されるのであるが、その最初に売り出す煙草の名前にどうしても名案が浮かばず、一月前にいたってなお決まらなかった。そのとき思いついたのが本居宣長の「敷島の大和心を人問わば、朝日に匂う山桜花」という歌であった。宣長は愛煙家でもっともよく知られた人であったので、この歌からそれぞれ『敷島』『大和』『朝日』……と命名した煙草を発売したのであった。宣長は吉野山の子守明神の申し子だというところから、よく吉野詣をしたが、そのさい吉野の桜を愛でて詠んだのである。専売煙草の嚆矢として著名なこれらの煙草の名が生まれたことは当時の官人の知識の広さと、ある種のゆとりある思考をもつ者のいたことを知ることができる。

なお、紙巻煙草の地方への普及はきわめて徐々たるものであったし、巻煙草は洋服を着た者の吸うものという意識が庶民の間にはあって、巻煙草を「官員煙草」とも呼ばれていた。その点を考えてか、『朝日』はその包みが平型と角型の二種類つくられ、前者を洋服用、後者を和服用と使い分けるようにされた。

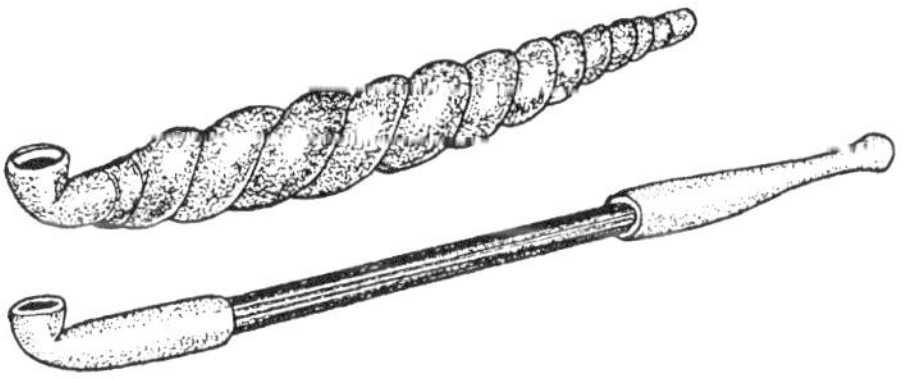

煙管（中林啓治氏図）

農の革新

山間《やまあい》の村の水車

千歯扱《せんばこ》き・千石簁《せんごくとおし》・唐箕《とうみ》

わが国の農業生産力を著しく向上させた先進農具に、脱穀のための千歯扱き、調整用具である千石簁・唐箕があった。

千歯扱きは、すでに井原西鶴が元禄元年（一六八八）刊の『日本永代蔵』に、

　鉾竹をならべ、是を後家倒しと名付け、古代は二人して穂先を扱きけるに、力も入れず、しかも一人して、手廻りよく是をはじめける。

と述べており、すでに元禄以前に鉾竹《とがりだけ》を並べた千歯扱きが発明されていたことを物語っている。そして、正徳三年（一七一三）刊の『和漢三才図会』には「近頃以鉄為歯名鉄稲扱」と鉄稲扱きのことを記しており、享保二十一年（一七三六）刊の『和泉志』は、元禄年間（一六八八～一七〇三）

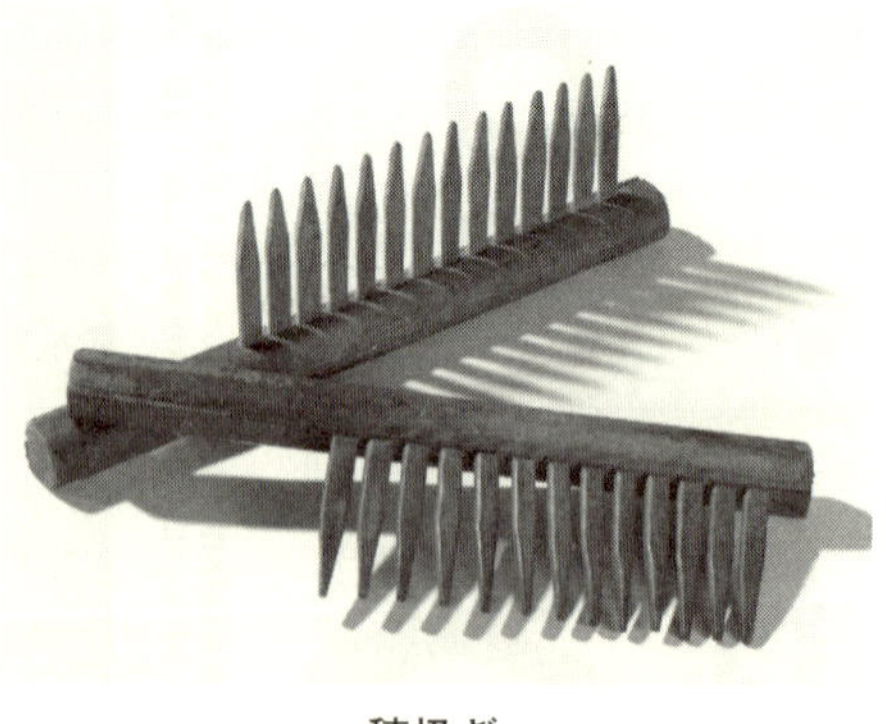

穂扱ぎ

に高石大工邑の人がはじめてこれをつくったとしており、おそらく元禄頃から鉄製の歯をもった千歯扱きが現われたものと考えられる。

それが紀州粉河や堺、倉吉などのかつての鉄製品を加工していた地域に普及し、各地で製作されて全国にひろまったのであった。もちろん大坂市中にそれを扱う農具商があったことはいうまでもない。時代はやや下るが『大坂市中買物手引草』には、天神橋筋一丁目や御堂の前などところどころに千歯扱きを扱う店のあったことを記しており、文政十三年（一八三〇）刊の『商人買物独案内』では、備後町一丁目の川崎屋治兵衛、川崎屋幸兵衛、北久宝寺町の帯屋卯兵衛が千歯扱きの専門店であったことを記している。

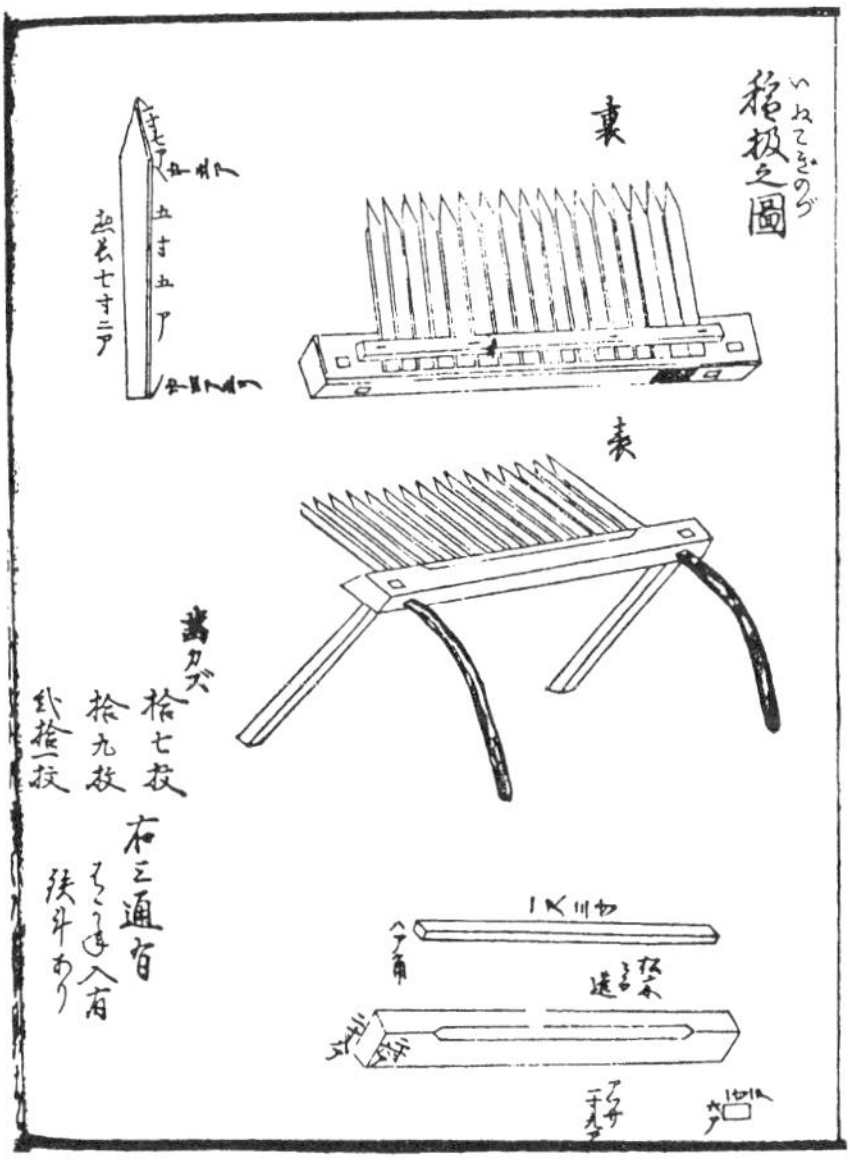

稲扱（『農具便利論』中巻）

千歯扱きは、太い四角の台木に、先を尖らした長い歯（穂ともいう）を櫛のように並べ植え、この歯が向こうを向くように脚を挿し込み、踏み板を足で押さえながら、歯の間に穂先を通して引き扱き脱穀する。歯は初め竹を割ったものや、木を削ったものであったが、江戸時代中期以降に鉄歯が考案されて広く普及した。この千歯扱きが普及するまでは、扱管《こきくだ》や扱箸《こきばし》で脱穀していたが、それよりもはるかに能率がよく、それまで多く後家《ごけ》（未亡人）の手間仕事としておこなわれていたので、それを減らすことになるので、俗にゴケゴロシ・ゴケダオシの呼称も生まれた。

千石簁は米や麦の選別用具で、おもに玄米中の屑米、精米中の砕米や糠《ぬか》を除去するのに用いた。やや大形のものを万石簁あるいは万石卸《おろし》といい、千石簁を大きくし能率を高めるためにつくられた。両者ともに千石あるいは万石ともいい、それほど大量に処理できるという意味の呼称であった。この簁が考案されると、それまで使っていた揺板《けりいた》などと呼ぶ細い竹籤《たけひご》や金網を張った木枠を、縄で吊って揺り動かすものよりはるかに能率が高く、急速に各地に広まった。

金網を張った木枠に脚を取り付けて斜めに設置するものと、箱状の上に網枠を斜めに設置するものがあり、いずれも上部の注ぎ口に入れた米が金網を伝って落ちる間に、小さな屑米や糠は網目を通って落下する。目の細かい金網を二段、三段に取り付けて、より細かく選別できるようにしたものもあった。

唐箕は円形の胴体に組み込んだ四枚羽の扇板を、連動するハンドルで回転させて風を起こし、前方上部に載せた漏斗《じょうご》から脱穀した穀物を適量ずつ落下させ、風力により選別するものである。中に上部をあけて仕切る選別板がついていて、実のよく入った重い穀粒は選別板にぶつかって下に落ち、取り付けた樋状の選別口から外に出され、やや軽い屑粒やシイナ（実のない籾）は次の樋から、そして軽いゴミは先の吐き出し口から外に飛ばされる仕組みである。

すなわち、唐箕は実の入った籾と籾殻や稲藁などの塵芥を選り分けたり、玄米と塵芥を選別したり、充分実った籾と未熟な籾を選別したり、きわめて用途の広い農具であった。それはもともと中国で発明され、明代末の農書『天工開物』には「風扇車」として書かれていることは周知のところであるが、正徳三年（一七一三）大坂に住んだ寺島良安が『和漢三才図会』で、中国明代の『三才図会』を引用して『颺扇』の名で紹介しており、これを明和八年（一七七一）の『天工開物』の和刻本が指導書となって、上方で製造されたものと考えられる。

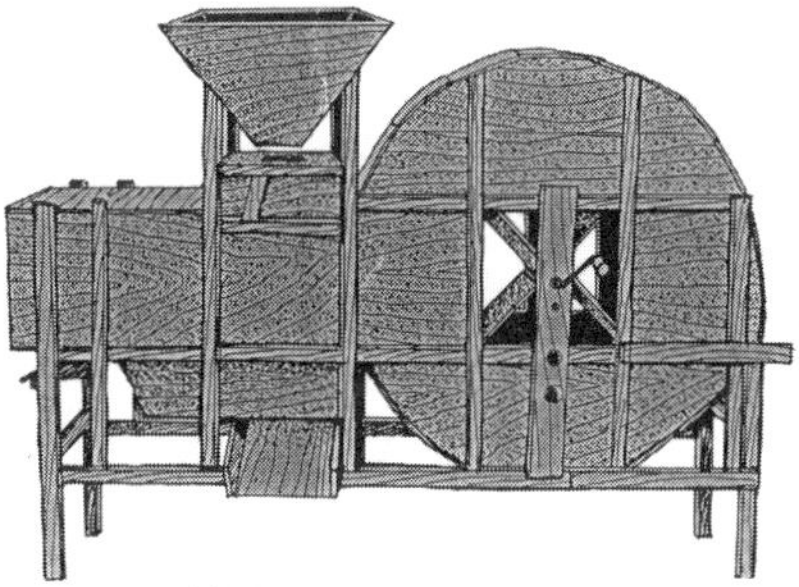
唐箕《とうみ》（中林啓治氏図）

現存する唐箕で最古の銘文があるのは、京都府立総合資料館蔵の明和四年（一七六七）銘のものである。そして弘化三年（一八四六）刊の『買物独案内』には唐箕を扱う農具商として、大坂の農人橋西詰の京屋惣兵衛の名があげられ、「唐箕水車　万石とおし細工所」とされていて、製造ならびに販売していたことがうかがえる。また、原野農芸博物館には、文政九年（一八二六）京屋八郎兵衛銘入りの唐箕が所蔵されており、京屋八郎兵衛なる農具商の存在を知ることができる。
大坂の『東区史　経済編』には、「明治初年の頃には農人橋二丁目に京屋七兵衛・同清兵衛・同治兵衛、又農人橋詰町に京屋太兵衛の店舗があった」と記しており、京屋七兵衛はすでに元禄時代にその名が見えるという。したがって、江戸時代中期以降ことに文政時代からは京屋を名乗る多くの農具商が農人橋界隈に店を構えていたことがうかがえる。『摂津名所図会大成』は農人橋界隈のことを記して、

農人橋ハいにしへ川西船場の地に田圃多くして上町より農人かよひて耕作をなすの往来のため掛し橋ゆへ斯ハ名づくとぞ今尚此農人町に万石簁の颺扇をはじめ稲扱礎等を商ふ職家あまた有ハ昔の余風存わる農具職なるべし

と、農人橋界隈の土地柄と古くから農具職人の多くいたことを物語っている。この京屋製唐箕が西日本唐箕の原型ともなり、近畿を中心にひろく普及したのであった。

大坂産の多様な農具と農具商の商法について大蔵永常は文政二年（一八二二）の著『農具便利論』で、「泉州さかい、摂津大坂辺ニ而製」する農具の各値段を示しているが、そこには「摂津西成郡の鍬、同砂地ニ用鍬、おおくわ大黒鍬、小黒鍬、尼崎辺の鍬、唐鍬、大坂辺ニ用鋤、同植木屋用鋤、同手伝いの者用鋤、京辺ニ用鋤、広嶋、金さらえ、地ならし、木さらえ、くまで、油揚万能、いちよう万能、広小路草削、紀州草けずり、角万のう、鷺のはし、木おこし、掘揚おこし、斫鍬、筋きり、びわの葉、ふぐし、二丁掛、足桶、綱貫、雁爪、源兵衛からすき、水たご、踏車、稲こぎ、ゆり板」あり、その他では紅毛うつし、スホイト（揚水具）があげられており、じつに多種多様の農具が製作されていて、当時の大坂は農具の先進地であったことがうかがえ

る。

そして、それらの農具の取引先として「大坂南久宝寺町中橋南入へ東側　扇屋重兵衛」の名をあげており、さらに「右農具の内、この土地にはこの具を用いたらよかるべしと思い給うことあらば、扇屋重兵衛方迄仰せつかわせ候わば、調えるべく候」といっており、農具の使い手の意見を聞いて、それに応えるべく農具を改良あるいは製作するという。すなわち使い手の知恵と作り手の知恵の合意によって農具製作をするという方式を打ち出していることは見事である。

ところで、近世中期以降著しく発達し、普及した農具の中でとくに唐箕についてみると、会津では「北田の唐箕・万石」という言葉があり、福島県河沼郡湯川村北田が、会津地方の唐箕・万石の製作地として知られていたという。北田には唐箕製作の北田久内《きゅうない》家、万石製作の小野平兵衛家があって、北田・小野両家とも代々、久内・平兵衛を襲名して製作してきたという。北田村への唐箕の伝来については、時代は詳らか

万石簁《まんごくどおし》（中林啓治氏図）

ではないが、北田久内が伊勢参りに行ったときに、唐箕を使っているのを見て帰り、作ったのがはじまりだといわれている。なお、現存する唐箕では、文化五年（一八〇八）銘の南会津郡田島町、文化八年（一八一一）銘の郡山市湖南町のものがある。

会津にはまた半唐箕と呼ばれる通常の唐箕の半分ぐらいの大きさで、選別された穀物の出る樋がなく、穀物が真下に落ちる構造になっている。古いものでは天保八年（一八三七）銘の北田久内作のものがある。なお、よく知られる東北型半唐箕と異なる半唐箕が畿内にも存在した。それは真下に落ちた穀物がさらにトオシの網枠で選別され、また落下量調節装置が、東北型が正面操作となっているのにたいし、側面差込式になっていることなどである。

鋤・鍬

鋤と鍬は農具の代表であり、元祖ともいえる。ともに縄文時代晩期に中国大陸からまず北九州に伝えられ、急速に普及したといわれている。はじめは低湿地の土を掘り起こすのが主で、鋤の身に足の力をかけて作業したのであるが、柄と身すなわち鋤台は一木で作られ、その材料は常緑樹で強靱なアカガシやイチイガシを用い、伐採してから水に浸したのち加工したらしい。その完形品が奈良県の唐古遺跡から出土している。

その後、稲作の普及とともに鉄器が伝播し、農具に多く採用され、鋤にも鉄刃が付けられるようになった。そして使いこなしの中で鉄刃の付け方や形状の型が出来上がり、一般には鋤先にU字形の鉄刃をつけたものとなった。その鋤台と柄が一木なのが一般的であるが、関東地方では鋤台は別材の柄を斜めに差し込んだ踏鋤と称する大形の鋤が広く近年まで使われた。

こうした鋤は耕起用具として必須の農具であるが、本来の農耕のほかに実は意外なことに重宝されたのであった。それは「すき焼」の語源ともなる用法であった。日本人の食生活の歴史の中で、その一時期を刻むのは文明開化の時代であり、そのもっとも大きな変化は牛肉が公然と食用に供されるようになったことである。文明開化以前には、西日本で猪、東日本で鹿・熊などの野獣を食用とすることは見られたが、家畜は公然と食べることはなかった。もちろん一部の人々のあいだでは、江戸時代の初期にすでに牛肉を食べたことがあり、松永貞徳の『慰草』にはそうしたことが記されていて、農家でも病人に精をつけるために、「薬喰」と称して薬用に食べたことはあったようである。しかし、こうした場合でも公然と食べることなく、あくまでも隠れて食べたものである。家畜の肉を食べないというのは、古くからの仏教的な考えが根底にあったのであろうし、のちに片山潜がその『自伝』に、

僕は農家に生まれ自ら農業に従事した。彼は耕作上唯一の必要物で、農家はその飼養する牛を家族の一部として愛護するのである。僕は牛の尻を追うて仕事もなし、旦金もうけをしたものであるから、この記憶がありありと念頭に浮かんでくるから、とてもそれを食う気にはなれなかった。

といっており、こうした牛を使役する農民の動物愛護もあったのであろう。

ところで、その食べ方であるが、家の中で食べることはもちろん避け、納屋の隅や田に出かけて行って密かに焼いて食べた。この風は牛肉を食べることがかなり普及した明治の中ごろまでまだ見られたようである。そのさい鋤の鉄の鋤先の周辺に味噌で堤をつくり、肉の脂がこぼれ落ちないようにし、鋤を炭火の上にのせて肉を焼いて食べたのである。鋤が焼けてくるにしたがって、周囲の味噌の内側が少しずつ溶けて中に流れ、肉の脂と調和して実にうまい味が出たものだ

といわれる。砂糖や醤油が十分に使えなかった時、味噌は貴重なまた唯一の調味料の役割も果たしたのであった。

「すき焼」という言葉も実はここから生まれたのであり、「すき焼」すなわち『鋤焼』であったのである。山口県などではすでに平常から肉を焼くための鋤を用意していたと伝えられて、大阪や奈良県でもこの鋤焼法がおこなわれていた。鋤焼ならずとも、味噌で肉を焼くと肉によい味わいが出るということは今日に伝えられ、肉の味噌焼きが牛肉の一つの食事法として随所に見られる。

田舎ではこうした風潮であったから、牛肉が広く普及するようになったのは、まず都会からであった。政府も牛食を奨励したし、都市民は牛を飼い、牛と共に生活するものがいないから、牛肉も一つの食物として比較的抵抗を感ぜずに受け入れた。牛肉屋の開業でもっとも古いのは、嘉永四年（一八五一）に大阪の阿波座の徳松という人の開いた店である。つぎに大阪では慶応四年（一八六八）に新門亭が開業している。長州征伐のとき東国の武士がたくさん大阪にやってきて、はじめて牛肉を味わい、そのうまさにほれて武士がさかんに牛肉屋を訪れたという。当時屠牛場は西成郡木津村にあった。

政府の肉食奨励法は、洋風の調理法とともに牛肉を取り入れようとしたのであるが、受け入れる方ではそんな調理法は問題でなく、肉そのものをおいしく食べる方法を採用したさい、従来、田舎でおこなわれていた「鋤焼」の方法を採用して、鋤に代わるものとして鉄鍋を用いたのであった。仮名垣魯文の「安愚楽鍋《あぐらなべ》」にも、さまざまの階層の市民が牛肉を食べているさまを描いているが、挿絵はみな火鉢の上にすき焼鍋をのせたものであり、江戸時代における農民の知恵が一つの伝統をつくり上げ、洋風の新食物をうまくその伝統の中に同化したのであった。

鋤とともに耕起用具の代表である鍬は、耕起をはじめ砕土・中耕・畝立て・土寄せ・畔塗り・除草と多岐にわたって用いられる。そして鍬先の形、柄の角度や長短も土質やその用法によって多種多様である。その原初は古く縄文時代に求められるが、当時は木の柄をつけた石鍬であったらしい。弥生時代になって木を板状に削った平鍬、股木を利用した股鍬が出来た。古墳時代にいたって鉄製の鍬先をつけた平鍬が生まれるが、この時代は鉄がまだ貴重品であったため、一般には普及していなかった。しかし鎌倉時代になって製鉄技術が発達するにともなって、急速に広まった。

江戸時代になると製鉄技術が向上し普及するにともなって、〝村の鍛冶屋〟と親しまれる村に定住する野鍛冶（農鍛冶）、村々を廻る鍛冶屋が各地に出現し、それぞれの土地の地形や土質あるいは用法に適する鍬が考案された。

そうしたなかで、もっとも普遍化したのが風呂鍬であった。それは平鍬・台鍬とも呼ばれるが、なかに黒鍬と呼ばれる鍬もあって、中部地方でよく知られた。それは柄を黒く塗った大形の風呂鍬で、愛知県知多半島の「黒鍬組」という土木・治水の技術集団の使ってたものが農具として普及し、おもに開墾や田の畦塗りに重宝された。

江戸時代後期から明治時代にかけての時期に、備中鍬・万能《まんのう》の名で、二本から六本の鉄刃の股鍬が普及し、明治から大正の時代にかけて鍬の台部がすべて鉄製の平鍬がつくられ、平鍬の名で広まった。ほかに開墾や荒地の耕起に使われる細身で丈夫な作りの唐鍬、金鍬の台部を一つ乃至二つ切りと抜き、土の付着防止や軽量化をはかった窓鍬なども生まれた。

ところで、農家がすべて鍬を必要なだけ自家で所有するとはかぎらない。農家が鍬を所有せず、鍛冶屋から鍬を借りて使用するという「貸鍬」の習俗もあった。新潟県の高田・新井・長岡・三条を中心とする中頸城《くびき》、古志・刈羽地方、南・西蒲原地方などに近年まで色濃く存在した。それは近世以来の慣行であったらしい。農家自身は鍬の柄は所有し、鍬の刃先を鍛冶屋から借りるのであるが、鍛冶屋が毎年春先の農作業開始時期前に農家に届け、農作業の終了時を待って集めて回り、冬期の間に刃先の修理を行っておくのである。

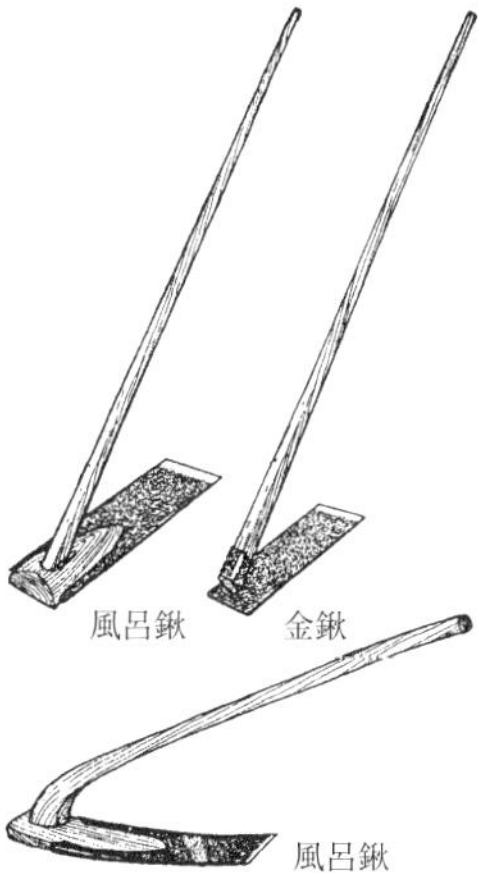

鍬各種（中林啓治氏図）

この貸鍬の貸料は毎年ほぼ一定であったが、土質によって差はあった。中頸城地方では一年間につき、山間地で鍬一丁につき米四〜五升、平地では一升五合〜二升で、山間地や海岸地は高く平地の方が安かったという。もちろん農作業期間中の修理は何回行なっても無料であった。この貸鍬制は収入の安定と農具修理との手間と経費を省くということで、貸方借方双方に利点があったので、近世以来近年にいたるまで存続したのであった。

なお、鍬にも思いもよらぬ俗信がある。兵庫県の印南地方や奈良県の吉野竜門《りゅうもん》地方をはじめ大和国中《くんなか》の随所に、雷が鳴るとき門《かど》に鍬を立てていると家に雷が落ちないというのである。このことは桑と鍬の語路合わせ的感覚からではないだろうか。桑の葉を軒や窓に刺しておくと雷が鳴ると「桑原、桑原」と唱えると落雷を避けることができるという伝承も広くあることと思い合わせることもできる。

竜骨車・踏車・水車

水田に水を送る揚水具としては、古くは竜骨車が用いられていて、延宝七年（一六七九）刊の『難波雀』にその名がみえ、元禄三年（一六九〇）刊の『人倫訓蒙図彙』には、「大坂天神橋の両又四郎これをつくる」とあり、元禄十年（一六九七）刊の『難波丸』、延享五年（一七四八）刊の『難波丸綱目』、天明五年（一七八五）刊の『大坂市中買物手引草』などにも天神橋北詰と農神橋東詰に竜骨車を扱う店のあったことが記されている。

そして、その間正徳三年（一七一三）刊の『和漢三才図絵』には「竜骨車　翻車　水車俗ニ利宇古之《りうこし》と云《いう》」と記されており、水田の灌漑に用いられる水車の

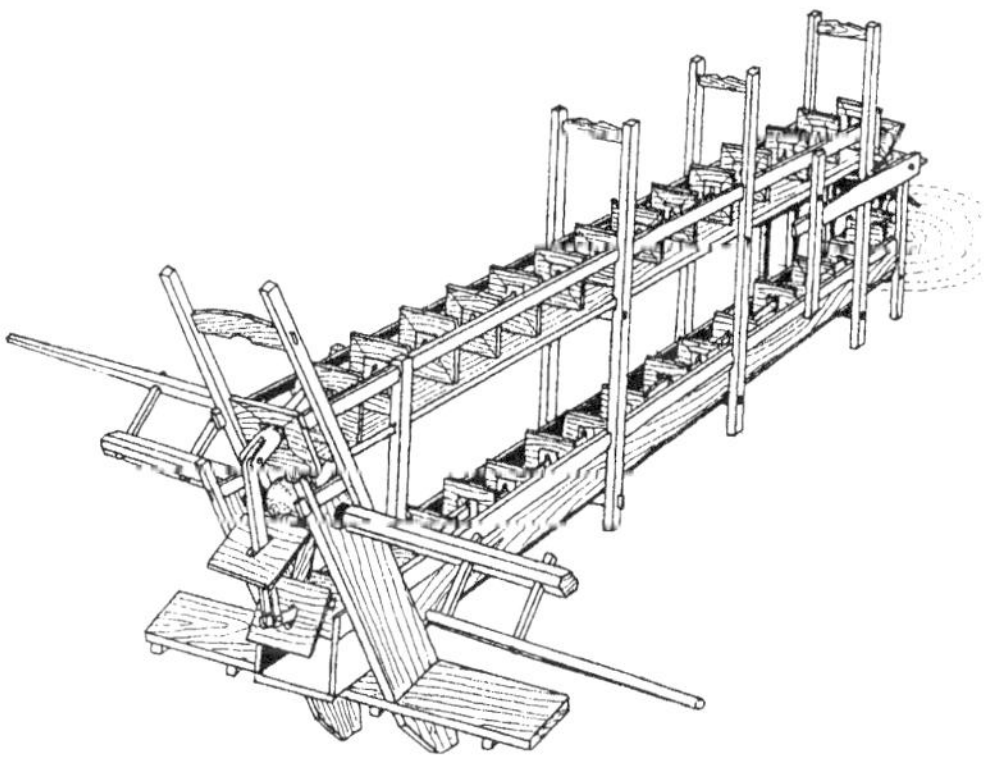

竜骨車（中林啓治氏図）

一つで、木製で一定の間隔に羽根をつけたものをベルトコンベアのように回転させて田に水を注ぎ入れる仕掛けで、中世に中国から伝わってきたとされる。回転は人力でハンドルを回すものと、足踏式があった。細長く水を吸い込み、吐き出すような形態が、水にかかわる強い竜を思わせるところから、竜骨車の名がついたのだという。

ところがこの間、寛文年間（一六六一～七二）に大坂農人橋の京屋七兵衛・同清兵衛が踏車を製作し、宝暦年間（一七五一～六四）から安永年間（一七七二～八一）ごろまで諸国に売り出したため、竜骨車を用いるところが少なくなった。また、苗代などで少しの水しか使わない場合には、むしろ手で廻すことができたり、足踏みで揚水できる踏車は便利であった、踏車は唐箕の羽根を風洞の中で回転させて風を起こす原理を応用し、水を洞（鞘という）の中に入れ、踏車の羽根を回転させて、水を低地から高地に揚げるように工夫したのであった。

大蔵永常は文政五年（一八二二）刊の『農具便利論』のなかで、「第一に極上《ごくじょう》の檜《ひのき》、尤《もっと》も節《ふし》なく、木理《きめ》蜜《こまか》なるを数年乾かし、上手《じょうず》なる農具大工を撰び、造るべし」とし、また車は四尺五寸、五尺、五尺五寸と大小があり、羽根も、四尺五寸で十三枚、五尺で十四枚、五尺五寸で十五枚などがあり、その他、二人踏みの六尺ものがあることを述べている。さらに、五尺の車を踏めば「一羽にて水四升ずつあがるなり」とし、高田の場合には、「車を二つ三つもつぎて用《もちいる》」としている。

こうした踏車の製作については、京屋なども用材についてもよく吟味して使い分けをした。

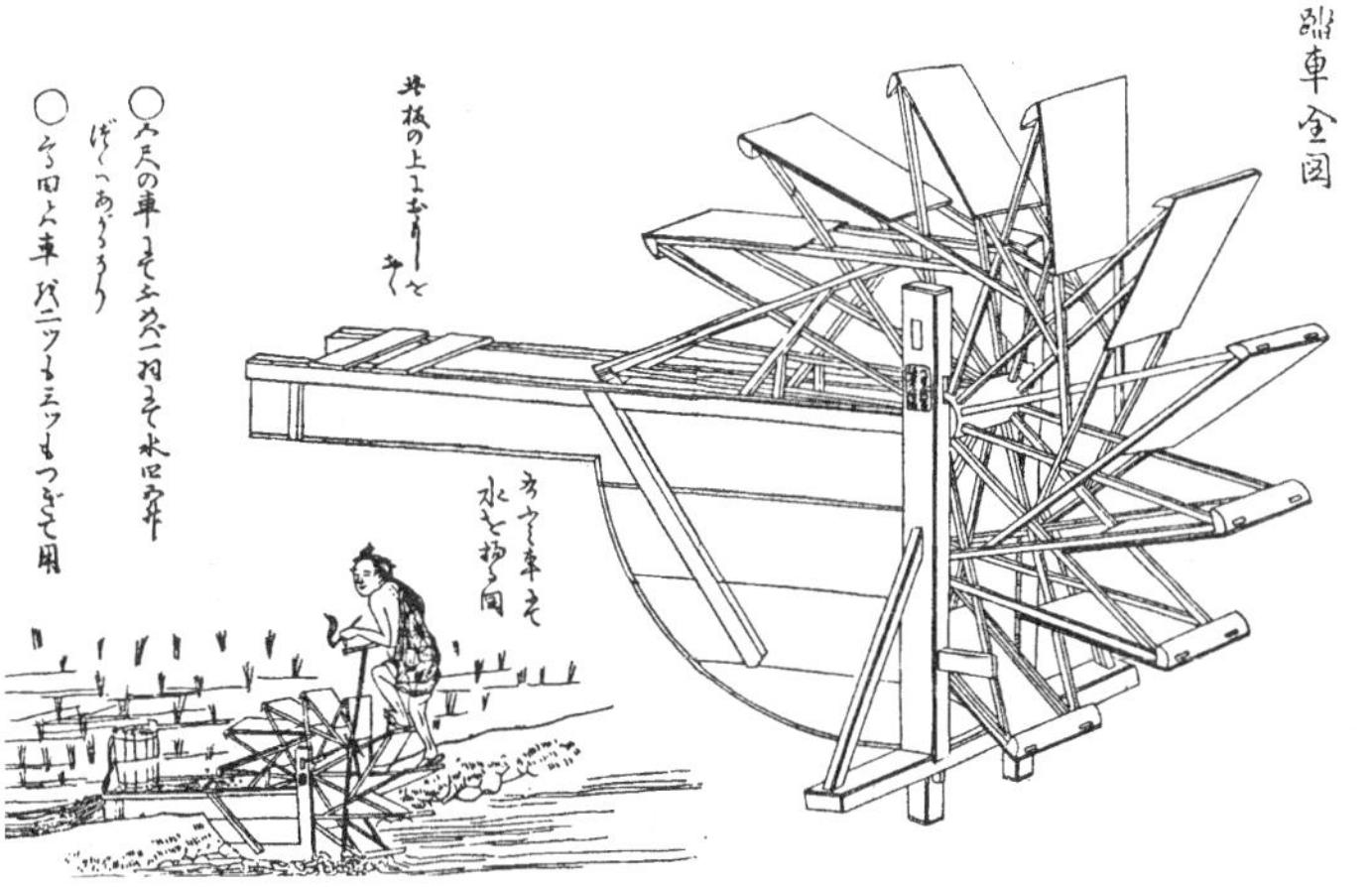

踏車（『農具便利論』下巻）

踏車《ふみぐるま》は水を含むから筋の通った木目の細かい材木を選ばねばならないから、檜の赤身の部分を踏車に用い、残りの白身の部分を唐箕に用いるという使い分けをした。

揚水具としてはきわめて大掛かりな水車がある。それは幾つもの水車を連結連動させた、いわゆる「重連水車群」である。それは九州にある。福岡県朝倉郡朝倉村、豊かな田園風景の中に大きな水車七輪がおもむろに回る情景は壮観であるとともに、えもいわれぬ情緒を漂わせている。二連式が二基、三連式が一基、あわせて七基の重連水車群で、筑後川の水流を灌漑用水として多量に用いるため江戸時代に造られたものである。昭和末年頃までは周辺農家約百戸、三十数ヘクタールほどの水田が、この水車の恩恵をうけて潤っていたといわれる。

この水車は三連式の場合、上流の方から上車・

朝倉の三連水車

中車・下車と連結されていて、水輪の大きさが順次小さくなっている。それは水をくみ上げる柄杓からの零水《こぼれ》や樋からの漏水を考慮してのことである。水車の心棒である胴木は百年を過ぎた松材が使われ、その他の部材は杉材が用いられている。この水輪は直《じか》に日光や風雨に晒されているので損耗も激しいので、五年毎に造り替えねばならないが、地元に水車大工がいて、代々営繕に勤めていた。そして水車の管理は、この水車によって水を受ける複数の村々の農家の共同管理によってなされてきたのである。

こうした大規模な水車群ならずとも、一基ずつ田圃の中で回る風景はかつて随所で見受けられたものであるが、よく知られるのは小川畔に建つ水車小屋である、そこには水車碓が据えられていて、水の流れによって水車が回り、それによって水車の軸が回転し、その端に取り付けられた杵が石臼の中に落ち、米を搗く装置で、水力碓・水車碓という。たえずコットン、コットンと音を立て、各家の米を搗いていた。この水車小屋の風景また趣のあるものであった。

こうした水車動力は近世以来諸産業の展開に寄与したのであった。奈良県と大阪府の境に南北に連なる生駒山系の西麓には、滝行場としての谷筋の落差を利用して、実利的な水車動力による諸産業が台頭したのであった。すでに近世以前から水車は精米・精粉・揚水など農業や自給的生活に使用されていたが、元禄時代（一六八八〜一七〇四）に和漢薬の製粉がおこなわれ、それが大坂の道修町の薬種問屋に納められ繁昌し、現代においてもなお細々ながら続けられている。

つぎに地元で栄えた棉作と連動して綿実の油絞り、摂津ならびに河内で盛んになった菜種栽培とかかわって菜種製油がおこった。さらに香辛料の製粉は食品工業を生み、石炭の製粉は堺付近の鋳物工業に不可欠のものとして需要があった。もちろん伝統的な胡粉製造、日常の精米・精白は絶えることなくおこなわれた。明治時代には伸線《しんせん》業発達の初期の動力源としての役割を担い、電気動力を中心とする動力革新によって、山車動力は衰退したがながく今日、伸線工業や粉末加工工業がこの地方の地場産業として生きていて、水車動力がそれらの産業の基礎となっている。

天明六年（一七八六）の絵図によると、鳴川谷に八輌の水車が描かれており、そこから各谷の状況もうかがうことができる。この谷では昭和十一年（一九三六）には三十四輌におよんだといい、辻子谷では明治・大正の最盛期には四十四輌が同時に動いていたといわれ、江戸時代には全国一の水車郷を形成していた。

その水車の大きさは、直径約二十尺、幅約二尺、軸の太さ約一尺で、これにクミナデという木枠をはめ、一方が長く出ているのを、回転によって棹のケリ板を押さえ、杵を持ち上げるのである。石のツボは直径約一尺一寸、深さ約一尺で、水車の両側に十数個並ぶ。水車小屋は間口七間、奥行き四間というのが普通の大きさであったらしい。水車の真上の屋根は開けられ、ここに樋で水を引いて水車の羽根の上から水を落とすのである。水は谷の上流で引き込み、石組みの暗渠で水車に導く仕組みになっている。こうした水車小屋は谷川の落差に応じて随所に設けられたのである。

こうした棉作をはじめとする商業農業の展開と、水車動力を基礎とする工業的諸業の活発化の上に豪農層が成長し、その経済力から文化交流の一つの拠点となった。その立役者が日下村の河澄家・森家、喜里川村の中西家があり、日下村森家から出た生駒山人、喜里川村の中西家からは中西多乃舎・多豆伎の和漢学者が出た。こうした文人を訪ねて、芭蕉・慈雲・柳里恭・頼山陽・伴林光平などが遣って来たのであった。

ところで、庶民の考えた水の利用はきわめて多岐にわたる。風雅をよそおう日本式庭園によく見られるシシオドシ。筧《かけひ》で水を引き、その水を支点で支えた竹筒の一端に落とし、満ちあふれて水が零《こぼ》れて軽くなると反対側が下がり、コットン・コットンと音を立てる。その音は竹筒の空洞の響きを加えて味わいのあるものである。その音色はいつも同じというのではなく、天気のよい日、曇りのとき、雨のとき、それぞれによってちがった響きを伝えるのである。このシシオドシという名称にもうかがえるように、実用的な面からの庶民による発案であった。

これと同じ原理で同じ方法で実際的な日常生活の用具として使われている様が、あちこちの山村で見られる。岐阜の山村や伊吹山の麓、滋賀県の浅井郡や坂田郡の山処《やまが》では米搗に活用されており、ガキノノドと呼んでいた。もちろん竹ではなく太い木であるが、木を二つ割りし、山から水を落とす方には大きな窪みをつくり、反対側にはその端に直角に杵木をつけ、下に臼をおいている。筧《かけい》や樋《ひ》から水が落ちて窪にたまるにしたがって杵の方が上がり、満水になって水が零《も》れ落ちると杵の方が重くなって、臼に打ち落ちるという仕組みで、ちょうど踏碓と同じ要領になるのである。これだと朝に臼に米を入れておき、山や畑に仕事に出て帰ってくると、ちょうどよい具合に精白されているという。手のかからない便利な用具となっている。このガキノノドを効率的にしたのが、ほかならぬ水車碓であった。

庶民の考えた水の利用法は実に多岐にわたるが、いまも田舎へ行くと小川の流れにコロコロと音を立てて回っている箱を見ることができる。四角あるいは六角形・八角形の板を側面にして、それに板や竹を少し隙間をあけて張り筒形にし、両側面には穴をあけて棒を通し、棒を小川の両岸にかけ渡す。水の流れる力によってこの箱が回転する仕組みになっている。ジャガ芋をこの中に入れてかけておくと、箱が回転するとともに箱の中にも水がかけめぐり、箱の回転と箱中の水の渦で芋が巡り合い揉み合いして、きれいに洗い上がる。掘り起こしてきた泥まみれの芋を、朝にこの箱に入れておくと、夕方、調理するときにはきれいになっていて、やっかいな芋洗いの手がはぶける。これもよく考えたものである。

　こうした知恵は、山里や村里を見わたせば数限りなく見受けることができる。さきの例とは逆に水不足のときに汲み上げる道具であるハネツルべは、これも天秤仕掛けでシシオドシ・ガキノドと原理は同じである。野井戸の傍に柱を立てて、その上端に横木を装置し、その一方の端に重しをつけ、片方に竹棹をつけて釣瓶を吊るしたもの。釣瓶を井戸につけるときは竹棹を下に押さえてさげるが、釣瓶に水が入ると片方の重しによって天秤式に軽く釣瓶が上がる。重い水を引き上げる力がいらなくてきわめて便利である。いずれにしても力学の知恵が生かされているのである。これが知識人ではなく、名もなき庶民の創作であるところに見事さがある。

肥担桶《こえたんご》

農村において人屎尿が肥料として用いられるようになったのは鎌倉時代末期のことであり、それにともなって町においても汲取式の便所があらわれた。その情景は『慕帰絵詞』や『餓鬼草紙』にも描かれている。また実際に田に屎尿を施している情景は、やや時代は下がるか大永五年（一五二五）作といわれる。『洛中洛外図』（国立歴史民俗博物館・町田家本）によく見られる。町はずれの畑で、農夫が片手に桶、片手に杓を持って、麦に液状の肥を施している情景で、そばにはもう一つ桶があり、天秤棒をもたせかけているところから見ると、肥桶を天秤棒で一荷担ってきて施肥していることをうかがわせる。こうした情景は実に近年まで見られたのである。

それは全国的な状況であるが、いまここにその一例として近代における大和の奈良町と近郊村方の様子を見ると、奈良の町方の屎尿汲取をした村方は五三ヵ村におよんだ。明治の町村制の平城・都跡・大安寺・辰市・明治・平和・東市・帯解・櫟本などの村に含まれる各大学から、さらに県を超えて京都府相楽郡の木津町市坂におよぶ範囲がそうであった。これらの村々は、奈良の町の中央を東西に走る三条通りを境として、そこから北の町方へは北の村から、南の町方へは南の村から汲取りに行った。

汲取りの肥桶は一般にコエタゴ（肥担桶）と呼ばれるが、この名称は田子浦の塩田で海水を運ぶために使われていた桶をヒントに作られたので、田子浦の地名からタゴケ（田子桶）が本来の名称であるとの伝えもある。このタゴケはおもに杉の榑を立て並べて結った結桶で、側板の対角の二枚を角《つの》状に高くし、そこに孔をあけて縄を遠し、その縄を天秤棒にかけ、前後二つの桶すなわち一荷運ぶのが一般的である。

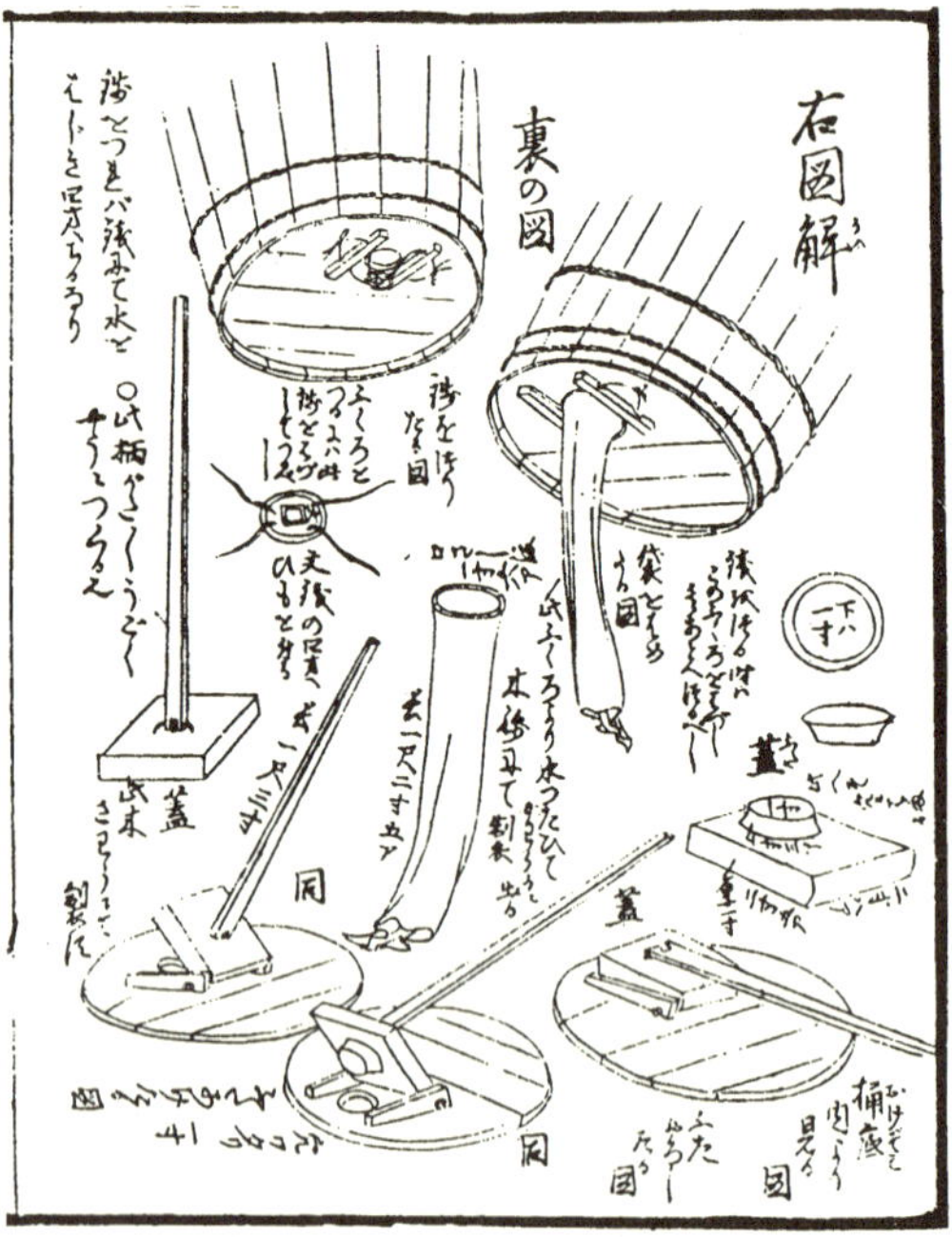

水かき桶（『農具便利論』中巻）

汲取はどんな遠いところでも、毎朝、朝飯を食べるまでに肥桶を担って一荷ずつ汲みにいった。ずっと担って運ぶので非常な苦労で、途中奈良町のはずれで一休みする。皆汲取に行く時間がいっしょになるので、町はずれの一服の場所もだいたい決まっていて、誰もが顔を合わせ、煙草を一服吸いながら世間話をしたものだという。

汲取に行くとき、汲取先から頼まれた野菜の類を一、二束天秤棒にぶら下げて行き、また帰りにはちょっとした端切れや下駄・草履・調味料や台所用品など、日常生活に必要なものを買って、天秤棒に括って帰ったものである。なお、天秤棒は担棒《にないぼう》ともいわれるが、西日本では朸《おうこ》と呼ぶところが多く、やや偏平に丸く削った棒の両端に、吊り下げる荷の縄が滑りはずれないように、ツクと呼ぶ突起を埋め込み、若干反りをもたせたものが多い。材は弾力に富むムクの木が最適だとされている。

昭和になって、リヤカーが普及してからは、普通三荷、ときには台板を長くして四荷・五荷の肥桶を積んで汲取に行くようになった。こうなると、いままで毎日行っていたのが三日に一回、四日に一回というように回数が減るようになる。大体、耕地五反規模の農家で、五軒ぐらい汲取先を町に持っていたようである。汲取ってきた屎尿は、それぞれの農家の持っている肥溜にあけて、溜めておくのである。肥溜も五反規模の農家で、大体一つぐらいずつ持っていた。これは自分の田のなかでも、もっとも道端に近いところを選んで、その田の隅に大きな桶を埋めたものである。

この肥溜すなわち溜桶については、担桶、馬に背負わせる馬桶、糞柄杓とともに『耕稼春秋』が第七巻に図解して、その大きさや値段まで記されている。それによると肥桶は、
肥桶　肥料を入れておく桶である。

三尺物（桶の直径）は代銀十匁で、十二荷入る。

四尺物は代銀二十匁、四十荷入る。

五尺物は代銀三十匁六、七分。

このほか、大きな百姓の家ではもっと大きな桶を作らせる。もっとも大きなものでも直径六尺までである。


とされているが、もっとも大きな直径六尺物は、ところによっては、酒造元の酒の仕込大桶の古物が醤油の醸造大桶に転用され、それが使えなくなると半分に切って浅くして、肥溜に転用されることもあった。それはちょうど『耕稼春秋』にいう最大直径六尺物に対応できるのである。

ところで、汲取はただ肥担桶に汲み入れるだけでなく、桶に蓋をする必要があった。肩で担っても歩行の反動で揺れるし、リヤカーで運ぶにしても道中の起伏で揺れ、飛沫がとんだり溢れることがあるからである。この蓋をするのに骨《こつ》がいる。汲取に行くときは、肥担桶一つにほぼ一把の藁を持って行く。その藁は桶の直径よりも八寸ぐらい長く末切りした藁で、汲取ると桶の口に藁を万遍なくひろげて、その上に蓋を載せる。蓋は桶の口にすぽっとはまるくらいの大きさになっているので、この藁がパッキングの役割を果たして、きっちりと蓋ができるのである。この蓋をするとき、片足で蓋を押さえながら、天秤棒を片手に持って、堅杵や棒杵のように天秤棒の一端で蓋の端を万遍なく叩きながら、蓋を桶口に収めていくのである。こうするとめったに溢れることがない。肥溜にあけるとき、桶の蓋を取るには、パッキングにした藁の端を両手で少し上に引張ると蓋がすぐにはずれる。この蓋の仕方はよく考えたものである。

　こうして町方の屎尿を取ると、それは肥代を払わねばならなかった。これを「尻米《しりまい》」という。歳の暮にこの「尻米」を払うのであるが、「クソ九升」といって、汲取先の家族数に応じて一人九升の割合で「尻米」を持って行く。相手が五人家族であれば四斗五升の「尻米」を持って行くことになる。かりに奈良町の元林院の芸妓置屋や、木辻の遊郭の屎尿を取っていると、芸妓や遊女の人数がみな加算されて、一人九升払うのであるから膨大な米の量になるので、俵こと何俵と運ぶ農家もあった。このときまた、正月の雑煮に入れる大根、芋、注連縄や注連縄をつくる藁、正月の火に使う枝豆のカラ枝なども届けた。したがって、歳が明けて正月四日に「初肥《はつごえ》」を取りに行くと、ていねいな家では祝儀に一ぱい酒を御馳走してくれることもあった。

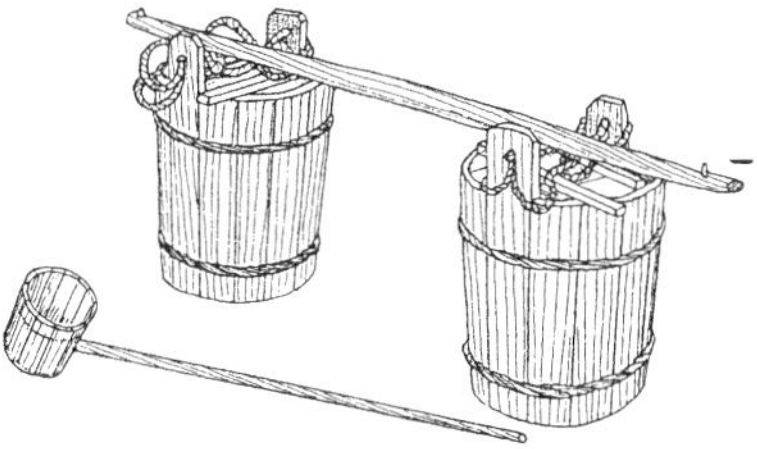

肥担桶と肥柄杓（中林啓治氏図）

　だが、明治三十一年の暮に物価が暴騰した。それにつれて「尻米」も九升から一挙に一斗五升にはね上がった。こうなると平均六、七斗ぐらいは持って行かねばならず、元林院や木辻の屎尿を取っていると、二石も三石も運ばねばならなかった。当時、小作農の間では「修理飯米《しゅうりはんまい》」とさえいわれ、田植が終わったらもう飯米はなくなった。したがって平常の食事は半麦から米が三乃至四分で、朝晩は粥、ケンズイ（間食）はオカキ（掻き餅）か団子粥、米の食えるのは雨喜び・野休み・トキヨリ（時寄＝ハレの日）のときだけであった。こうした状況のところへ、「尻米」が九升から一斗五升に急騰したので生活していけない。

そこで、近郊五十三ヵ村の百姓と、奈良の町方と「尻米」の高をめぐって交渉がもたれた。この交渉はなかなか解決せず、紛糾をきわめ、不穏な空気さえみなぎった。このときにあたり、大安寺村の熊凝《くまごり》治郎左衛門が立ち上がり、町方の代表増田庄七と再三交渉したが、ついに決裂。熊凝は村方の団結を呼びかけ、五十三ヵ村屎尿汲取組合を結成し、屎尿汲取ストライキを決行した。さらに春日若宮の「おん祭り」や南市の「五日恵美須」にも、いっさい奈良の町の品物は買わない、郡山町のものを買うという不買同盟的な行動さえ起こした。

こうしてこの騒動がどこまで続くやら果てしがつかなかったが、奈良市の仲裁によって、ようやく「尻米」はもと通り九升になり、さらに凶作に応じて減免し、七分出来の年には六升三合にすると決められ、明治三十二年十一月、世にも珍しい「下肥騒動」は終わりをつげた。これ以後、五十三ヵ村の代表者が大安寺の寺務所に集まって協議し、秋の終わったとき代表寄合で、その年の出来作を決定し、その平均を見て、その年の出来作を決定し、それによって「尻米」の高を決めるようになった。

なお、奈良の町には一般町家のほかに大きな屎尿の供給源ができた。それは高畑の連隊と、奈良坂の刑務所である。連隊の屎尿は連隊に近い高畑・紀寺《きでら》・京終《きょうばて》の村がひきうけた。このうち京終の一部の権利を大安寺がもらい、一年幾らで決めて屎尿代を払った。京終は大安寺に一部権利を売るとともに、汲んできた屎尿を一般農家にも売ったという。当時二荷で二十円ぐらいだった。連隊の屎尿は血気盛んな兵隊のものであるため、よく効くのでみな欲しがった。それとくらべて小学校の屎尿は三分の一の値段でも高いくらいで効かなかった。刑務所の屎尿は法華寺・二条・市坂などの村が入札して汲取った。

いまここに、下肥騒動などの起こった奈良町と周辺農村の汲取習俗を一例として挙げたが、下肥汲取は三都をはじめ全国の都市と周辺農村に見られた。中世以来、都市の発展すなわち都市経済の発展は、都市における人口を増加させ、それが農産物の需要を増大させ、それに対応するために、農業技術の改良と相俟って生産が向上し、商品生産を発展させた。そして都市周辺の農村において生鮮野菜の工芸的作物の栽培等、いわゆる商業的農業を展開させた。この商品作物の栽培にもっとも重要とするのが肥料で、屎尿が即効的肥料としてきわめて有効であった。この重要な供給源としての都市の屎尿の汲取りには、運搬手段によっておのずからその範囲が限定されてくる。ここに一つの都市と農村の交流圏が形成される。一般にいう「近郊農村」というものの範囲は、この屎尿汲取圏をもって設定しても間違いないものと考えられる。

なお、近郊農村の蔬菜栽培地においては、肥料もさることながら灌水が必要であった。とくに種蒔きの後の灌水に能率をあげるために、肥担桶と同じ桶を灌水に用いる桶をとくに水桶とも呼ぶことがあるが、それには底に穴をあけ、その穴の蓋には柄を付けて、桶を担ぎながらその柄を手で上下することによって穴の開閉をすることができるようになっている。この水桶一荷を担

底抜け担桶での水撒き　河内・和泉地方

ぎ、ちょうど桶の穴が蔬菜を植えた畝の上になるようにして、両手で柄を上げて畝と畝の間を歩くと、うまく両畝に水を散らすことができるのである。さらにこの穴に布を垂らすと旨く水が施されるのである。この水桶を「底抜け担桶《たんご》」と呼ばれ、とくに河内、和泉の蔬菜栽培地域で考案、重宝されてきた。

大八車・べカ車・リヤカー

荷物を運搬するのに用いる車、すなわち荷車は古代からあり、『万葉集』にも詠われ、古くは「力車《ちからぐるま》」といったようである。この時代には牛に引かせるのが一般的であったが、道路事情が悪いこともあり、普及しなかったらしい。だが江戸時代になって商品流通が活発になると、江戸・大坂・京都などで人が車を引いて物資を輸送するようになった。その際使われたのが江戸の「大八車」、大坂の「べカ車」であった。

江戸の大八車は寛文年間（一六六一〜七三）に用いられるようになったといわれ、「八人の代をするを以て代八と号く。今は大八と書く。其頃営中に戯言して云、人をして牛の如くならしむ」と記され、その能率の高いことは認められているが、軽快なものではなかった。そのためこの車はきわめて近距離の特殊な用にのみ応じ、その使用範囲は狭いものであったらしい。そして、八人の代わりをするとはいうものの、実際は一人では動かせず、基本的には前引きと後押しの二人で動かし、ときに荷の多い場合は後押し二人となるので、三人で動かすということになった。さらには前を引く者、後ろから押す者に分かれて、四〜八人で運ぶこともあった。

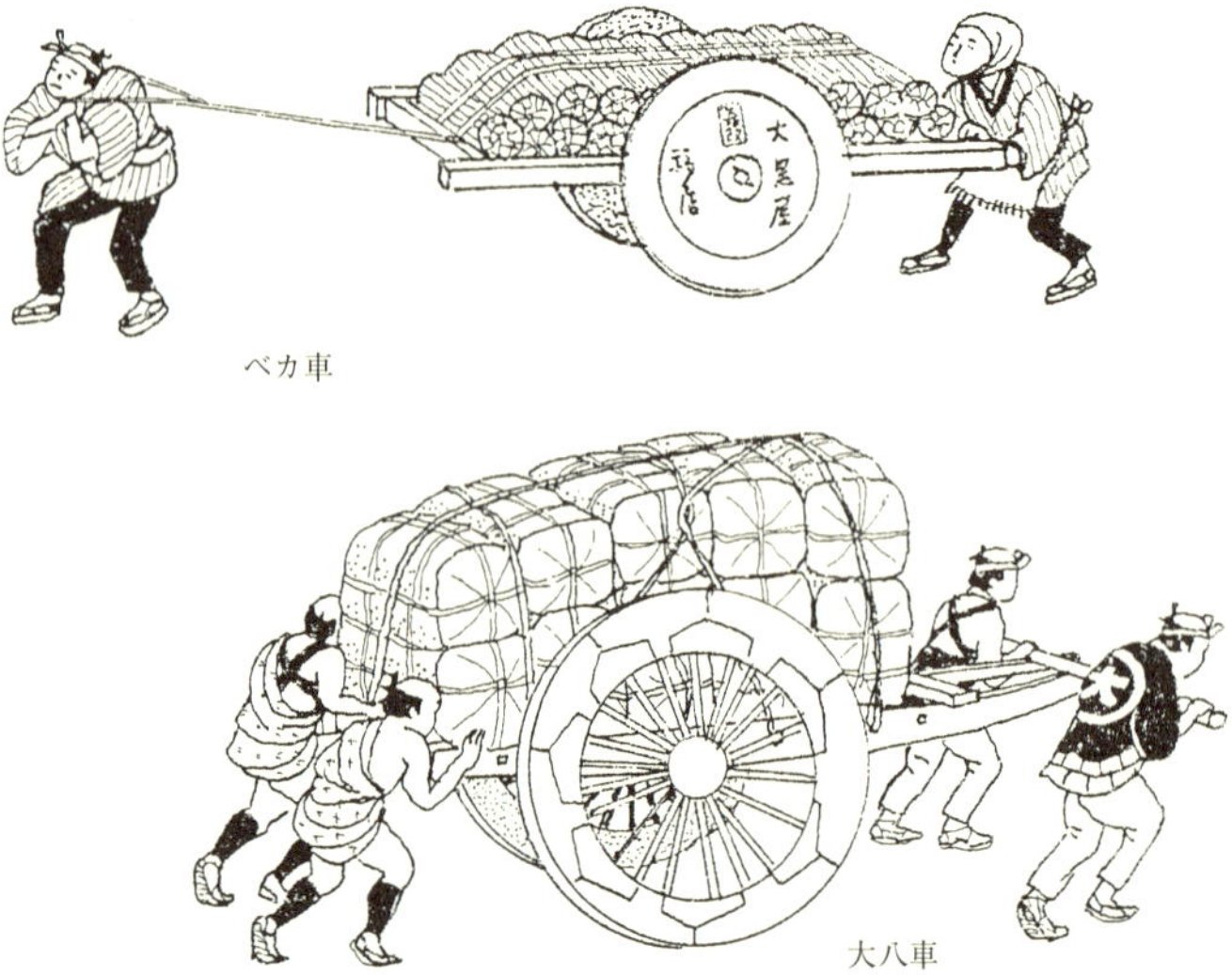

ベカ車と大八車（中林啓治氏図）

大八車は、自転車の車輪のように放射状の輻《や》のある直径約一メートルの車輪二つの軸に簀《す》の子または格子状になった車台を載せた形状である。そして、一般に車台の長さ一〇尺（約三メートル）のものを「十八」、九尺（約二・七メートル）のものを「大九」、八尺（約二・四メートル）のものを「大八」、七尺（約二・一メートル）のものを「大七」とも呼ばれていた。

江戸の「大八車」にたいして、大坂では「ベカ車」が用いられた。大坂のベカ車はいつから使われるようになったかは明らかではないが、十八世紀にはかなり一般的となり、橋の多い大坂では橋を通ると往来の妨げになり、橋を壊すことも多かったので、安永三年（一七七四）には橋の通行が禁止された。それでもしだいにベカ車が増加し、文化年間（一八〇四～一八）には一六七八輛となった。それで文政七年（一八二四）にはその車輛数を定数として、それ以上増やすことが禁じられた。それでも時代がかわって明治三年（一八七〇）には二四一二輛使われていたという。

ベカ車の特徴は車輪の構造にあった。厚板を張り合わせて円板状につくり、周りにカシ材の輪型をつけたもので、いわゆる後光のない車であった。車輪の中央に車軸を支えるための角材を入れ、これに穴をあけて車軸を通したものであった。車輪の輪型にはカシ材が用いられ、車輪と車台は松材が用いられていた。荷台の長さは六尺～二間（約一八二～三六四センチ）、幅三尺（約九一センチ）余りで、前部に綱をつけて引き、うしろから押して梶をとったのである。

このように大八車もベカ車も、車輪が木だけでできた稚拙なものであったため、はじめは江戸・大坂・京などの都市で使用され、主として近距離で使われたが、明治以降は、車輪が鉄輪になり、さらに昭和に入ってからはゴムタイヤのものもできたし、明治時代には鉄道が発達したため、列車で運ばれてきた大荷物を配達するために、大八車を中心とする荷車が多く用いられるようになった。

しかし、運送業者が使用する荷車の数よりも、生産者あるいは問屋などが営業用または自家用として使う荷車のほうが次第に増えた。そのため大型のものよりも小型の荷車のほうがしだいに増え、明治末期に東京府では大型荷車二〇七九輛にたいして、小型荷車一四七、三七六輛を数えている。このころから町村道や農道が二メートルから三メートル幅に徐々に整備され、市内と周辺農村との交流が盛んになり、農村でも荷車が活躍するようになった。農村に欠くことのできない下肥を都市から農村に運ぶのにも荷車が大きな役割を果たしたのであった。ここからまた近代の新田開発の地割・構成も大きく変わってくるのである。

たとえば、古代・中世・近世・近代の新田開発の様相を見ると、古代の条理制においては、上方の川や溜池から水を引くとき、上の田から順次下の田に水を送る。そのため方形の田の上の畦と下の畦を一尺余り切り、そこを上から下へと水を流していき、最下位の田が満水になると、順次下から満水の田を追って畦切りを締めていくのである。したがって畦の幅がいずれも同じである。

中世の新田開発は多く山間部であり、特別の方式をもって亀甲型などがあるが、それは別に触れるとして、近世の新田開発は水を如何に早く順序よく各田圃に送るかを考えて、田・川・田・田・川・田・田・田・川と配列される。それは上から水を流していくと、それぞれ両側の田に水を送っていくので、早く必要量の水が各水田に満たされる。

ところが、近代の新田開発は農業への荷車の採用が考慮されて、田・川・田・道・田・川・田・道と配列される。それは水が何れの田へも横から流入され、また近世には二列に並んでいた田の間に道が通る。すると刈り取った稲や脱穀した籾をすぐさま横を通る道に出して荷車で各家の納屋や小屋に運び込むことができるし、また田で仕事をこなすための諸機器の搬入搬出に容易となるし、耕起・地均のための牛の移動も便利になる。すなわち、農業への荷車の採用が新田開発すなわち耕作地域構成にも寄与したのであった。

大正時代に入ると、リヤカーが日本で考案された。自転車が輸入されると、自転車の後部（つまり英語でリヤ）につける車（カー）という意味の和製英語である。鉄パイプで骨組みをつくり、ゴムタイヤの車輪を取り付け、荷台に板や木枠をはめ込んだもので、数百キロの重い荷物を積める。当初は都市部で普及し、自転車に連結する部分の前部を広く方形にし、人が引くようにした形のものもでき、農村漁村にも広がった。また、大正時代末にリヤカーを改造して人を乗せるようにした人動車が出現し、昭和二二～二五年（一九四七～五〇）頃には、自転車と客席を一体化した三輪車形の人動車「輪タク」も流行した。これには客席を横につけるサイドカー形もあった。

リヤカー（中林啓治氏図）

まさに大八車・ベカ車から荷車へ、そして荷車の普及が農村の生産構造とシステムを変え、農業生産力を向上させたのであった。

商いの諸相

富山の売薬商人（中林啓治氏図）

行商

自給自足経済の時代にあっても、山民・海民・農民・職人などの作物や獲物あるいは製品などを売り歩くことがあった。これが行商の最初の姿であった。行商について最も早く記されているのは、『日本書紀』で、欽明天皇のころ（六世紀）に山背《やましろ》国の秦大津父《はたのおおつふ》という人物が伊勢に行商したというのである。平安時代になると、大原の炭売女が京の町にやってきたことや、京の水銀商人が馬を百頭も連ねた隊商を組んで、京と伊勢のあいだを行商し、薬として用いられた水銀だけでなく、米や絹・糸も売ったという。

中世には、一日で往復できる近距離間の行商と、遠隔地間の大規模な行商とがあり、近距離の行商には、京の市場を対象とする近郊の大原・山科の商人、奈良市場を対象とする大和の農村商人、各地の三斎市・六斎市などの定期市を渡り歩く農村商人などがいた。彼らの行商は個人で荷をかついだり、天秤棒で担うて運んだりする小規模なものであった。

遠隔地の行商に従事した商人は「座」を組んだ商人たちであった。その代表には大山崎（京都府大山崎町）に油座を組織して灯油を近畿一円に売り歩いた石清水八幡宮の神人《じにん》をはじめ、近江の荘園村落内の座の商人などがいた。そのほか、京や奈良の商人、堺などの港町の商人たちがさまざまなかたちで行商を行っていた。

中世の終わりに、特に畿内と東国、山陰、北陸を結ぶ交通の要衝である近江には、多くの行商人が生まれた。彼らは徒歩や馬、牛車、船などを用いてさまざまな商品を運搬し、のちには店を設けたり問屋や仲買に転じる者が多くなり、さらには高利貸になる者も出た。江戸時代の商業に大きく貢献した近江商人の祖先が彼らなのである。

この近江商人はすでに鎌倉時代後半に姿を現わし、延暦寺領の近江国蒲生郡得珍保《とくちんほ》の「保内商人」と呼ばれる商人が、室町時代初期から各地に行商した。荘園内の農業生産だけでは生活が苦しい農民が、近江と伊勢を結ぶ八風《はっぷう》街道や千草街道を通って伊勢国まで行商した。国境の鈴鹿山脈を越えて行商に行ったので、彼らは「山越《やまごえ》商人」と呼ばれていた。

これら近江商人は延暦寺や守護の六角氏から麻・紙・陶磁器・塩・若布《わかめ》・海苔・伊勢布などの独占販売権を得て、牛馬を運送手段として活発な取引を行った。このような山越商人には保内商人のほかに、蒲生郡の石塔《いしどう》商人、神崎郡の小幡《おばた》商人、愛知《えち》郡の沓掛商人がいて、これらは合わせて「四本《しほん》商人」と呼ばれていた。

さらに戦国時代末期に活躍したのが、八幡商人と日野商人である。「八幡商人」は初め海外貿易を行っていたが、鎖国によってそれができなくなると、国内を行商して利益を得て、大坂・京に大店舗を構えるまでになり、さらに江戸にいち早く出店した。「日野商人」は関東地方に醸造業を起こし、蝦夷地で松浦藩から漁場を請負い、南千島に出漁して水産物の流通に貢献した。また一方で各藩の大名にいわゆる「大名貸」も行った。

このように近江商人の商法は、正直、勤勉、倹約を旨とし、行商先の産物を仕入れて帰りの道中で売り歩くという往復商売をするもので、「のこぎり商い」と呼ばれた。行きの商売を「持ち上がり」、帰りの商売を「持ち下がり」といった。そのため得る利益は大きく、多少金ができると有望な土地を選んで出店を出して商圏を拡張し、やがて江戸の日本橋、大坂の本町、京の三条通りに大店を張った。

近江商人と並んで広く活躍したのが伊勢商人で、川柳に「町内に伊勢屋、稲荷に犬の糞」といわれたほど、江戸には伊勢出身の商人が多く、その商業活動はめざましかった。中世の伊勢は、東国に広く分布した伊勢神宮領から集まってくる年貢米の荷揚げや集散を行う太湊などの港が発達していた。そして畿内と東国を結ぶ流通の要衝として桑名のような自治都市が次々に成立し、多くの廻船業者や問屋が活躍した。そしてまた会津若松あたりまで行商する者さえ現われた。

徳川家康が慶長八年（一六〇三）江戸に幕府を開き、日本橋筋を免税地にして商人を招いたので、小田原や京・堺に住んでいた伊勢商人が多く江戸に移住した。そうした商人のなかから、のちに大店商人として大成した者が出ることになる。日本橋駿河町に大店を構えた三井高利や上野に店を構えた太田利兵衛も伊勢商人であった。また、長谷川次郎兵衛は代表的な木綿問屋となり、伊勢出身の江戸の呉服商を集めて問屋組織をつくり連帯した。呉服屋だけでなく、紙問屋、茶問屋、荒物屋など多種な問屋が結成された。

要するに、天下に名を成した近江商人も伊勢商人も、その出発は行商であった。この行商で馴染み深いのに香具師がいる。各地の祭礼や縁日などを渡り歩き、神社や寺の境内あるいは路上で物を売ったり、見世物を演じたりする商人である。この名の由来については諸説があり、初め薬草を売って歩いた「薬師」から「やし」に転化したという説、売薬の元祖に弥四郎と名乗る人がいたところから「弥四」が「やし」になったという説などがある。いずれにしても、売薬行商がもともとの姿であったらしい。また「野師」「野士」などとも書いたようで、それは戦国時代以降の浪人が、山野の草木を採って薬として売り歩いたことから、その名が生まれたともいわれる。

延宝・天和（一六七三〜八四）のころに、四代目松井源水が江戸へ出て「反魂丹」を売り始めたが、その宣伝・販売のために箱枕を使う曲芸「枕返し」や、刀を素早く抜いて見せる芸「居合抜き」などを演じた。この芸は江戸の町で評判となり、九代将軍徳川家重も楽しんだという。享保（一七一六〜三六）ごろには、居合抜きのほかに独楽を使う曲芸「曲独楽」なども演じたが、それ以後松井家は代々、浅草奥山で歯磨き粉や歯の薬を売っていた。

香具師のことを一般にテキヤという。それは露天商のなかに、吹き矢で的に当てさせる矢的屋がいたことから、「矢的」を逆さにしてテキヤとなったという。彼らは少々粗悪な品であっても、いかにもよい品物のように思わせるために面白おかしく巧みな口上を述べたり、徐々に値段を下げて客の買い気をそそったり、また、仲間を「さくら」に仕立てることもあった。こうして商売そのものが芸のようになって人々を楽しませ、縁日や祭礼を活気づかせた。また、バナナや陶磁器などの商品を身近なものとするうえでも、大きな役割を果たした。

極言すれば、すべての商売は行商に端を発すると言える。

看板と暖簾

「看板」は商家などで商品・屋号などを表して、店頭あるいは人目につきやすいところに掲げるものである。だが嫁入り道具などの荷持が着る紋付の袢天もカンバン、武家の中間《ちゅうげん》・小者などが着る主家の紋所などを染め出した袢天もカンバン、人力車の提灯もカンバン、木曽山中では木印《きじるし》のこともカンバンという。また、世間に発表する得意の名目も『表看板』と言い慣わしてい

腹痛薬看板

飴屋看板

て、商いだけでなく広く目印・標識の意味に使われるほど看板の目印としての効力は大きかったのである。

　商いの看板はその造形・意匠の面白さもあるが、それは商いのありようと、商品にたいする人々の意識・感覚を如実にあらわす商業資料である。そして看板はそれぞれの店に何を販売しているかをすぐさま判じさせる、広告術の原初である。そこで看板の発生を考えるときまず店舗の成立を知らねばならない。その店舗はまず市をもってはじまると考えられる。

　わが国最古の市は「三輪の海石榴市《つばいち》」である。それは大和盆地を南北に縦貫する重要な交通路の一つであった「上ツ道」がやや東へ湾曲して、大和川上流の初瀬川を渡河するところ、すなわ

髪屋看板

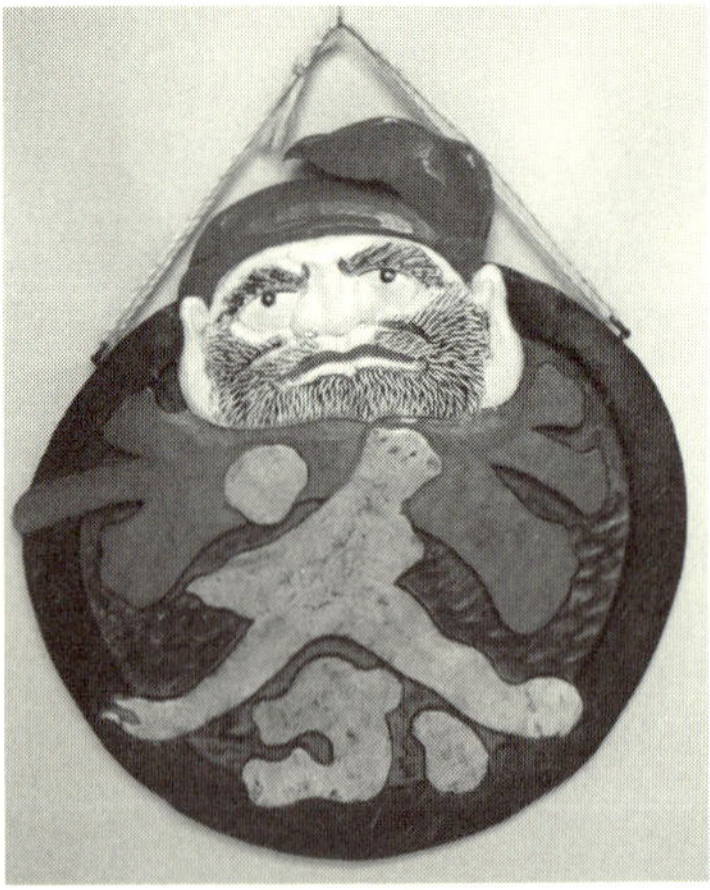

葉茶屋看板

ち大和川（初瀬川）と上ツ道の水陸交通の交叉する重要な地点にあった。この市は平安時代中期には長谷寺参詣客で賑わったといわれるが、市や店舗の具体的様相は明らかではない。したがって、いわゆる標識としての看板そのものの存在も知る由もはない。しかし、おそらく店頭の実物が看板としての役割を果たしていたものと考えられる。

平城京の東西市には、絹・絁・布・糸・麻・白米・黒米・糯米・麦・大豆・小角・大角豆・索餅・塩・味噌・荒醤・酢・胡麻油・糖・酒・海藻・野菜・果実・薪・炭・薬・香・紙・筆・墨・木履・木工品・竹製品・鉄製品など多くの商品が販売されていたようであるが、それらはいずれも肆標として販売商品を看板として標していたようである。しかし、『令義解』の「開市令」の条によると、天長十年（八三三）には肆すなわち市毎に販売する品目を標記したものを立て、その標には「絹肆」などと書かせたものである。いまいう看板の出現をここに見ることができる。

平安京においては平城京の東西市の倍の規模の東西市が設けられたのであるが、その市の建物の外観は明瞭ではない。しかし『扇面法華経冊子』の下絵によると、丸太の柱に板葺屋根で、床を張らない簡素な造りで、商品は地面においたり、棚に載せたり、軒端にかけたりしている。しかし『延喜式』の巻四十二の「左右京職・東西市司」の条によると、店舗に牓《ぼう》を立てて題せよ。すなわち肆の名を書いた看板を立てること。たとえば糸鄽《てん》、米鄽などと書きつけよといい、それぞれの販売品の看板を標示せねばならないとされている。これがわが国の看板の嚆矢といえるが、実際どんなものであったかは今は知ることができない。

古い看板の形態をうかがう資料としては、土佐光信画の『星光寺縁起絵巻』（長享元年〈一四八七〉）が最古のものらしい。ここには筆屋の尼の家に筆の看板を描いている。『洛中洛外図屏風』上杉家本には烏帽子屋に烏帽子の絵の看板、筆屋に筆の絵の看板が描かれている。また同時代の喜多院の『職人尽図屏風』には、蠟燭屋・数珠屋・櫛屋・人形屋・扇子屋・髪結屋・占師・両替屋などの看板が見られ、髪結床では鋏と櫛の絵、占師では易の卦の絵、両替屋では小判を描いている。

看板がその本領を発揮するのはなんといっても商工業が発達する江戸時代、とりわけ元禄以降である。桃山時代から江戸時代初期にかけては『洛中洛外図屏風』などに見られるようにまだ大形のものはなく、たいていは小形の長方形か高札形のもので、軒先に吊り下げたものが多かった。だが明暦の大火以後、江戸の町が復興し、消費生活が旺盛になるにつれ、職種による様式の定型化が見られる一方、金銀箔、蒔絵、鍍金などをほどこしてその華美を競い、広告としての看板に大金をかけるようになった。

明和から安永の頃になるとさまざまな形状・意匠の看板があらわれる。店頭の正面に立てる「置看板」、壁に懸ける「懸看板」、これらをいっそう装飾的にした「飾看板」、左右どちらから来ても見られるように、両面に字を書いたり刻んだりして軒に吊るす「軒看板」、街路に台石を置き柱を立てた豪華な「立看板」、屋根の上に取り付けた大きな「屋根看板」などさまざま。大坂は道が狭かったので、常設の立看板は発達せず、むしろ屋根看板が多かった。また軒に吊るす

「軒看板」は夜間には店内にしまうので、そこから店じまいを「もう看板です」という風もおこったのであった。

夜間の商売に重きをおく商家の看板は、「行灯看板」や「提灯看板」を用いたし、表障子一面に屋号や品名を書いた「障子看板」、軒に竿を立てて品名を染めぬいた旗、幟の「旗看板」「幟看板」もあった。だが、なんといっても看板の面目を発揮したのは「実物看板」「容器看板」「判じ物看板」「語呂合わせ看板」の類である。笠屋、麻苧屋、鏡屋、数珠屋、籠屋などは実物をもって看板としたし、茶屋、酢屋、味噌屋、醤油屋などは、商品の容器を看板にした。これらはみな壷に入れていたので、壷形に切り抜いた大きな板の両面に、「す」とか「みそ」「茶」などと書いた。葉茶屋はほかに達磨の絵を刻んだものもある。起き上がり小法師を「お茶上がり小法師」に洒落て、茶柱が立つようにとの意が込められた。

屋根看板
「守貞謾稿」所載

扇子屋・団扇屋・足袋屋・蝋燭屋・矢立屋・袋物屋・煙管屋・帳面屋などは、実物の模型を作って看板とした。これらは文盲でも一目で理解され、簡明直截、看板の真髄をもっとも発揮したものである。くどくどしい文面よりも一目瞭然、今日も見習うべき点を多々もっている。それは種類も実に多く、ことにその意匠・体裁は、商業デザインから見ても今日よりすぐれた面が見出される。

明和から安永のころ、世間一般に「判じ絵」の摺物を交換する遊びが流行し、浮世絵の画題に文字のかわりに判じ絵を用いる風が広まった。洒落本・浮世草子が生まれて、江戸風の洒落とか通とかが、庶民生活のなかの一つの流れになってくるにつれ、看板もそれに応じた意匠が工夫された。湯屋は弓矢を軒につけて「弓射る―湯入る」とし、饅頭屋は「あらうまし」と大きな荒馬の彫刻を店先において看板とした。焼芋屋は行灯に「〇焼」とか「八里半」「十三里」と書く。八里半はその味が栗に近い。十三里は栗より(九里―四里)うまいという語呂判じである。

生焼の芋はゴリゴリ(五里、五里)というので「十里」と呼ぶ風があった。白粉屋は店先に凸型の出し箱を置いた。これは白地に白鷺の図がある、凸型は面高になるように、白鷺はこの白粉をつけると白鷺のように白くなるという判じ物である。

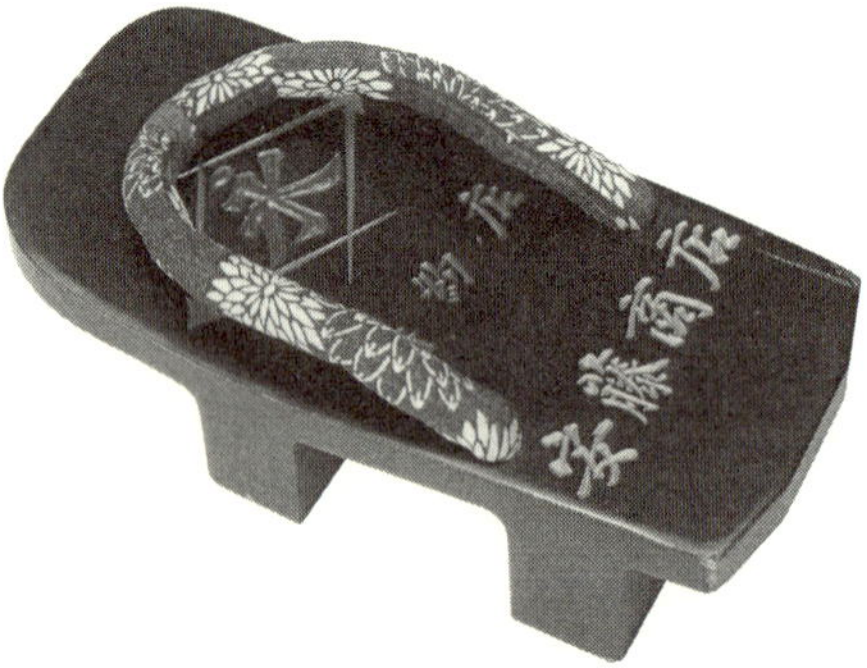
下駄屋看板

その他さまざまの看板があったが、いずれも商品名を一見直知できるし、また判じ物もまことに要を得ている。いまのコマーシャルの見ていてなかなかその意味のわからないもの、やっとしてどうにかわかるという類の多いのを考えると、看板の意匠をつくり上げた庶民の「くらしの知恵」は実にすばらしく、そのセンスは現代人をもしのぐものがあった。

看板とともに標識・目印として重要なものに暖簾がある。暖簾は禅語のノウレンから出た名称で、僧坊内の風気を防ぐために下げたようである。だが実際に出入口に下げるようになったのは鎌倉時代頃からで、これに店舗の屋号や文様をあしらうようになったのは室町時代の末期からで、その様子は『洛中洛外図屏風』などの風俗画などにしばしば見られる。桃山時代になる長暖簾が看板とともに店の入り口に大きく吊るされ、軒先に間口いっぱいの横長の水引暖簾がかけられるようになった。喜多院の『職人尽貼交屏風』はその情景をよく描いている。もちろんそこには店名あるいは屋号が書かれ、ときには商品そのもの、あるいは、その商品を象徴したり判じさせたりする文様が描かれたり、染め抜かれたりした。こうした暖簾の発達には堺商人の知恵と力があった。堺は戦国時代末期から自治都市として活気にあふれ、外国貿易などによって繁栄し、商業活動が活溌であった。したがって、どちらかというと看板は江戸から、暖簾は上方から発達したともいえる。

焼芋屋（『守貞謾稿』所載）

江戸時代、大坂ではとくに「のうれん」と称して長暖簾が多くかけられた。大坂では家のなかを明るくしておくと福の神がとびだしてしまう。明るい家には金がたまらないという俗信があったので、間口は狭く奥行きの長い暗い建て方の家屋に加えて、さらに長暖簾をかけて薄暗い感じのする店にしたのであった。そして商業活動がより活発になった元禄・寛文の頃から紺地の木綿に屋号・商標を白く染め抜くことが普及したのである。ただ刻み煙草屋だけは煙草の葉色である茶色木綿が用いられた。

染め抜きについては、江戸では武蔵屋・越後屋・常陸屋・上総屋・伊勢屋などの出身国名を記したものが多く、大坂では鴻池・殿村・和田など姓を記したものや、炭屋・米屋など取り扱う商品を示したものが多かった。それは諸国から寄り合った商人で成り立っている江戸にたいし、たとえ他所から来たものであったとしても、いまではすでに大坂の地に定着し、「生え抜き」になった商人の多かったことを物語っており、そこから家業を大切にし、商売替えを忌む気風が生まれ、暖簾は大坂商人の象徴となり、古い暖簾は老舗たることを物語り、暖簾の古いことが店の信用を表した。したがって「のれん内」という主家を中心とする分家・別家など同族総合の商人世界が形成されたのであった。暖簾こそ商いの象徴と意識されたのであった。

売薬と遍歴商い

越中富山の反魂丹《はんこんたん》
鼻くそ丸めて万金丹《まんきんたん》
　それをのむ奴ァあんぽんたん

と歌われ、富山売薬の名は全国に知られた。反魂丹・万金丹は富山の売薬の代表的な丸薬であるが、最盛期には百二十種類余りの薬を売り歩き、中部・関東を中心に、大和売薬の商圏を除いたほぼ全国に販売網をもっていた。

その販売方法は、配置売薬といわれている「置き薬」に特色がある。年に一回か二回、田植えや稲刈りの終わったころに、各種の薬を用意して得意先に置きに行き、それを一年間自由に使用してもらい、次ぎに行ったときに使用済みの薬品を徴収して使った薬を補充する。薬屋の少なかった時代には、緊急のときに医者や薬屋まで駆けつける必要がなかったので、この置き薬は人々にとって非常に便利なものであった。

富山の売薬がいつから始まったのかは明らかではないが、胃腸病によく効く薬として有名な

売薬商人の柳行李

「反魂丹」は古くからあった。越中富山の松井玄長が反魂丹をつくり始め、二代目道元のときに武田信玄から売薬御免の朱印を受けたという。松井家は代々、縁日などで曲芸をしたり物を売ったりする香具師の家筋で、その四代目の源水（玄水）が江戸へ出て、宣伝と人寄せのためにさまざまな芸をしながら、反魂丹を売り広めたという。

　富山製の薬が初めて行商された記録で明らかなのは元禄年間（一六八八～一七〇四）のことである。香具師による反魂丹売りは宝暦・明和年間（一七五一～七二）に衰微していき、この時期に全国販売網をもつようになった越中売薬人が、香具師に取って代わったのである。これには下地があって、すでにそのころまで諸国の人々は、江戸の土産物として反魂丹をはじめ富山の売薬品を持ち帰っていて、広く全国にその名が知られていたからであった。その販路はまず中国・九州を市場とし、しだいに日本海沿岸諸地域、近畿・東北・関東地方に広がった。しかし、江戸時代の終わり頃には近江や大和の売薬が近畿地方に勢力を伸ばしてきたため、富山売薬は東日本を中心に行商するようになった。

この富山売薬人の出で立ちは、明治時代には長着物を着て、足さばきのよいように着物を腰のあたりで内側に半分に折って、博多帯を締め、この着物の上から前垂（前掛）をかけ、その上から羽織代わりに厚司（厚い木綿織の半纏）を着たが、明治も終わりごろになると、羽織を着るようになった。手足には手甲・脚絆・甲掛などを着け、足元に初め草蛙や草履であったが、のちには地下足袋になる。このような身なりで腰に筆記用具の矢立てを差し、紺色の大風呂敷で柳行李を包んで背負う。

柳行李の一番上の最も小さいところには帳面・矢立・算盤・硯箱・弁当などを入れ、ときには小さな燭台・厨子も入れる。二段目の行李には得意先にもって行く土産物、三段目には回収した服用残りの古薬、四段目・五段目には新配置の薬を入れるが、ここは客に覗かれることもあるので、十服ぐらいずつまとめて整然と入れ、特に五段目は桐の間仕切りを入れ、薬の種類を明瞭にしておいた。

行李の二段目に入れられる土産物は、売薬行商の特徴となる商法の一つで、薬の値引き以上に得意先を広め、また、得意先とコミュニケーションをとるために重要なものであった。富山売薬の土産物は紙風船（これは後にゴム風船になる）・針・塗箸・九谷焼の徳利・杯・急須などであった。このほかに「絵紙」というものもあった。絵紙は錦絵のことで、特別の得意先にはこれを土産とした。こうして配られた錦絵が、江戸や大坂で人気のある役者や、各地の名所についての情報を地方に伝えるという大きな役割を果たしたのであった。

売薬商人はまた得意先で四方山話をしながらその地域のあらゆる情報に通じ、自らの見聞した他所の土地の生活ぶりや、新しい生活技術などを教えたりして情報交換をした。人々は売薬商人の話を居ながらにして行ったこともない地方の状況や世間の動きを知ることができた。また売薬商人は広く世間を知っているので、時には縁談の橋渡しをしたり、結婚の仲人を頼まれたりすることさえあった。

富山売薬と並ぶ大和売薬は、葛根・十薬・千振・ゲンノショウコ・オオバコ・茯苓《ぶくりょう》（キノコ）その他多くの種類の薬種が自生する葛城・金剛山脈の山麓や吉野山地を基盤として成り立った。

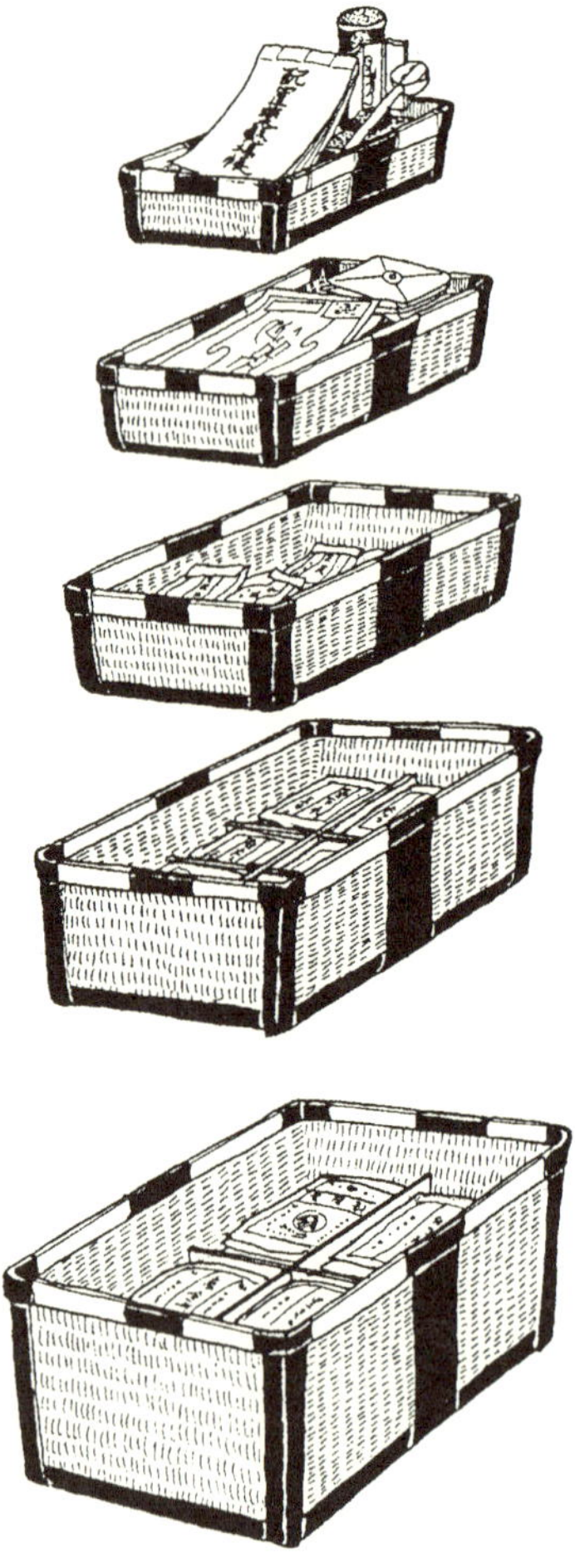

売薬商人の柳行李五段
（中林啓治氏図）

自生薬種のほかに山の急斜面の畑地を利用して薬種栽培も盛んにおこなわれ、当帰・貝母・牡丹・芍薬などは江戸時代から今日にいたるまで栽培され、全国的に重宝がられている。

薬には丸薬・散薬（粉薬）・煎薬・膏薬・練薬・砂粒などがあるが、煎薬以外はすべて粉末から製造される。煎薬は片手切り、・両手切り・押し切り・薬研などで薬種を刻み、原料の薬種を何種類か配合して作られる。湯で煎じて飲むので煎薬といわれ、膏薬は貼り薬といわれ、大和では大正年間に明日香村野口の脇本某が富山から学んで作り始めたという。練薬は傷口に直接練りつけるマッチコウヤク、そのまま甜める五臓円などがあった。五臓円は炊いた水飴や蜂蜜の中に薬を入れ混ぜ合わせ容器に入れて売られた。砂粒トウシの目を使って作った粒状の薬である。もっとも目玉商品である丸薬は、近世から作られており、飲みやすく変質も少ないため、行商には適していた。その粒は親指状の大きさから米状のものまであって、すべてこれらは手や指でまるめられ、のちには手動式の製丸器が使われたのである。

この大和売薬という行商がいつから始められたのかは不詳である。しかし御所市今住の中島太平衛家や米田徳七郎家に、江戸時代末期の得意帳があるところから、江戸時代終わりごろには大和売薬が広まりつつあったようで、その得意先は伊勢街道沿いにあった。そして、大和売薬の名が全国に知れわたったのは明治時代になってからであったらしい。この明治から大正時代の売薬行商人の出で立ちは、着物に草鞋・脚絆・羽織姿で背に売薬行李を背負い、傘をもっていた。初めて売薬に出るときは先輩に売薬行李の使い方や、携帯する矢立の使い方も教わったという。

売薬行商の得意先廻りは年二回ぐらいで、田植えが終わってからと、米の収穫後に廻るのが多かった。また売薬に出る日にナタマメを食べる風がある。ナタマメのなり方が上に成ってから下に戻ってくるというのを、旅に出ても無事に戻ってくるようにという願いをこめたものであるという。

なお、売薬商人は広域を巡歴するので、諸国諸村の状況や新規の流行をよく知り得た。そのため赴く処々に最新の情報伝達の役割を果たした。また、村内婚から村外婚に婚姻圏が拡大する風潮が広まってくると、村外さらに遠方からの見合いの娘や若い衆を紹介し、嫁取り婿取りの媒介の役をすることも多くあり、親しめる存在として快く迎えられた。

楽しみの文化

勝川春章『役者夏の富士』

囲碁・将棋

ちょっとした間合いを見付けて、馴染みの者が寄って一局手合わせしようかと、碁盤に向かって対局する。将棋も同じであるが、さらに日常的普遍的な面があり、ことに夏の夕暮れどきに、縁台に腰掛けて涼をとりながら、将棋の駒を進める情景は周囲をほのぼのとさせてくれる。数ある遊戯の中でも囲碁と将棋は庶民にもっとも親しまれ、今日に息衝いている。

碁を打つための碁盤は、縦一尺五寸（約四五センチ）、横一尺四寸（四二センチ）程で、厚さはさまざまである。盤上には縦横それぞれ一九路の罫を黒漆で引き、三六一の目がつくられている。榧・銀杏・檜・桂などが用いられるが、なかでも柾目取りした榧が最上品とされ、桂は一般普及品とされる。

碁石は白黒二種の偏平な丸石で、黒一八一個、白一八〇個が一組である。高級な碁石は黒を那智黒と称される紀州産の石、白を碁石蛤の貝殻でつくられている。

こうした碁は元来貴族の娯楽であったことは、聖武天皇遺愛の碁器が今日正倉院に保存されていることによっても知ることができる。平安時代になると、手腕の者を碁師として遣唐使に随行

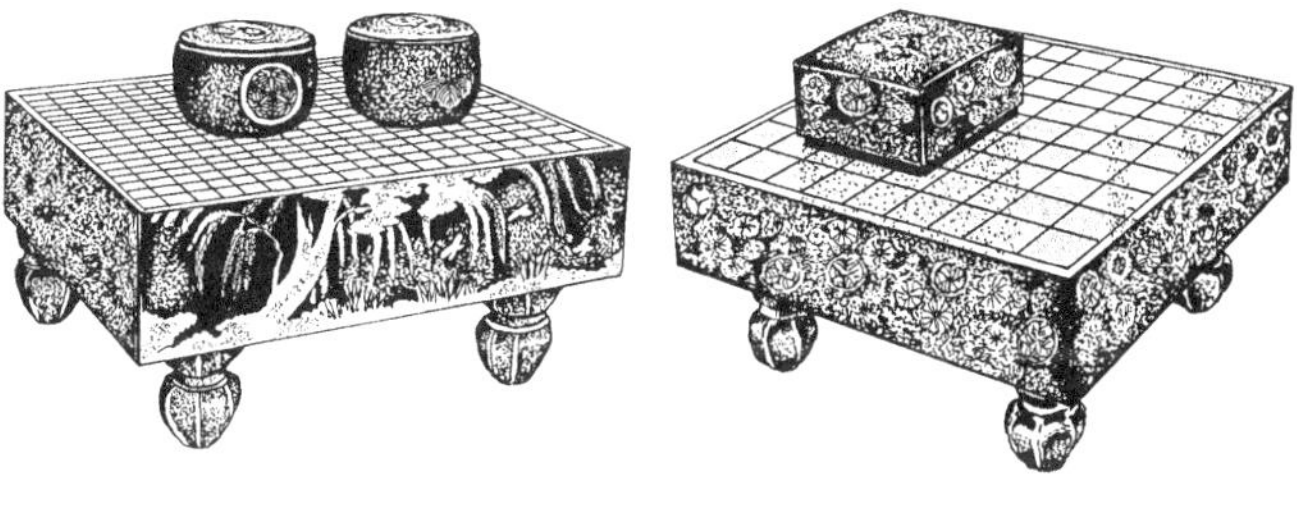

碁盤と将棋盤（中林啓治氏図）

させた記録もある。また一種の朝儀として推奨され空前の隆盛をみ、『源氏物語』の中にも対局の情景がくわしく描写されている。

鎌倉時代になると、これまで上流貴族に限られていたのが武士の手でようやく一般的なものとして登場してくる。織田信長の碁好きはあまりにも有名で、京都寂光寺の僧日海を招いて深く師事し、日海を名人と称した。これが名人という名の源とされている。秀吉・家康も日海に師事し、とくに家康は幕府に碁所を設け、日海にこれを管理させ、名を本因坊算妙と改めさせた。これが本因坊の第一世である。そしてしばしば将軍御上覧の対局が催され、碁界は空前の黄金時代を迎えることになったのであった。

なお、京都の竜源院には秀吉家康対局碁盤、京都の寂光院には初代本因坊所用の碁盤が伝えられている。

将棋盤は縦一尺二寸（約三六センチ）、横一尺一寸（約三三センチ）、厚さはさまざまで、九×九の枡目が引かれ、ながさ四寸（約一二センチ）の四脚がつく。材は榧が最上で桂・銀杏がこれに次ぐ。

双方が王将（玉将）・飛車・角行・金将・銀将・香車・桂馬・歩、合わせて二〇枚の駒を持つ、これらの駒を動かして最終的に王将を仕留める本将棋のほか、結将棋、挟将棋・回将棋・掴将棋（山崩）・将棋倒しなどさまざまな遊び方がある。

こうした将棋は三〇〇〇年前に古代インドに生まれ、チャトルアンカと言われていた。これがペルシャ・アラビアを経てヨーロッパに入ってチェスとなり、さらに古代中国に移って象戯となった。これが日本に伝来して将棋となったのである。

平安時代中期から室町時代にかけ、大将棋・将棋・中将棋の三種類の遊びが行なわれたが、室町時代末期からこの三種類を取捨按配して創案されたのが小将棋で、今日の将棋のもとである。この将棋が大衆化されるようになったのは慶長年間になってのことである。

徳川家康が囲碁の本因坊算妙と将棋の大橋宗桂を招いて幕府に棋所を開き、大橋宗桂がその司として将棋家元を興し第一世名人に就任した。この頃から将棋が広く江戸庶民の間に広まり、いわゆる湯屋将棋・床屋将棋・縁台将棋の名が起こるほどに大衆娯楽の花形となったのである。

なお、将棋がわが国に伝来してより永らく象戯としていた。大阪の水無瀬神宮には象戯図巻と中象戯駒・小象戯駒・中象戯盤が伝えられている。

ところで、囲碁の碁盤と碁石に日本人は特別の観念をもっていた。それは碁盤を宇宙、碁石を宇宙にきらめく星と想定したのであった。そのことは人生の通過儀礼の作法にも表象されている。宮廷において皇子が五歳になると、着袴（ちゃっこ）・深曽木（ふかそぎ）の儀がおこなわれる。それは五歳になる皇子が袴を着けて碁盤の上に立ち、太夫が髪に櫛を入れて髪を切る「髪置祝」が行なわれた後、皇子が碁盤の上に置かれた碁石を踏みつけて、「えいっ」と声をかけて、南に向かって飛び降りる儀式である。皇太子浩宮も秋篠宮の御子もこの儀の行なわれたことが報じられ、周知のところである。

なお、浩宮は昭和十九年十一月一日、数え年五歳を迎えられた御祝儀の際、天皇・皇后両陛下から賜わられた童形服を召され、右手に檜扇、左手に小松と山橘の小枝を持って、青石の小石が二個置かれた碁盤の上に立ち、髪の元を鋏で切り揃えられた後、足元の小石を踏んで碁盤から飛び降りられた。このさいの碁盤は高天原を表象し、二個の小石は高天原から眺めた地球と月を表象するともいわれる。

このときの碁盤は「日置盤」と称するものであるともいわれている。それは罫線が通常の碁盤の一九路ではなく二一路になっていて、枡目は縦横二十で四百桝であるという。それには暦の八節（春分・秋分・夏至・冬至・立春・立夏・立秋・立冬）の位置が盤上に記され、陰陽道にいう所の、九星（一白・二黒・三碧・四緑・五黄・六白・七赤・八白・九紫）を表わす碁石が置かれたという。天皇はこの日置盤によって成り立つ「日置暦」を持っておられたという説もある。

暦について言うならば、中国の古い伝承のうちに

日出而作　日入而息　鑿㆑井而飲　畊㆑井而食　帝力何有㆓於我㆒哉

の歌がある。すなわち昼は働いて夜は眠るというのが、古今通用の生活態様であった。そのため時に関する知識はすでに古代人にあり、それが次第に深められ、さらに体系づけられて暦書が生み出されたのであった。

社会生活を円滑に営むためには、まず季節を立てて、時を知り計り、時を違えず、日・月・年を数え、週・節・季を定めるコヨミ（暦）が組み立てられた。コヨミはすなわちカヨミ（日読）で、日を数え知ることであった。そして最も基本である日を知ること、ヒシリ（日知り）はヒジリ（聖）である。したがって、社会生活の根幹となる暦は天子（天皇）の専決事項であった。そのため日置暦を定めるための日置盤なるものが、天皇のもとにあったというのも当然であったと考えられる。

ところで、碁盤といえば正倉院御物には自動引出し付きの碁盤が現存している。碁盤の両側に引出しがあって、一方を引き出すと他方も自然に開くという仕掛けである。ここに碁盤そのものを奇異に感じさせ、そこから人智のおよばない宇宙を表象するものとの観念を生んだのかも知れない。この奇異なる仕掛けの存在の伝承から、後世、碁盤人形を生み、さらに「碁盤からくり人形」を生んだのではなかろうか。喜多村信節は『嬉遊笑覧』で、

佐渡島日記は、佐渡島長五郎といへる俳優、剃髪して蓮智坊といへりしが筆記なり、予五歳（宝永五年〈一七〇八〉の時より、親伝八所作事を教へ、東武へつれ下り、碁盤人形と名づけ、ごばんの上にて、我に芸をさせしに

とあり、さらに山東京伝の洒落本天明七年（一七八七）刊の『通言総籬』には、

江戸丁二丁目相失屋御ぜんめんるゐ所と書いた、そばのせいろう、れんじにさみしく二ちゃうつづみごばん人形の騒ぎもいつしかしづまり、おくざしきにてことのねさえわたる。

とあり、あやつり人形を碁盤の上で舞わす芸の存在が語られている。まさに碁盤は摩訶不思議で実に奥深い意味をもつ用具である。

からくり

常民にとって馴染み深い郷土玩具、人形芝居や見世物、さらには祭礼の「屋台からくり」、それを生み出した知恵と技術には、改めて感服させられるところである。

「からくり」の郷土玩具として今日も存在しているのが少なくないが、そのうち主なものを次に挙げると、浅草の飛んだり跳ねたり（東京都）、王子の暫狐《しばらくきつね》（東京都）、名古屋の糸絡繰玩具─牛若弁慶他（愛知県）、犬山のでんでん太鼓（愛知県）、金沢の米食い鼠（石川県）、有馬人形筆（兵庫県）、大垣の鯰押え（岐阜県）、鳥取の面被り（鳥取県）、宇土のお化け金太・面被り（熊本県）等がある。

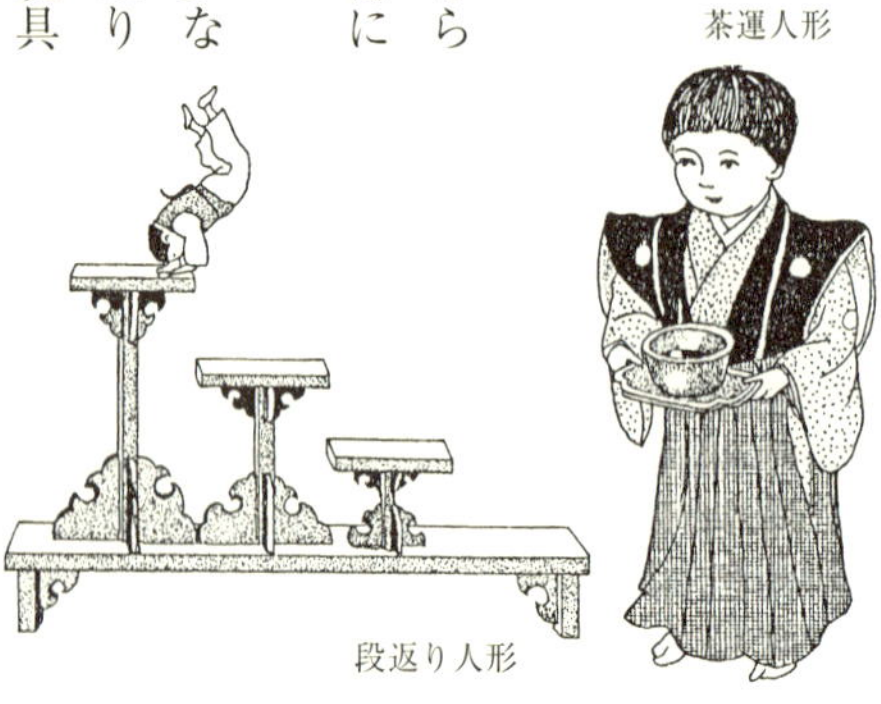

からくり人形（中林啓治氏図）

ところで、この「からくり」というのは、ゼンマイ・バネ・歯車や水・砂などを使って人形や道具を自動的に動かす仕掛けで、絡繰・璣・機械・機関・機巧などさまざまな漢字で標記されてきた。こうした「からくり」の技術はもともと中国から伝来したものであるが、わが国では正倉院御物に自動引出し付碁盤があるのは、わが国における最古の「からくり」遺品と言えそうである。「からくり」に関する最古の記事としては、『今昔物語集』巻第二十四本朝付世俗の「高陽親王《かやのみこ》、造人形立田中語第二」で、

今昔《いまはむかし》、高陽親王《かやのみこ》ト申ス人御《おはし》ケリ。此ハ桓武天皇ノ御子《みこ》也、極《きはめ》タル物ノ上手《じょうず》ノ細工《さいく》ニナム有ケル。京極寺《きょうごくじ》ト云フ寺有リ。其寺ハ此《この》親王ノ起給《たてたま》ヘル寺也。其寺ノ前ノ河原《かはら》ニ有ル田ハ此寺ノ領《りょう》也。

而ルニ、天下旱魃《かんばつ》シケル年、万《よろづ》ノ所ノ田皆焼失《やけうせ》ヌト喤《のの》シルニ、増《まし》テ此ノ田ハ賀茂川ノ水ヲ入レテ作ル田ナレバ、其河ノ水絶《たえ》ニケレバ、庭ノ様ニ成テ、苗《なへ》モ皆赤ミヌベシ。

而ルニ、高陽親王此《これ》ヲ構給《かまへたまひ》ケル様、長《た》ケ四尺計《ばかり》ナル童《わらべ》ノ左右《さう》ノ手ニ器《うつはもの》ヲ捧《ささげ》テ立テル形ヲ造テ、此田ノ中ニ立テ、人其童ノ持タル器ニ水ヲ入ルレバ、盛受《もりうけ》テハ即チ顔ニ流懸《ながしかく》ル構《かまへ》ヲ造タリケレバ、此ヲ見ル人、水ヲ汲《くみ》テ、此持タル器ニ入ルレバ、盛受テ顔ニ流懸《ながしかけ》なとスレバ、此ヲ興《きょう》ジテ聞継《ききつぎ》ツヽ、京中ノ人市《いち》ヲ成シテ集《あつまり》テ、水ヲ器ニ入レテ、見興《みきょう》ジ喤《ののし》ル事無限《かぎりな》シ。如此爲《かくのごとくす》ル間ニ、其水自然《おのづか》ラタマリテ、田ニ水多ク満《みち》ヌ。其時ニ童ヲ取隠シツ。亦、水乾《かわ》キヌレバ、童ヲ取出シテ田ノ中ニ立テツ。然レバ亦前ノ如ク人集《あつまり》テ、水ヲ入ルル程ニ、田ニ水満《みち》ヌ。如此《かくのごとく》シテ其田露不焼《つゆやけず》シテナム止《やみ》ニケル。

此極《これいみじ》キ構《かま》ヘ也。此モ御子《みこ》ノ極《きわめ》タル物ノ上手《じょうず》、風流《ふりゅう》ノ至《いたせ》ル所也トゾ人讃《ほめ》ケルトナム語リ伝ヘタルトヤ。

というのである。

その後、傀儡師は素朴な仕掛人形を用いていた。それは傀儡師が首から掛けた箱の中で人形を操り、市井を廻っていたのである。しかしその芸態はわずかに歌舞伎舞踊の傀儡師にみることしかできなかった。しかし今日、愛知県半田市亀崎の潮干祭りに登場する神楽車の「からくり」は、江戸時代に「竹田からくり」の舞台で演じられた内容を正確に伝えている。

ここでいう「竹田からくり」というのは、寛文二年（一六六二）に初世竹田近江が大坂道頓堀に芝居小屋を創設し、明和五年（一七六八）まで存続した竹田座で、人形・屋台・道具などがすべて機械・水・糸などの仕掛けによる動きを中心とする見世物に、女性による狂言、子供芝居、踊りなどを挿入した「からくり芝居」で一世を風靡したのであった。

ところがこの時期、一方で名古屋を中心に「屋台からくり」が技術の粋を競い、盛況を呈していたのであった。尾張国には山車の上で操る「からくり人形」が多く分布する。名古屋城下町で発達し、今日に伝えられるのであるが、その伝統は中世に誕生した大山（車）と呼ばれる、津島・熱田を代表する山車人形から展開したのである。はじめは棒の先に頭をつけた案山子状の素朴な人形であったが、江戸時代後期になると、「からくり人形」は鉄砲打・戸隠・湯取・鵜飼・神子・早武者・猩々・二福神・稲荷・音羽の十演目があり、この山には手名都知《てなずち》・足名都知《あしなずち》、造り物に蛇・鯛・鯉があったという。

この「大山からくり人形」の伝統を受け継ぎながら、天和六年（一六二〇）から、名古屋東照宮の山車に、より機械的な構造をもつ「からくり人形」が登場した。すなわち初期の棒人形から曲芸や変身などの動きをする、「離れからくり」とか「変身からくり」などがあり、手足を糸で動かす「糸からくり」より高度で、サシガネと呼ばれる仕掛けのある角棒を二本使い分けて、人形の演技に複雑さと連動性をもてせるものであった。そのため倒立・肩車・乱杭渡り・綾渡りなどさまざまな演技ができたのであった。そして、大坂の竹田からくりが全国に興行したように、「名古屋からくり」もたびたび小屋掛けされたので、町の人々を魅了したのであったという。

こうした尾張国の山車からくり人形で、もっとも演技の内容で特筆されるのが倒立する人形である。そうした倒立人形は全国でも数少なく、名古屋の人形師たちの創意工夫と力量あるところ大であろう。たとえば逆立ちの曲芸を演じるからくり人形には、ゼンマイと呼ばれる歯車二枚を組み合わせたものや、蓮台に装飾歯車として取り付けた時計の脱進機がある。また、倒立だけでなく面被りと肩車の三種類のからくり芸を、大唐子と小唐子の二体で演じてしまうのである。

なお、「からくり人形」を使って人形浄瑠璃芝居を演じる芸能が、知多半島には伝承されている。「平治合戦」「軍術誉白旗鬼一法眼館段」「楓狩妹背御鏡、山賊退治之段」「田村川神亀釣竿、源氏烏帽子折之段」などである。

ところで、かの井原西鶴が「茶をはこぶ人形の車はたらきて」とよんで驚いた「茶運《ちゃはこび》人形」に代表されるからくり人形も、江戸時代中期から精巧なものがつくられ、富裕層のあいだで玩具としてもてはやされたことは、よく知られるところであり、今日も懐かしみを覚えさせられるところである。このほか、「五段返」（宙返り人形）、「竜門滝」（鯉の滝のぼり）、「鼓笛児童」（オルゴール人形）なども知られるところである。

こうした精巧な「からくり人形」製作の基礎になったのは、ほかならぬ歯車の知恵と技術であり、それがもとになって和時計が作られ、その時計の技術がさらに「からくり」ならびに「からくり人形」を作らしめたのであった。「竹田からくり」は別として、多くの「からくり人形」が作られ、今日に伝承されるとして尾張国、すなわち愛知県が特筆されるには大きな理由があった。

室町時代中期から江戸時代にかけて、尾張で作られた鉄地鐔すなわち「尾張鐔」に歯車のデザインを取り入れたものが数組発見されているが、そのことから歯車を規準とする時計の技術が尾張の風土に根付いていたことがうかがわれる。その尾張時計の元祖は津田助左衛門政之である。訳あって武士を捨てて京に隠遁していた助左衛門であったが、駿府にいた徳川家康が愛用の朝鮮渡来の時計がこわれたので、洛中に触れを出して時計修理の職人を探した。生来手先の器用であった助左衛門がたまたま応募し、駿府へ赴いて見事に家康の時計を直した。ところがそれだけでなくもう一台製作して家康に献上した。この助左衛門の技量を家康は激賞し、すぐさま召し抱えた。慶長十九年（一六一四）に家康の九男の尾張義直に仕えることになり、助左衛門は名古屋に住み、子孫もまた幕末まで尾張に住した。

こうした津田家は、和時計の修繕・製造を行なうとともに、藩の鉄細工いっさいを扱い、自ら国産時計の技術開発を行なうとともに、多くの弟子を育て、名古屋を和時計の一大製作拠点となしたのである。まさに津田助左衛門こそ「日本時計師の元祖」と称されるにふさわしい人物であった。この和時計の歯車とバネ仕掛の技術こそが、尾張地方を「からくり人形」の一大中心地たらしめたのであった。

幕末・明治期の科学技術者・発明家として知られ、からくり人形や「水からくり」を考案した通称儀右衛門こと田中久重は、「からくり儀右衛門」と呼ばれたが、彼もまた和時計の製作・修理を業として、嘉永四年（一八四九）には精密工芸品として知られる「万歳自鳴鐘《じめいしょう》」と称する万年時計を完成しているのである。その後、久重は蒸気機関・鉄砲、さらに蒸気船・軍艦の製造に従事し、明治初年に逓信省電信灯台用品製造所の前身である田中製作所を東京銀座に開設し、政府の指定工場となった。この工場は二代久重により芝浦製作所のちの東芝へと発展したのであった。

さらに付会するならば、静岡県の農家出身の豊田佐吉が名古屋に出て織物工場の職工となり、ついで小型の織機製作にうちこみ、明治三十年（一八九七）に豊田式自動織機を完成した。これも和時計の歯車製作を根元とする精密科学機器製作のメッカとしての名古屋の風土の然らしめるところと言えないこともない。この豊田式織機株式会社から、トヨタ自動車工業株式会社が成立したことは周知のところである。

酒宴

酒は一日の疲れを癒やしてくれる。酒を飲めるものにとって、晩酌はこのうえもなく楽しいものである。赤く燃える囲炉裏の上に、自在鉤に吊された鍋、そこから燗酒の芳ばしい匂いが流れる。囲炉裏を囲む夕餉のひととき、山村・農村の素朴な風情。江戸時代にはこうした情景があちこちに見られた。

酒を燗して飲む習慣がひろまってより、燗は鍋を用いた。銅製の鍋で、弦をつけて自在鉤にかけるのに具合よくできている。小さいのでは一升、大きいのでは数升入るのがある。小さいもののなかには、一方に注ぎ口があって、銚子に注ぎやすくなっている。大きい鍋では杓で汲みあげる。なかには直接茶碗に注いで、ガブリガブリと飲む人もあったかも知れない。

銚子は鉄製で、今の鉄瓶のような形。はじめは大形で、蓋も大きかったが、のちにだんだん小さくなって、胴ぶくれの浅いものになる。もちろん蓋も小さい。この銚子で燗をすることはめったにない。鉄器で直火《じかび》で燗をすると、酒の味がきわめて不味《まず》くなるという。だから燗をするときは、みな銅製の器でする。

直火の燗器にチロリというのもある。京阪ではタンポともいい、主として町方で多く用いられた。これも銅製で円筒形になっていて、一方に注ぎ口があり、弦をつけて提げられるようになっている。湯で温めるチロリもある。直火用のチロリよりも小さく、二、三合入りのものが多い。提手や蓋はなく、口に引っ掛けがついていて、それを鍋や銅壺《どうこ》の縁《ふち》にかけ、湯の中に立てて燗をする。

町家や田舎の良家には、居間や台所にどんと箱火鉢が据えられていた。箱火鉢は炭火を使うので、直火の燗器はもちろんつかえるが、なかには片側に銅壺をしつらえたものがある。ここに湯で燗をするチロリをつけたり、燗徳利をつけた。箱火鉢の縁に燗徳利をのせて、チビリチビリと盃をかたむける晩酌の味は庶民にとってまた格別の趣があったろう。

この燗徳利というのは、今日一般に銚子と呼んで使っているもの。銅チロリの燗酒は注ぎにくく、飲みにくいので、徳利を小形にし、首を長く、口をやや大きくした。これに酒を入れて、直接銅壺や鍋につけて燗をした。これだと燗してすぐ盃に注いで飲めるし、簡単で便利なので、江戸時代も末期には、大名といえども略式にはもっぱらこれを用いた。

燗徳利の普及から、陶磁製の各種燗器がつくられた。底が尖っていて、火の中に突き立てるようにできている。ことに灰火を使う農家では、灰に陶製燗器を埋めて、ゆっくりと、まったりと燗をすることができるので重宝がられた。横にして火の上に置いてもよいように工夫して、口はななめに広くしてある。その形が、ちょうど鳩がとまっている恰好に似ているところから、鳩ま

近世の酒器いろいろ

たは鳩燗と呼んで親しまれた。
また、早く暖まるように、中央を円くくり抜いて火気が通るようにした、円い環状の燗器がある。はじめ相馬焼《そうまやき》のものが多かったが、近年あちこちでつくられ、なかには把手の意匠をかえ、狸にしたり河童にして、盃を笠に仕立てたものもあらわれた。狸徳利とか河童徳利とか呼ばれた。一人燗をしながら飲むにはかっこうの徳利である。盃が二重になっていて、縁と底に小さな穴があり、飲むとヒューと音がしたり、燗徳利の方も注ぐときにヒューと音がするようになったのもある。鴬形の造形物をとりつけ、梅の模様をあしらったものが多い。

酒は人の暮らしにうるおいをもたせてくれる。そのため、人々は昔から、より楽しく酒が飲めるように、酒器にも心をくばった。実用性ばかりでなく、愛《め》でるものとしても、常に工夫を凝らしてきた。いつの世にも最高の技巧をもって、造形的な美をうったえてきた。

古墳時代は、土師器・須恵器が主な飲食具であったが、すでに坏《つき》・高坏瓶《へい》・𤭯《けぞう》などの酒器類があった。酒を入れる瓶でも、平瓶《ひらへい》・提瓶《ていへい》・横瓶《よこへい》・環形瓶《かんがたへい》、酒を飲むに使った𤭯にしても、家形𤭯・袋形𤭯など、装飾的に細心の工夫を凝らしたことがうかがえる。

大宮人が華やかな生活絵巻をくりひろげた奈良時代、酒器もまた一段華やいでくる。胴が玉子形で、その上に細長い頸のついた仙盞瓶《せんさんがん》という注器《そそぎき》があらわれた。青銅や金銅製が多いが、奈良三彩と呼ぶ白・緑二色で彩った陶器も好まれた。

また、漆塗りの漆胡瓶《しっこへい》、ガラス製の白瑠璃瓶《しろるりへい》という豪華なものもある。漆胡瓶は竹で編んだ形の上に布を張り、上に黒漆を塗り、銀の薄板の花模様をうずめたもので、中国でも珍しい。ガラス製はいわずと知れた舶来品。

盃には、ガラス・メノウ・犀の角製。楕円形・五稜花形あるいは横長に十二花形をあしらった姿とある。ガラスのものは、緑瑠璃長杯《りょくるりちょうはい》といい、緑色ガラスに水藻や魚を浮彫りした精巧なもので、当時の貴族の贅が偲ばれる。

平安時代は奈良の風をうけついだ。銀と錫の合金粉で、桐と鳳凰を蒔絵した瓶子《へいし》があったというし、『平家物語』に、「いせのへいじ」の使われたことがしばしば見え、伊勢でつくられた瓶子が知られたらしい。

武士の社会になると、すべて簡潔の生活を基調とした。鎌倉時代の酒器はいたって質素簡略。

朱か黒の漆器がほとんどで、その代表が根来塗《ねごろぬり》。素朴ながらおおらかな美しさをただよわせ、瓶子も肩をくっきりと張った、角張った感じになり、裾野は広く安定した形になってくる。朱塗も下地に黒を塗り、永い歳月がたてばたつほど落着いた色調になり、朱が磨滅しても、黒地がほんのりと浮びあがり、独特の抽象模様とさえなる。

鎌倉時代の末頃からは、瀬戸の焼物が出回り、瀬戸瓶子は社寺や上流階級の酒器として愛好された。どれもこれも、どっしりと落着いた形、彫り模様も力強く、時代の風をよく表現している。青朽葉《くちば》、黄朽葉色の透明性の釉《うわぐすり》をかけたもの、黒色・飴色の不透明な釉をかけたものと二様式あるが、ことに後者は鎌倉時代特有のものといえる。

城と襖絵に象徴される桃山時代は、すべてが派手好みで豪華絢爛。高台寺蒔絵に代表されるように、漆塗りの器がほとんどを占めたが、一方で織部《おりべ》・志野《しの》・黄瀬戸などの焼物が出現した。なかでも織部はもっともバラエティーに富み、徳利などその味わいがよく示されている。

胴が著しくふくらんだ形の徳利と、ラッキョ形のものとあるが、前者の方が織部の古い形らしい。大部分は大形で、これと盃もまた大形。碗といえるほど大きいのがあり、深酒をした当時の武将にはもってこいのもの。またこれとは別に、俗にグイノミと呼ばれる小形の盃もある。これは六角になっていて、根来塗の楪子《ちゃす》が祖型となっている。織部焼には、その形が漆器を祖型にしたものが少なくない。これはやがて形だけでなく、陶器に黒漆を塗って蒔絵にする漆陶併用技術を生んだ。仁清の作品もこの風趣を盛ったものである。

太平の世が続いた江戸時代は、商工業が急速に発達し、それが生活文化の向上をうながすとともに、広く一般にも広がった。備前・信楽《しがらき》の陶器、尾張・美濃・肥前の磁器、近江・山城・大和の漆器など、すぐれた工芸品が世に迎えられた。

酒器にしても、牡丹に椿など花柄のあざやかな伊万里《いまり》、ことに赤い絵具の色があでやかな古伊万里の大徳利、鳳凰を描いた垢抜けした柿右衛門窯の大徳利、素朴な作調の備前焼徳利など、焼物徳利の全盛時代を迎える。

陶磁の技術は、指樽《さしだる》や角樽という漆器と肩を並べ、それらを陶器に写す風も盛んになった。もちろん小型になり、運搬用というよりも、銚子や盃とともに酒席におかれた。これは従来の朱・黒だけの単色ではなく、松竹梅をあしらったり、模様もまた多様化し、酒席にいっそう華やかさを添えることにもなった。徳利もまた小型となるとともに、いろいろの技術をほどこした変形徳利もできた。伊万里の角徳利、柿右衛門瓢箪形徳利、備前の猩々舞や布袋徳利など。猩々舞や布袋は、徳利の外側にくぼみをつけ、そこに浮き彫り像をはりつけたような、きわめて技巧的なものである。

酒は気分やムードで飲む一面をもっているので、酒器も製作技術や造形美が創造されたのであった。

祈りの象形

山の神（写真　清野照夫）

石

〝石〟は霊力・魔力を秘めている、その信仰は古く『風土記』や『延喜式』にもすでに石神あるいは石神記などの記載が見える。樹木と同じように自然石を神霊の依代《よりしろ》とする信仰は古く、その事例も枚挙に遑《いとま》がない。わが国では祭祀遺跡として、神霊の依代としての樹木たる神籬《ひもろぎ》、神霊が降臨して鎮まる山たる神奈備《かんなび》、神霊の籠れる岩石としての磐座《いわくら》の存在を信じてきた。そうした中で神奈備の代表として、秀麗な大和の三輪山が信仰されたが、その山中に岩石が重畳として存在することが認識されて、神霊がそこに籠れる磐座とされ、神体山として信仰を深め、登拝を辞することになったのである。すなわち、重畳・巨大な岩石はまさに神霊の籠れる聖なるものと崇められてきたのである。

また、山壁や路傍に横たわる巨大な岩石に神像や仏像を刻んで、神体石・仏体石として神仏崇拝の対象とされたり、道祖神・地蔵・庚申をはじめさまざま石造神仏像が造られ路傍に祀られる。そのさい神体もしくは依代とされるにふさわしい形状・模様・色彩などに、なんらかの特徴をもつ石が選ばれる。されにまた、神が休息したという腰掛石・休石、石が割れて子石を生み出すという子産石、常に湿り気があるという生石《なま》などの信仰と、石にたいする信仰は実に多様である。

日本人は古くから神々の御《おわ》す聖なる世界として、天空他界・山中他界・海上他界の三つの他界の存在を意識し、人界のハレの日にはこの他界から神が人間の住む現世に来臨すると考えてきた。そのさい来臨する神霊を海辺に存在する、拳大の丸石、あるいは掌に載せたり握ることのできる大きさの丸石を考えたのであった。そのさい、内陸においては海に注ぐ川そのものが海上他界の延長と考え、とくに満潮のさい海水が遡行する所までとする風習があった。大和の吉野川では浪速の海の潮が溯ってくるというところを「潮生渕《しおうぶち》」（潮渕・塩渕ともいう）とし、その川原の丸石を神霊の象徴としたのである。その川辺の妹山《いもやま》には大名持《おおなもち》神社が祀られており、『大和志』に「大名持神社…妹山に在り、山は川原屋に属す。……社に潮生渕有り、毎歳六月晦、潮水湧す。故に名づく」とあり、『大和名所図会』にも同様のことが見える。

橿原市をはじめ桜井市などの村々では、秋祭にさいして宮座の頭屋あるいは代表者が、潮生渕に赴いて水垢離をとり、その行場《ぎょうば》の小石を座衆の数だけ拾って藁に包ん

京都嵯峨車折神社の願懸奉納石

で首にかけ、潮生渕の水を神酒徳利に汲んで帰り、その水を村内を流れる小川に流して座衆がそこで水垢離をとる。これで座衆の皆が吉野川で水垢離をしたことになるのである。そして持ち帰った小石を御仮屋に祭るのである。これを「お汝《なんじ》参り」（大名持参り）といい、かつては二十八ヵ所の宮座がこの作法をおこなったという。このとき潮生渕から持ち帰る丸石こそ、海上他界から現世に赴いてくれる神霊なのである。

ところで、海に通じる川から拾ってくる丸石は産神とされる信仰も各地に伝わる。摂津・河内・和泉の地方では産神のことをウブノカミサン・ウノカミサンなどといい、名付けの日や産湯をつかわせるときにその石を祀る。淡路島の沼島では妊婦が産気付くと母親は海にいる神を産神と信じ、海辺で海に向かって安産を祈り、石を一つ拾って家に帰り、その石を産屋にいる産婦に戴かせたのち、産屋に祀っておいて、産の忌があけると海にお返しする。その他、お産が近づくと母親が海や川原から丸石あるいは卵型の石を海辺や川原から拾ってきて、産神として産屋に祀る風は各地に伝承されている。

さらに、石は人間の霊魂そのものであるという意識も濃厚である。神社の鳥居の笠や貫《ぬき》に多くの小石が載せられている情景をよく目にする。それは小石ことに丸石を人間の霊魂の象徴あるいは形代と意識し、それに自らの願いを托し、神霊の座《いま》す聖域の象徴としての鳥居に投載して秘めたる願いを叶えてもらおうとするのであり、投げて落ちれば何度でも旨く載るまで投げるのである。その習俗はきわめて広く見られるものである。

この石こそ今日の賽銭の原初の姿である。すなわち貨幣経済以前における魂を象徴する唯一のものが丸石であった。貨幣経済の時代に入ると貨幣がもっとも貴重なものとなったので、これを魂の代わりとして奉納するようになる。これが賽銭である。銭は一般に丸いので、魂をかたどったものと意識したのであった。したがって、神仏に捧げる賽銭も現実的実利的形象ではなかった。

ここからさらに敷衍してみると、餞別も同じ意味をもつものである。旅立つ人や村や町を離れて異郷に住処を変える人、今日では転勤・退職する人にも「餞別」を出す、お金を贈ることが多いので、銭別と誤記することが多いが、正しくは餞別である。餞とははなむけの意味で、酒や食物を用意して別れる人を送る酒盛り、いわゆる送別会のことである。そこから送別の意味で贈る金銭のことを餞別というようになったのである。

しかし、実際のところ旅行にしろ転出・転勤にしろ、それは異界への旅立ちである。異界ではいろいろな危難に遭うかも知れず、魂が衰弱するであろう。そこで餞別を贈ることによって、送る人の魂の一部を分け与え、旅立つ人の魂を補強し、再生させようとするのである。古代から日本人は、人間の霊魂や穀物の霊魂をはじめ、すべてのものに霊魂が宿っていて、それは入出自在、分割増殖する性格をもつ。したがって、銭にも霊魂があり、それがまた人間の霊魂をも象徴するものと考えてきたのであった。

なお、はっきりと「神石」と称えて信仰している習俗もある。京都嵯峨の車折《くるまざき》神社には神前に大小さまざまな石が山と積まれていて、その石の一つ一つに墨で丁寧に願文や礼文が書かれている。参詣人が願懸けに書き記したものである。まず、願懸けをする者がこの神石を一つ借りて帰り、自宅の神棚に供えて毎日祈願し、願が成就すると近くの川原へ行って石を拾い、その石にお礼の言葉を書いて、借りた石と一緒に神前に奉納する習わしである。

同じような例は寺院においても見られる。四国八十八ヶ所第二十六番札所の土佐室戸の金剛頂寺でも境内の小祠の前にたくさんの石が積まれている。悩み事や願い事のある者はここにある石を一つ借り受けて、自宅の仏壇に上げて願を懸ける。願いが成就すると、浜で石を一つ拾ってきて、二つにして奉納するのである。こうした例はなお全国随所に伝承されている。

御守・御礼・千社札

御守はそれを身につけることによって、それぞれの目的が達せられると信じられているもので、福徳利益の御守、延命長寿の御守、道中安全の御守などさまざまある。とくに道路の発達と自動車交通の隆盛から、交通安全の御守、受験戦争ともいうべき状況を反映して、学業上達・合格祈願の御守も、たいていの神社・仏閣で授与している。

　だが、もともと御守はそこに神仏の霊力がこもり、神秘的な力をもつことにより、その目的を達することができると信じられたのであった。したがって、髪や骨、木や石、鏡や剣などもあり、それを身につけたり身辺におくことによって、身の安全が守られるとしたのであった。また、特別に呪力をもつと信じられたもの、あるいはそれを象《かたど》る文様を身につけて御守とする

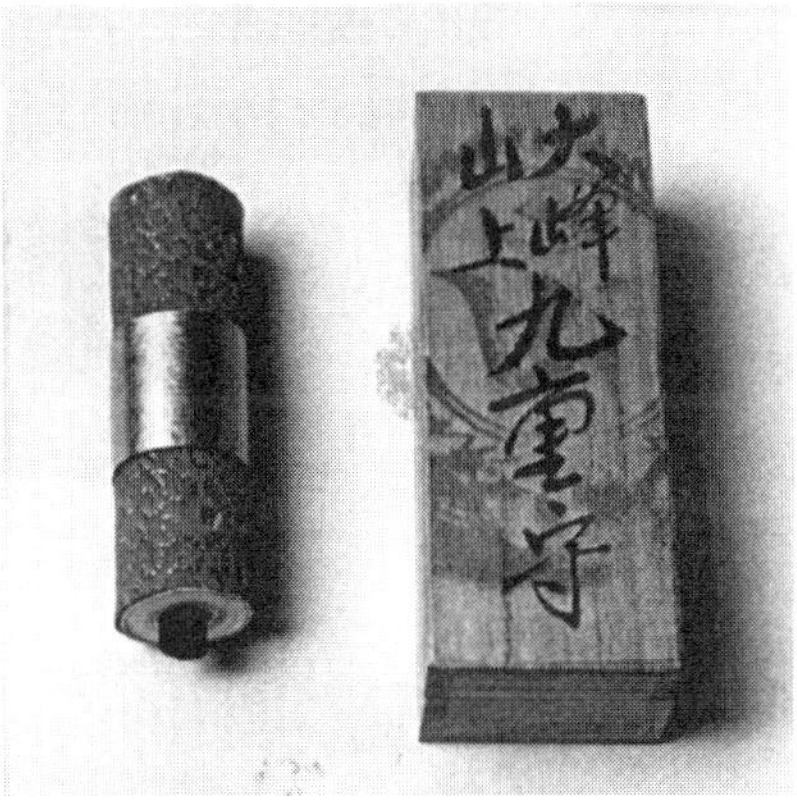

奈良吉野大峯山の九重守《ここのえまもり》

こともあった。

変わったものではタツノオトシゴが安産の御守とされる。タツノオトシゴは雄が腰部に卵嚢《らんのう》を持ち、雌の産んだ卵を入れて孵化させる。これを左の手に握っていれば産が軽いというのである。背守《せまもり》という形式の御守もあり、幼児の一つ身の着物の背縫いの襟に、桃の実や松葉などを縫いつける風があるが、桃の実や松の葉そのものにすでに呪力があると信じられたのであった。

人間は自分の背というものに非常に気を配る。悪魔は常に背後から忍び寄ってくると考え、背に悪魔を退散させる呪力をもつものをつけて、身辺安全の御守としたのであった。そのはじめが着物の背中に呪力をもつ文様をつける風であった。アイヌの衣服に見られる背中の大きな文様は、そうした意識が根本になって発達したものであった。今日、一般に礼装の和服の背中に紋をつけ、それをもっとも表徴的にする、いわゆる紋付着物もそうした意識・風習が根元になっている。背に気を配ることは、背を表、すなわち前と同じに重んじ、またそれ以上に大切にしたのであった。

ところで、今日見るような腰につるす形式の御守は、呪符や護符に起源するというが、その起源はいまだ明らかではない。しかし、『備後国風土記』に記されている「蘇民将来譚」を一つの根拠と見ることができる。それは昔、北海にいた武塔神が南海の女神のもとにヨバイに訪れたところ道に迷い、将来兄弟の家に宿を乞うたが、弟の巨旦《こたん》将来は富んでいたのに宿を貸さず、兄の蘇民将来は貧しかったのに快く宿を貸し、粟柄《あわがら》を座とし、粟飯で饗した。後年、武塔神は恩返しに「茅《ち》の輪《わ》」を贈り、蘇民将来一家の者の腰につけさせた。するとその夜に蘇民将来一家を残して、巨旦将来一家をはじめ地域の者みな疫病で死んでしまったというのである。この茅の輪は疫病退散の呪具として、旧暦六月晦日の「夏越祓《なごしのはらい》」の茅の輪行事の由来譚ともされている。

この話にあるように、祓のための呪具の材料として、茅《かや》や麻を切って包んだものが御守の祖型であったらしい。伊勢神宮から出される祓の具として代表的なのは、この麻である。平安時代以来、大陸から陰陽道や道教風の呪符の影響を受けるなどして、神仏習合の時代に御守が一定の形式をととのえたものと考えられる。これが神社・寺院にも用いられ、神名や神語、仏名や仏語を書いた小さな守札を製作し、授与されるようになった。

大阪住吉大社夏越祓の茅の輪くぐり

そこには神仏の霊が分け移されたものとされ、神職や僧職が作り、神前・仏前に捧げて祈祷して頒布される風が一般化した。そのさい御守袋に入れられ、それを腰につけたり身につけるのが普通であるが、昔は御守を竹の筒に入れ、両端に蓋をし、そこに紐をつけて首にかける筒守《つつまもり》もあった。

「蘇民将来子孫の家」注連縄
(三重伊勢地方)

籠目笊に貼って祀る神仏のお札
(奈良地方)

今日、御守にはいろいろの形式があり、御守袋に入れたもの、また御守袋も長方形のもの、巾着形のもの、各社寺で趣向を凝らした変形のものなどさまざまである。また交通安全祈願ではとくに、車に貼り付ける特別の仕様のものもあり、御守の形式もこれからまだまだ多様になるであろう。

お札《ふだ》は、紙片や板片に神仏の尊名や、崇敬する神仏を象徴する図を描いたもので、そこには神霊が宿り、その神威霊力をもって悪霊や災厄を払い、守護してくれるものを信じた。したがって、神社・仏閣から出される祭神・本尊の尊号や御影の符札は、その分霊として祀り、また護符として鄭重に取扱われる。その起源はいまだ明らかでないが、古く『備後国風土記逸文』に、蘇民将来の子孫が疫を免れるために、武塔神の教えのままに、祓の料である茅や麻を切って包んだものが祖型であったらしい。

伊勢神宮から出される大麻《たいま》は、神社のお札のもっとも古いもので、代表的なものであるが、そのはじめは御祓といい、大祓に用いられたものである。『古事記』の仲哀天皇の条には大奴佐《ぬさ》すなわち大麻《おおぬさ》が差し出されたとみえる。そして祓の詞を読んだ数、お祓をした度数によって「千度祓」「万度祓」などと称して祈願者に頒布し、これを「御祓様」と称したのであった。なお、この大麻を榊の枝に付けられたものが幣帛すなわち御幣の古形である。

要するに、神社が出す御札は祓をしたしるしで、祓の料である麻あるいは茅草を切って包んだのが原型で、大陸の道教風の呪符の影響を受け、神仏習合時代の祈禱札もできるのであった。

ところで、熊野権現から出された牛玉宝印の御札は有名で、古くから全国にいきわたっていた。それは玉に烏を集めて「牛玉宝印」を象ったもので、修験山伏らが各地に頒布し、これを賜った家では、家の内に貼って護符としたのであった。それは神霊こもれるものであると考えたため、起請文の用紙にもし、神の権威をもって誓約を保証し合う習俗も広くいきわたり、中世以後はどこの社寺でも牛玉札が出されるようになった。

社寺への千社詣のさいに持参して、堂宇《どうう》や山門に貼り付ける紙札のことを「千社札」という。

小さい紙札に自分の「題名」すなわち自己を表わす姓・名・屋号・生国などを記した札で、その札の貼ってある間はその堂宇に「お籠り」していることに相当し、神仏から功徳を頂くという、風流な信仰行為を、江戸の庶民は「題名納札」と呼んだのであった。社寺への納札の風習はすでに鎌倉時代の西国巡礼などに見られ、室町時代から木札や紙札を社や堂の天井や柱に打ち付けたり貼ったりする風がおこった。ことに江戸時代に入ると、千社詣、千社納札の風がおこり、一つの社寺に何百回もお参りする代わりに、数多くの社寺に続けて巡り歩き参ることで御利益を高めようと考えられるようになる。それは社寺参詣という口実をつけた一種の旅行ブームでもあったろう。

こうした社寺の千社詣に盛んに貼られたので、千社詣の題名納札、略して「千社札」といわれるようになった。こうした千社札の初めは『嬉遊笑覧』（喜多川信節著・天保元年〈一八三〇〉）などによると、麹町五丁目に住む吉五郎なる人物（通称麹五吉）がその嚆矢であるとされている。その他諸説あるがいずれにしても江戸庶民の間で生まれ、育ち、また普及したのであった。そうしたなかで、千社札愛好者によって同好会ともいうべきものができ、江戸大寄合と称する納札交換会も開催され、天保年間（一八三〇〜四四）ともなると八角連・千代田連など「連」という納札の好事家グループさえ生まれたという。納札交換に供される交換札は、限られた一定の小空間に文字と絵画がダイナミックに融合して醸し出す構図で、一つの形式さえ生み出したのであった。

それはそれとして、世上ではやった千社札の風習は、納札にあたって参った証拠を残すとともに、神が自分の願いを忘れずに聴き入れてくれるようにとの思いが込められた。そこで人が貼ったところより高いところに貼りたいという人情もあって、高いところに貼るほど願いが早く神に伝わるといわれるようになり、しぜんとその競争さえもおこった。そして、縦竿の先に刷毛のついたものを用意して、手の届かないところに貼り付ける工夫も凝らされた。現在、社寺に詣でた際、柱や天井などに古い千社札が貼り付けられているのを見て、「どうやってあんなに高い所に貼り付けることができたのだろう」と不思議に思うことがあるが、それにはまたいろいろの工夫があったのである。

また、千社札自体も今日においても墨摺から彩色摺にするなど華美になり、いろいろと奇を競い合うようにもなってきている。そして、街の洒落た名刺屋などに千社札の見本がいくつか出ていたり、伝統小物などを売る店にも、印鑑などと同じようにいろいろな名前をそろえた千社札の既製品をよく見かけるようになった。それも近年の世情不安の社会的状況の反映とも見える。

千社札　京都六角堂

絵馬

神と馬と人

絵馬というものを考えるとき、どうしても絵馬という一定の形式の生まれる以前の姿を考えねばならない。絵馬という言葉からしても、まず神と馬と人との関係が問題となる。わが国においてこの三者のかかわりあいは久しく古く、神霊は乗馬姿で人界に降臨するものと信じ、馬というものをきわめて神聖視していた。だから、祭の神幸に神輿が登場する以前は、神霊の依代たる鏡をとりつけた榊を馬の背に立ててしたのが普通であった。

こうして馬が神の乗りものとして、神座の移動に必須のものであるならば、神事・祈願にさいして馬を神霊に捧げることも当然であったと考えられる。この献馬の風についてはすでに『常陸国風土記』に、

秩父三峰神社　銅板神馬図絵馬
（寛永 16 年）

鹿島大明神に馬を献ずることになったのは崇神天皇の時代からだと記しており、『続日本紀』をはじめ古文献には実に多くの神馬献上の記事が見える。そしてまた『続日本紀』には、宝亀元年（七七〇）に日蝕に対する儀礼処置として、伊勢大神宮に赤毛の馬、若狭彦神・八幡神に鹿毛の馬を献上し、宝亀三年（七七二）に暴風雨をしずめる呪術として荒らぶる神に馬を献じる風の生まれた記事が見える。

また、降雨祈願には黒毛の馬、止雨祈願には白毛の馬を、丹生川上社や貴布禰神社に献じる風が『続日本紀』の天平宝字七年（七六三）以来多くの文献に記載されており、その痕跡は出土遺物の上からからも認められる。雨乞いに黒毛の馬、日乞いに白毛の馬をもってしたのは、黒色は黒雲たなびき雨をもたらす呪術の色、白色はその反対呪法で、白日すなわち太陽を意味するものであった。神の乗りものということは、そこに神霊が宿るものであるとも意識され、その馬に願いを託したのであった。後世、絵馬を奉納するのに、白馬と黒馬の図を一対にする風が生まれ、それは晴雨の按配がうまくいき、一年間の天候が順調であることを祈願したのであるが、それも根元はここにあった。

生馬献上の風とともに、一方では生馬にかわって馬形を献上する風も生まれた。馬形についてもすでに『肥前国風土記』に、下田村の土を採って荒らぶる神をまつり、これを和らげたという興味ある記事が見えるし、『続日本紀』でも神護景雲三年（七六九）に太神宮および日次社に馬形を献上したことをはじめ、随所に馬形献上の記事がある。そしてこれを証明すかのように全国

奈良手向山八幡宮の板立馬

各地からたくさんの土馬が出土する。この土製馬形からさらに木製馬形も出現し、『延喜式』や『山槐記』などにも木馬献上のことがしばしば見える。この風もずっと後世にまで伝わり、今日も厳島神社や滋賀の兵主《ひょうず》大社、御上《みかみ》神社には鎌倉時代の木製馬形が伝わっているし、近世以降のものならば各地の神社に見ることができる。

絵馬のおこり

絵馬のおこりについては、『神道名目類聚抄』や『神社啓蒙』などの諸文献でも、生馬を献上できないもの、馬形をもつくり得ないものが馬の絵をを献上したことにはじまることを述べているが、これらの諸説は素直に考えて納得できるものである。

ずっと後世のものであるが、山形県成嶋八幡宮に奉納された天文二二年（一五五三）銘の蒔絵神馬図絵馬には「奉上……神馬一疋」、山形県赤湯薬師寺の弘治二年（一五五六）銘、福島県田村神社の元亀元年（一五七〇）・同二年銘の蒔絵神馬図絵馬にも、奉懸・御宝前の文字とともに「神馬一疋」「御馬一疋」の文字が見えるし、山形県若松観音堂の永禄六年（一五六三）銘、郷目貞繁筆の神馬絵馬にも「奉納馬形」と墨書がある。埼玉県三峰神社の寛永一六年（一六三九）・同二〇年（一六四三）銘の銅板神馬図絵馬にも「奉掛馬形」あるいは「絵馬一疋」と画面にあり、石川県七尾松尾天神社の享保二年（一七一七）銘、菅公図絵馬にさえ「絵馬一疋」とある。これは絵馬になってもなお生馬を献上すると同じ意識が根底にあったことがうかがえ、絵馬が生馬献上の風習から移行し発生したものである根拠ともなる。

こうした絵馬を奉納する習俗はすでに古く奈良時代からあった。その遺品は浜松市の伊場遺跡をはじめとして、大和郡山市の稗田遺跡、山形県東置賜郡川西町の道伝遺跡、秋田県仙北郡仙北町の払田柵遺跡、さらに平城京跡の長屋王邸宅跡や全国各地の古代遺跡から出土している。

中世の絵馬

実物の遺品の見られない平安末期から鎌倉・室町にかけての時代の絵馬の状況は、『年中行事絵巻』『天狗草紙絵巻』『一遍聖絵』『春日権現験記絵巻』『不動利益縁起絵巻』『慕帰絵詞』などの絵巻物によって知ることができる。

『年中行事絵巻』『春日権現験記絵巻』『慕帰絵詞』では、神社か道祖神に捧げたものであるが、絵馬を二枚一組として奉納している。片方は黒色の馬の図で、片方はしかと判明しないが白馬あるいは赤色の馬と見られ、雨乞いに黒色の馬、日乞いに白毛のちに赤毛の馬を献じた古式の風をそのまま継承しているものと考えられる。室町末期以降になると、一年間順調な天候に恵まれるようにとの意で、両者一対として奉納する風がひろく伝わるが、すでにその風が平安時代末にあったことが推察される。また『天狗草紙絵巻』では、図柄が馬だけでなく馭者がつき従う牽馬の図になっているし、形状も上部がやや丘形のカーブを描いたもので、図柄・形状の変化が認められる。

それにもまして大きな変化は、『天狗草紙絵巻』に見るように東寺という寺院に絵馬が奉納されていることである。東寺閼伽井堂の絵馬懸行事はすでに平安時代からあったという伝説があるが、それは別にしても、平安末期から神仏習合の思想がいっそう強化され、民間では神も仏も区別することなく信じたところから、神にたいする呪術儀礼が仏にまでおよんだものと推測されるし、また中世においては寺院の方が民間の俗信仰を受容する傾向が強かったことから、寺院と絵馬との関係がより密接になったのであろう。

ところで、鎌倉・室町時代の絵馬の実物としては、当麻寺曼荼羅堂の天井裏から出た各種庶民信仰資料のなかの数枚の板絵馬がそれである。縦六糎弱、横七ないし八糎の大きさで、上部をやや丸くしたり両肩落としにした薄板で、墨で馬の図を描き中央に紐穴がある。年紀銘のある絵馬でもっとも古いものとしては、秋篠寺本堂天井裏から発見された絵馬がある。断片が七枚あるが、元来は五面で、そのなかの一枚に「応永」の墨書銘がある。もう一面は中央部が欠損しているが、図柄は牽馬のように見られ、裏面には「長禄」の年紀銘があり、薬師に捧げる意の銘文がある。もう一面は縦五、一糎という小型で、朱をつかって二疋の赤毛馬を描いている。「応永」銘の馬にはっきり見られるように、秋篠寺の絵馬は当麻寺の絵馬よりも一段進んだかたちで、つぎの春日大社や興福寺の絵馬に発展していく素地をもつものである。

絵馬の多様化　室町時代中期になると、画題も馬以外のものがたくさんあらわれ、形状・仕様も多種多様になる。そしてとくに大型の絵馬もでき、専門絵師はもとより著名画家も筆を揮うようになる。

奈良の石上神宮の永享四年（一四三二）銘の渡御祭礼図は、超横長で二面からなり、渡御行列のさまをよく描いている。滋賀の白山神社の永享八年（一四三六）銘の三十六歌仙図は、土佐監物筆で板額六面に三十六歌仙を横列に描いている。三十六歌仙図では、広島の厳島神社の狩野元信筆・永正十二年（一五一五）銘のものや、滋賀の多賀神社の永禄十二年（一五六九）銘のものなどがある。珍しい形状のものとしては石川の大地主神社の絵馬がある。長禄三年（一四五九）銘の花車婦女遊楽図は団扇形をしているし、延徳元年（一四八九）銘の鳩形貼付図、元亀二年（一五七一）銘の猩々舞貼付図、天正二年（一五七四）銘の猿彫物貼付図はともに扇面形で、それぞれ主題を彫刻して貼り付けたかわった形式をとっている。

奈良興福寺東金堂の文殊唐獅子図絵馬

　こうしたなかで、兵庫の広峯神社に伝わる宝珠図絵馬は貴重な資料である。小型の板に宝珠を画面いっぱいに描いた味わいのあるもので、のちにいう小絵馬につながる絵馬であり、文明一七年（一四八五）の作である。こうした馬以外の図がたくさんあらわれるのは、大永年間（一五二一～一五二八）以降で、奈良の興福寺東金堂の文殊唐獅子図などにもその例を見ることができる。

奈良西大寺　鳥居清信筆　矢之根五郎図

なお、兵庫の室津の賀茂神社の絵馬は二面一対をなし、白毛馬と白斑馬にそれぞれ馭者が従う図で、二面一対とする奉納形式を継承している。狩野元信筆で美術的にもすぐれた作品で、重要文化財に指定されており、注目すべきは、はじめ拝殿内部に打ちつけて奉納されていたことである。ここに絵馬堂成立以前の奉納の状況を知ることができる。

ここから絵馬は、元信筆の神馬図絵馬のように芸術的色彩をもつ扁額形式のいわゆる大絵馬と、広峯神社の宝珠図絵馬のような民間信仰的要素を中心とした吊懸形式の一般にいう小絵馬と、この二つの流れをもって展開していくのであった。

絵馬堂芸術

桃山時代は〝城と襖絵〟に象徴されるように、豪華絢爛の時代であった。そうした時代の風潮を反映して、前代と比べようもないほどますます大型の絵馬もあらわれ、上級武士や貿易商人などが盛んに奉納した。清水寺の縦二間、横六間という海北友雪筆の田村麿夷賊退治図は、大きさの点で最大のものであった。そしてこれらの大型絵馬には、狩野・長谷川・海北・別所という大家もさかんに健筆を揮い、こうした状況が絵馬堂の成立をもたらした。すでに『蔭涼軒日録』に永享年間（一四二九〜一四四一）の条で「千本の絵馬堂」とでているが、その実態はわからず、造営年代のはっきりしたのでは、慶長一三年（一六〇八）豊臣秀頼が寄進した京都北野神社の絵馬堂がもっとも古い。この絵馬堂については『拾遺都名所図絵』が北野神社の段で、

絵馬堂、中門の外西の方にあり、此書に掲る書画詩歌連俳は都下及び遠き国々よりも年毎に数々弥がうへに累で献じ、名画名筆多し、中でも南都御祭の図、薪の能の図は人絵馬にして世に名高し

といわれるように、種々の名画がかけられた。この風はひとり北野神社ばかりでなく、各地の大社寺におよんだ。

大きな本堂に舞台をもつ寺院では、その舞台が絵馬奉納場となり、絵馬堂と同じ機能をもった。その代表的な例は清水寺の舞台で、寛永一〇年（一六三三）朱印船貿易で活躍した豪商の多くの寄附によって造営された。そこには長谷川久蔵・狩野山雪・海北友雪・住吉如慶など各派の代表的な画家の描く絵馬が掲げられたし、重要文化財に指定されている角倉船や末吉船図絵馬も奉納された。奈良の長谷寺の本堂も清水寺とまったく同じ造りの舞台で、古く天正一六年（一五八八）に再建され、慶安三年（一六五〇）に徳川家光の二万両の寄進によって大改造されたものである。ここでも清水寺と同じ情景を呈している。

こうした絵馬堂や舞台は、さながら芸術コンクールの場であるような観を呈し、画廊的役割も果たし、その公開的開放的性格は今日の博物館と同じ意義をもった。したがって、神仏への祈願あるいは報謝のために神に捧げるという基本においては、小絵馬も大絵馬も同じであるが、小絵馬が市井の名もなき民の心の内に秘めた悩みをひそかに神仏に訴えて、解きほぐしてもらおうとするのが主であるのにたいし、大絵馬は祈願・報謝の内容をあからさまに表出し、自らの意志と行為を公然と大衆の面前に示すことが多く、なかには祈願・報謝ばかりでなく、自らの難事・大事業を成し遂げた記念に奉納したものさえある。

民間信仰と小絵馬

江戸時代前半の小絵馬の様相については充分明らかではないが、なんといっても盛んになるのが江戸時代のなかばからである。江戸の町では「町内に伊勢屋稲荷に犬の糞」というほどに稲荷の祠はたくさん祀られ、『東都歳時記』にいうように、二月の初午の前になると、絵馬屋が荷を担いで市中に売り歩き、それを買って稲荷に詣でて奉納した。また一二月の荒神祭にも絵馬がたくさん売られ、それが奉納された。大阪でも『摂津名所図絵』の笠森稲荷の条に描くように、稲荷祭には善男善女みな絵馬を奉納しに参った。そして絵馬は俳句の季題としてあつかわれるほどであった。したがって、奉納の目的も場所も局限され、奉納者にも種類ができてくる。奉納の意味も内容も多様になり、画題も馬の図のほか、神仏像、神仏の持物や眷属《けんぞく》、神仏の依代や祭具などを描いたもの、祈願者の礼拝姿、祈願の内容、干支などと、実にバラエティーに富んだものとなった。

大阪四天王寺布袋堂　乳しぼり

山梨稲積稲荷　向い狐

京都黒谷熊谷堂　月代

大阪堀川鯰稲荷　鯰

奈良一言観音　母子入浴

東京草刈薬師　草刈鎌と籠

栃木足利地方　十六眼

奈良一言観音　飯盛

奈良鬼子母神　柘榴

このなかでもっとも図柄の豊富なのは祈願内容を描いた図である。もともと小絵馬を奉納する習俗は、教団や教理のうえでの組織をもたない呪術宗教的な信仰、いわゆる民間信仰を基盤として伝承され慣習化された。その呪術の根底には、類感・感染などの観念があり、なかでも類感呪術の、似たものは似たものを生ずるという考えにもとづき、実際のできごとと類似の動作や状態を模擬的に演じたり描いたりする。したがって、絵馬においても、このようにありたいと望むことを描いて、類感をよんで神仏に注意を喚起させようとするのである。たとえば眼の病のものが平癒を願って、薬師に『め』の字や眼球の図の絵馬をあげたり、手の病が治るように手の図を描いて奉納したり、乳の出ない女が大きな椀をうけて乳を噴出させている図、子供の入浴嫌いや月代《さか》代《やき》嫌いが治るように、子供がおとなしく入浴している図や月代してもらっている図など、あげれば数限りない。

　また小絵馬のひろまっていくなかで、庶民の機知に富んだ図柄や江戸風の洒落などをとり入れた図柄も生まれた。子供の夜泣き封じや鳥目の平癒祈願に鶏の図、瘡を草になぞらえて牛に喰わせて治そうと、牛の図をあげるなどさまざまある。さらに、奈良・大阪の地方で、子供の疱瘡除けのまじないのために軒先に吊した「為朝と鬼」の図の絵馬は、鎮西八郎為朝が鬼界島に流されて島に棲む鬼を征服したという伝説にもとづき、鬼を疱瘡神になぞらえて為朝の武勇をもって鎮めてもらおうとする図であるが、この図がひろまったのは、葛飾北斎が『椿説弓張月』の挿絵に描いた「為朝と鬼の力競べ」の図がもとになっているという。生駒聖天などに見られる「女に錠」「盃に錠」「賽に錠」、これらを含めて「心に錠」などいわゆる〝錠物〟絵馬は、江戸時代の末に、江戸妙法寺祖師堂に「心の錠」の絵馬がかけられて数奇者の評判となり、また「ピンと心に錠前おろし、どんな鍵でもあきはせぬ」という歌もはやり、この図柄の絵馬が各地にひろまったものである。

　このように、小絵馬は民間信仰の特色である現世利益的願望を如実にあらわし、その諸相を具体的に物語ってくれるものであり、常民の心あたたまる〝祈りの記念物〟なのである。

大絵馬の世界

　こうした小絵馬の盛況は大絵馬の世界にも大きな影響をおよぼした。中世末から近世初頭の大絵馬は、朱印船図絵馬などに顕著にみられるように、豪商や大名その他一部有徳人《うとく》が主たる奉納者であったが、江戸時代も中期以降になると庶民のあいだでも大絵

新潟能生白山媛神社　北前船図絵馬

馬を奉納する風がひろまった。それは個人というよりも、ときに村中であったり若連中であったり、また講集団とか同業者あるいは社寺参詣の同行者など団体による奉納が多く、その祈願内容もある種の社会性をもつものが多く見られる。しかしそれらは現世における生活の安泰・繁栄を求めるものあるいは現世における苦難の克服を願うものであり、小絵馬奉納とその心意は同じことである。

この大絵馬の図柄もまた実に多彩で、絵馬本来の性格からしても馬の図は主流を占めるが、神仏像やその眷属を描いた図、祈願・祭礼図、境内図、武者絵、歌仙絵、船絵馬、芸能図、物語絵、武道絵馬、算額、生業図、風景図、風俗図などさまざまである。これらは社会情勢・風俗をよく反映している。たとえば、船絵馬の北前船図は、北前廻船の活躍とそれに従事する船主・船頭・船夫の進出した結果であり、能・狂言に題材をとった図や、役者絵・芝居絵の抬頭は諸芸能が著しく民間に普及した結果であり、歌仙絵や算額なども和歌や和算など学芸の発達と民間普及によるものであった。農耕図や諸職図も近世中葉以降、農耕の発達や商工業の繁栄がもたらした結果であるが、繁栄は同時に危機と深刻を内在させ、その克服を願ったのであった。とくに生業を描いた図は、庶民が自らの生業の成り立ちゆくことを願い、またかくあれかしと祈り、その情景を在地の画家に描かせたものが主であるため、実情にもっとも近い描写がおこなわれており、かつての人々の生活の実情を知らしめてくれる。

入魂の儀礼

大阪農人橋弐丁目　文久壱歳酉八月　保田村庄五郎所持と記名

記名

生活道具に名を識す習俗は古くからある。新調した道具や初めて使う道具に、「○年○月吉日」とその日付とともに、その時の家長の名を識すのが通例である。その物に書くことのできる余裕があれば、できるかぎり名を識したものである。また茶道具や上等の什器で箱に納まっているものは箱に識す。冠婚葬祭などの人寄りを自家で営むような家では、多くの膳・椀を備えている。膳・椀はたいてい五膳一セットで一箱に納められており、一般には四箱二十膳ぐらい備えている。そうしたものにはそれぞれの箱の蓋裏に名を識すのが普通である。什器ばかりではない、唐箕や千石簁や千歯扱や大形の簁などはもちろん、小形の農具でも文字の書けるところがあれば、初めて入手した日あるいは使い初めの日と、家長の氏名を記すのが習わしであった。

こうした道具に名を識すという行為は、道具に魂を込める入魂の作法である。家長の名を識した物は家長の魂と一体であり、その魂を継承するものであると意識されたのである。だから今日の児童・生徒が学用品に名前を明記するように、たんに所有者を明らかにするというものではないのである。人の名というものは実に大きな意味をもっており、日本人の古くからの考え方は、名は人間そのもの、極言すれば肉体につけられるものではなく、その人の霊魂つまり魂（タマ）につけられるものであった。子供が出生すると、三日祝い、七日祝い、宮参り、食い初めなどさまざまな儀礼が続くが、ことに名付け祝いは重要な儀礼とされた。その名によって子供の一生の運命がきまるとさえ考えられた。日本人は霊魂と肉体を二元的に考え、もし生後間もなく子供の魂が抜けたとき、名前がなければ呼び戻せないので、なるべく早く名前をつける習わしがある。

人が死ぬさい魂だけがさきに抜けていくから、それを呼び戻して生きかえらせるために、「魂呼ばい」をする。息子とか家族のものが屋根の上にのぼって、箕や箒を持っていままさに死なんとする人の名を呼ぶことで、魂が戻って再び肉体に宿って生き返るのだという。

古い時代の婚姻の第一段階としての「よばい」も、魂を呼ぼうという意味であった。『万葉集』の開巻劈頭にある雄略天皇の歌はよく知られるところであるが、

籠《こ》もよ　み籠持ち　掘串《ふぐし》もよ　み掘串《ふくし》持ち　この岳《おか》に　菜摘ます児　家聞かな　告《の》らさぬ
そらみつ　大和の国は　おしなべて　われこそ居《を》れ　しきなべて　われこそ座《ま》せ　われにこ
そは　告《の》らしめ　家をも名をも

と、雄略天皇が丘で菜を摘む乙女をみて、「あなたの名はなんというの」と呼びかけたのは、乙女の魂に呼びかけた「よばい」であった。すなわち乙女の魂を得るための作法であった。

今日、商家あるいは芸界に伝わる襲名の風習も、実は名と魂の関係をよく物語っている。鴻池の当主は代々鴻池善右衛門を名乗るし、三井は代々三井八郎右衛門、住友は住友古左衛門を名乗

るが、その名を名乗ることで初代と同じ魂をもち、同じ人格になり、同じ力量をもちうると確信したことを意味している。襲名披露を大々的におこなう歌舞伎の世界も同じである。

すなわち、人の名というものは人の魂そのものなのである。したがって、民具に名前を銘記するということはその人の魂を入れることであり、入魂の作法である。古くから器物そのものにも霊魂が宿ると考えられていた。それは正月の「臼休め」をはじめとする「道具の年取り」の儀礼に象徴されている。そして道具に入魂することによって、道具の魂と使用者（所有者）の魂が渾然一体となり、道具と人が一体不離となり、使いこなされる中で道具の魂がますます強固のものとなり、道具そのものが強靭となると信じられてきたのである。

だから霊魂の宿る物すなわち道具が粗末にされたり捨てられたりすると、妖怪となって人間を脅かすという考えが、平安時代の後期からあらわれた。『今昔物語集』にすでにそうした話が載せられている。巻三には日常油を入れて使っていた油壺が、突然転がって道路に出て、道行く人に襲いかかったという話である。

公卿の小野宮実資が大宮大路を歩いていると、小さな油壺が踊りながら跳んできたのを見た。通りすぎて跳んでいく油壺のあとをつけていくと、その油壺はある一軒の家に入り込んだ。あとで実資がその家を調べると、長いあいだ病気で臥せっていた娘がいて、油壺がその家に飛び込んだ直後にその娘が死んでしまったというのである。すなわち、油壺が捨てられてその霊魂が怨霊となって娘にとりついて殺してしまったというのである。他に赤い着物が空中を飛び交ったので、それに矢を射たら着物から大量の血が流れ出たという話も載せられており、器物が妖怪化した話は数多く伝えられている。

このような器物の妖怪はツクモガミと呼ばれ、室町時代には顕著になった。そして『付喪神草紙』と称する絵巻も作られた。その図柄は、都大路をたくさんの古道具の妖怪たちが跳んだり踊ったりしながら道行くというのである。生命も心ももたないと思われる器物や木石であっても、初め器物に宿った霊魂は小さかったとしても、百年も経つと霊魂が器物に充満するという俗信によっている。またそうやって妖怪化した器物でも成仏できるという草木国土悉皆成仏を説く「非情成仏説」とも呼ばれる立場に立ったもので、室町時代に流行する「小絵」と呼ばれる十巻の絵巻として描かれたものが残っている。

なお、ツクモというのは百に一つ足りない九十九のことであり、次百（つぐもも）の略であるとの説があるが、百年の歳月を経ると妖怪と化した道具をツクモガミと呼び、それに「付喪神」の字を当てたのである。この絵巻に描かれたものは、はしなくも同時代の『百鬼夜行絵巻』にも見られ、そこでは冠・鍔口・払子《ほっす》・沓・琵琶・琴・鳥兜・笠・扇・杓・傘・草履・五徳・弓・矢・空穂《うつぼ》・錦・釜などが百年を経て化生した姿を描いている。

かように『付喪神草紙』や『百鬼夜行絵巻』に描かれている道具類はその殆どが今日我々のいうところの民具である。そして、そこには霊魂が宿り、百年も経つと霊魂が充満し強固になるという、中世の人々の物にたいする考え方が如実に表されている。

こうして、名は魂という観念から作品ごとに金工品や石造品に名を刻む風習が古代からある。銘《めい》を入れる、銘を刻む、銘を彫るなどといわれている。銘というのは中国の韻文の文体の一種をいい、本来はふだんに使う器物に文字を彫り込んで、日常絶えずそれを読むことによって、行動の戒めとするものであった。したがって、すぐ目に映じて理解しやすいように、多くの場合四字句で偶数句であった。のちに人の功績を賞して記念するため、石に刻んで碑としたり、墓誌に韻文を刻する習慣も生まれ、それを銘というようになった。

わが国では、平安時代からすでに器物に「名」が与えられることがあり、「名物」と称した。以後そうした器物は多くなり、室町時代には茶の湯の世界で茶入れや葉茶壺などに「名」が与えられることがあり、それが茶の湯道具の「銘」の起源とされている。

もう一つ、刀剣の茎《なかご》に刻まれた刀匠名やその製作年紀を刻む「銘」がよく知られている。わが国固有の刀剣の銘は、すでに古代に求めることができる。熊本の江田船山古墳出土刀には、銀象眼で施された「沼天下獲□□□鹵大王」の銘文があり、ここにはさらに「作刀者名伊太加（あるいは和）」と刀鍛冶の名が刻まれている。これが現存する刀剣にみられる刀鍛冶の銘の初めである。その後奈良時代に、大和国宇陀郡に天国《あまくに》、豊前国宇佐神宮に神息という二人の刀鍛冶が出現し、日本鍛冶の祖とされる。平安時代前期には京都に小鍛冶と呼ばれる宗近や、薩摩に正国が現われ、平安時代末期には各地に有名な刀鍛冶が存在した。

彼らはみな自ら鍛えた刀の茎に銘を刻んでいる。今日現存しているものでは、京都の三条吉宗、五条兼永、正恒・高平・包平・助平などの古備前、安次・守次・則高などの備中青江、備前国福岡一文字の則宗・助宗、吉岡一文字の助吉・助光、備中国片山一文字の則房、京都粟田口の久国・国友・国安らが知られる。以来今日まで刀剣に銘を刻む風習は継承されている。

銘は原則として刀を身につけるときに外側になる方に鏨《たがね》で彫りつける。刀工の銘はふつう二字で、「安綱」「則宗」「国行」「吉光」「国光」などの名のみを入れるのが基本である。「日州古屋住国広作」などのように住地あるいは俗称などを加えたものを長銘と呼ぶ。「一備州吉岡住左近将監紀助光　天応二年申十一月」というのや、「備前国住長船与三左衛門尉祐定　為栗山与九郎作之　永正十八年吉日」などのように長いものもある。製作年月日などは多く裏側に刻むので裏銘という。

こうした銘は自らの力を誇示し、後世に伝えるという記念的な意味であり、それが一般的な受けとめ方であろう。しかし、名を刻むということは、その作品に自らの魂を込める入魂の作法でもあった。そしてまた、その作品に大いなる責任をもつことを示すのである。またそれによって自らの力量を高め、それがまた魂の成長にもなると刀工たちは考えたのである。今日の刀工も最後に銘を入れることにもっとも気を使うというのも、そのことを物語っている。

著者略歴

岩井宏實（いわい　ひろみ）

一九三三年　奈良県に生まれる。

一九五八年　立命館大学大学院文学研究科日本史学専攻修士課程修了。大阪市立博物館主任学芸員、国立歴史民俗博物館教授・民俗研究部長、帝塚山大学学長、大分県立歴史博物館長を歴任。文学博士。

〔主要著書〕

『地域社会の民俗学的研究』『曲物』『絵馬』（法政大学出版局）、『民具の博物誌』『民具の歳時記』（河出書房新社）、『環境の文化誌―地域文化の形成』『民具学の基礎』（慶友社）、『奈良大和の社会史点描』（岩田書院）ほか多数。

民具・民俗・歴史

―常民の知恵と才覚―

二〇一三年一〇月二二日　第一刷発行

著　者　岩井宏實

発　行　慶友社

〒一〇一―〇〇五一

東京都千代田区神田神保町二―四八

電　話　〇三―三二六一―一三六一

FAX　〇三―三二六一―一三六九

印刷・製本　亜細亜印刷

ISBN978-4-87449-248-2　C1039